はじめての
臨床社会心理学

自己と対人関係から読み解く臨床心理学

坂本真士・佐藤健二 編

有斐閣

はじめに

🐾「心のケア」は十分か

　近年，中高年のうつ病，災害や学校における殺傷事件によるトラウマ，衝動的な少年犯罪が問題となっています。こうした問題への介入法の確立は緊急の課題です。また，統合失調症の妄想，対人恐怖などといった古くからある心理的障害も，介入法の確立が依然として待たれる問題です。こうしたテーマは，従来，心理学の分野では「心のケア」を扱う「臨床心理学」が取り組み，一定の成果を上げてきました。しかし，よりいっそうの成果を上げるために，何か新しいアプローチはないのでしょうか？

🐾「社会」の視点で臨床心理学をさらにパワーアップ！

　こうした問題について，私たちは「社会」がキーワードであり，人間の社会的行動を研究する社会心理学から臨床心理学の問題にアプローチすることが大事と考えました。例えば，上で述べたような問題のうち，対人恐怖などは，まさに社会的場面での問題です。また，トラウマからの回復や悪化に他人に自分の気持ちを打ち明けたりすることが影響することも容易に予想できます。そして，臨床心理学の介入法である心理療法やカウンセリングの場面そのものが，社会的場面です。そこで，心の不適応の問題に社会心理学のアイデアや研究成果からアプローチする「臨床社会心理学」の登場です。臨床社会心理学によって「心のケア」がさらに充実したものとなることが期待できるのです。

社会心理学の力

　社会心理学の重要性について，もう少しお話ししましょう。みなさんは，人間の行動が何によって起きると考えていますか？　性格？　遺伝？　あるいは，親の育て方でしょうか？　一般に私たちは，人間の行動を性格などの内的要因によって起こるものと考える傾向があります。しかし，社会心理学は，これまで数々の研究によって，性格などを超えて，ある一定の状況下では，ある特定の社会的行動を多くの人々が取ってしまうことを明らかにしてきました。

　例を挙げてみましょう。ユダヤ人大虐殺といった残虐な行為は，ナチスドイツに加担した人々の「内面」の「異常性」によって引き起こされたとみなさんは考えるかもしれません。ところがアメリカの「普通」の人々でさえもが，正当と思われる権威者から要請されるような「状況」では，残虐な行為をしてしまうことをミルグラムという研究者は明らかにしました。もちろん，すべての人間の社会的行動が「状況の力」によって決まるわけではありません。私たちが強調したいのは，人間の行動が性格などの内的要因だけではなく状況など外的要因によっても決まること，それゆえに，人間の不適応状態を理解するためには，従来の臨床心理学の成果に加えて社会心理学が明らかにしてきたことをも加えることが大事だということなのです。

臨床社会心理学のテキストが必要！

　臨床社会心理学の重要性については，理解していただけたかもしれません。こうした臨床社会心理学は，欧米では1970年代後半からさかんになりましたが，わが国ではまだ，一部の専門家の注目を集めているだけです。専門書は少しずつ刊行されてきていますが，入門書はまだ刊行されていません。これでは臨床社会心理学という

分野がなかなか普及・発展していきません。そこで，私たちは，臨床社会心理学についての平易な教科書の刊行を目指しました。すなわち，臨床社会心理学の基本的な考え方から最新の研究例，臨床場面への応用例までをやさしく解説したテキストの発刊です。日常に見られるエピソード，臨床場面の事例やイラストをふんだんに取り入れ，親しみやすいものとなることを心がけました。

　本書は，また，たんに平易なテキストを目指しただけではありません。従来，臨床社会心理学の専門書の多くは，どちらかと言えば，臨床心理学的なテーマ（例えば，抑うつや対人不安など）に関心をもつ社会心理学者が執筆していました。これでは臨床社会心理学が現場に活かせるものになるかどうか，不安が残ります。そこで，本書では，そうした社会心理学者に加えて，心理療法やカウンセリングなど臨床心理学を実践する方々にも多数，参加していただきました。このように，より心理臨床実践に示唆を提供できる点も本書のオリジナリティと言えるでしょう。

❧ 本書の構成

　まず序章では，社会心理学，臨床心理学それぞれの特徴を踏まえたうえで，臨床社会心理学の定義，領域，目的，歴史について説明しています。

　序章に引き続く本体は3部構成となっています。第Ⅰ部は「因果関係をめぐる臨床社会心理学——原因帰属理論と現実問題」です。原因帰属とは，他者の行動や出来事の原因を推定するプロセスです。第1章で原因帰属の理論，第2章で原因帰属の理論を応用した帰属療法とその抑うつへの適用，第3章で原因帰属と学業行動を説明しています。また，コラムでは，この第Ⅰ部と関連の深い内容として「抑うつ」「改訂学習性無力感理論」「ピグマリオン効果」を取り上

げています。

　第Ⅱ部は「自分を意識する心と臨床社会心理学――自己注目の理論とその応用」です。自分に注目を向けることを自己注目と呼びます。社会心理学では，どのような状況になると人は自分に注目するようになるのかを研究してきました。こうした研究が発展して，人が自分を意識する過程はどのようになっているのか，意識して行動すると，どのような変化が現れるのかが研究されました。第4章ではこうした自己注目の理論，第5章では自己注目と抑うつ，第6章では自己意識理論と妄想等の関係を説明しています。また，コラムでは，この第Ⅱ部に関連の深い内容として「統合失調症」を取り上げています。

　第Ⅲ部は「他者に関わる心と臨床社会心理学――対人行動とその応用」です。社会心理学では，対人場面における行動（対人行動）が，どのような状況で生じるのか，対人行動がどのような影響を与えるのかについて研究がなされています。それらのなかでも，自分に関する情報を他者に伝えること（自己開示），他人から見た自分の姿を，自分自身にとって望ましいものにしようとすること（自己呈示）に関する基礎的な理論や研究成果を第7章では説明しています。ついで第8章では自己開示と心身の健康の関連，第9章では自己呈示と対人不安の関係を説明しています。

　第10章では，人が人を助けたり（援助行動），支えたりする行動（「ソーシャル・サポート」と呼びます）について，第11章では，攻撃行動や怒りについての考え方の整理をするとともに，人はなぜ攻撃をするのかといった根本的な疑問に答える研究成果について説明がなされます。

　また，コラムでは，この第Ⅲ部と関連の深い内容として「臨床場面における非言語的行動」を取り上げました。対人行動は，それが

言葉を使うか否かで言語的行動と非言語的行動に分かれます。本書では非言語的行動のうち，臨床場面における「対人空間・視線行動・身体接触」と「無意図的模倣と共感」を取り上げました。

このように，本書は，臨床心理学で扱われてきた不適応状態に関して，社会心理学で研究されてきた「自己」と「対人関係」という2つの視点から理解を試みています。そこで，本書はサブタイトルとして「自己と対人関係から読み解く臨床心理学」と名づけました。

本書の読み方

まず，序章を読み，臨床社会心理学とは何か，そもそも，社会心理学とは何か，臨床心理学とは何か，をよく理解してください。それ以降は，どの部から読んでいただいても結構です。どの部のはじめにも，その部が扱う内容を簡潔にまとめた部分があります。そこを読んで，各部の概要をつかんでください。そのうえで，各部の最初の章を読むとよいでしょう。最初の章は，その部において基本となる社会心理学のアイデアや研究成果がまとめられています。その後に続く章では，その社会心理学のアイデアや研究成果を臨床や教育場面へ応用した内容が説明されています（ただし，第Ⅲ部は多岐にわたる内容から構成されており，このような形式ではありません）。

また，臨床心理学に貢献する重要な社会心理学的話題であるものの，テキストという性質上，本書に章として収まらなかった話題，あるいは，まとまった説明を必要とする専門用語に関してはコラムを用意しました。その部や章に関する理解を深めるために，ぜひ，読んでみてください。

そして「臨床社会心理学」といわれる領域は専門性も高く，本書で十分に説明できなかったことが多くあります。そこで，より専門的に学習されたい方は，各章の章末にある文献を参考にしてくださ

い。

❦ 謝　辞

　本書を出版するにあたって，有斐閣の新井宣叔氏，櫻井堂雄氏には大変お世話になりました。当初の出版予定より大きく遅れてしまいましたが，ねばり強くおつきあいいただきました。とりわけ櫻井氏のはげましがなければ，この本は完成を見なかったでしょう。ここに感謝の気持ちを述べさせていただきます。

2004 年 9 月

　　　　　　　　　　　　　　　　　　　編者
　　　　　　　　　　　　　　　　　　　坂本真士・佐藤健二

執筆者紹介

(執筆順,＊は編者)

＊坂本 真士（さかもと しんじ）
　　　　　　　　　　　★序章，第1章，第4章，第5章，終章，コラム②
1966年生まれ。現在，日本大学文理学部教授
主要著作：『臨床社会心理学』東京大学出版会，2007年（共編）／『ネガティブ・マインド——なぜ「うつ」になる，どう予防する』中央公論新社，2009年／『抑うつと自殺の心理学——臨床社会心理学的アプローチ』金剛出版，2010年

＊佐藤 健二（さとう けんじ）　　★序章，第7章，第8章，第9章，終章
1969年生まれ。現在，徳島大学大学院社会産業理工学研究部教授
主要著作：『筆記療法——トラウマやストレスの筆記による心身健康の増進』北大路書房，2004年（共監訳）／『認知行動療法の技法と臨床』日本評論社，2008年（分担執筆）

富家 直明（とみいえ ただあき）　　　　　　　　　　　　★第2章
1969年生まれ。現在，北海道医療大学心理科学部教授
主要著作："Psychobehavioral factors involved in the isolated office hypertension : Comparison with stress-induced hypertension." *Journal of Hypertension*, 16, 419-422, 1998（共著）／「軽度抑うつ者の気分変化と事象関連電位」『心療内科』7, 430-437, 2003年（共著）

鎌原 雅彦（かんばら まさひこ）　　　　　　　★第3章，コラム③
1953年生まれ。現在，聖学院大学人文学部特任教授
主要著作：『やさしい教育心理学 第4版』有斐閣，2015年（共著）／『セルフエフィカシーの臨床心理学』北大路書房，2002年（分担執筆）

丹野 義彦（たんの よしひこ） ★第6章，コラム④
  1954年生まれ。現在，東京大学大学院総合文化研究科教授
  主要著作：『講座 臨床心理学（全6巻）』東京大学出版会，2001-02年（共編）／『はじめて出会う心理学 改訂版』有斐閣，2008年（共著）

福岡 欣治（ふくおか よしはる） ★第10章
  1968年生まれ。現在，川崎医療福祉大学医療福祉学部教授
  主張著作：『対人関係と適応の心理学――ストレス対処の理論と実践』北大路書房，2006年（共編著）／『カウンセリングとソーシャルサポート――つながり支えあう心理学』ナカニシヤ出版，2007年（共編著）

湯川 進太郎（ゆかわ しんたろう） ★第11章
  1971年生まれ。現在，筑波大学人間系准教授
  主要著作：『怒りの心理学』有斐閣，2008年（編著）／『スポーツ社会心理学』北大路書房，2007年（共監訳）

田中 江里子（たなか えりこ） ★コラム①
  1970年生まれ。現在，日本大学文理学部人文科学研究所研究員
  主要著作：『精神障害の予防をめぐる最近の進歩』星和書店，2002年（分担執筆）／『医療・保健・福祉の連携による高齢者自殺防止マニュアル』診断と治療社，2003年（分担執筆）

山口　創（やまぐち はじめ） ★コラム⑤
  1967年生まれ。現在，桜美林大学心理・教育学系教授
  主要著作：『子供の「脳」は肌にある』光文社新書，2004年／『愛撫・人の心に触れる力』NHKブックス，2003年／『皮膚という「脳」――心をあやつる神秘の機能』東京書籍，2010年

岸　太一（きし たいち） ★コラム⑥
  1971年生まれ。現在，京都橘大学健康科学部准教授
  主要著作：『身体心理学』川島書店，2002年（分担執筆）

もくじ

序　章　新しい領域：臨床社会心理学とは　　1

1　社会心理学なるもの　　2
- 1.1　社会心理学とは何か　2
- 1.2　社会心理学ではどのようなことを扱っているのか　2
- 1.3　社会心理学ではどのような方法で研究するのか　6

2　臨床心理学なるもの　　7
- 2.1　臨床心理学とは何か　7
- 2.2　臨床心理学ではどのようなことを扱っているのか　7
- 2.3　臨床心理学ではどのような方法で研究するのか　11

3　臨床社会心理学なるもの　　12
- 3.1　臨床社会心理学とは何か　12
- 3.2　臨床社会心理学ではどのようなことを扱うのか　13
- 3.3　臨床社会心理学はどのようにして成立してきたのか　15

第Ⅰ部　因果関係をめぐる臨床社会心理学
――原因帰属理論と現実問題――

第1章　「なぜ？」を読み解く　　21
●原因帰属理論と帰属のバイアス

1　その出来事はなぜ起こったのか――原因帰属とは　　22
2　どうやって原因を推測しているのか――原因帰属の理論　　24
- 2.1　対応推論理論　24
- 2.2　共変モデル　26
- 2.3　因果スキーマモデル　28

3　原因推測に見られる誤りや偏り――帰属のバイアス　　31
- 3.1　根本的な帰属の錯誤　31

3.2　行為者-観察者間の差異　32
　　3.3　誤　帰　属　33
　　3.4　利己的な帰属のバイアス　33
　4　まとめと臨床への展開 …………………………………… 33

▷コラム①　抑　う　つ ……………………………………………… 36

第2章　どうしてうつになるのか？　41
●さまざまな帰属療法と抑うつ・認知療法

　1　原因を見誤らないためには──誤帰属の修正 ……………… 42
　　1.1　リラクセーションと誤帰属　42
　　1.2　心理教育と誤帰属　44
　2　正しい原因を見つけよう──帰属スタイルの修正 ………… 45
　　2.1　うつ病の認知モデル　46
　　2.2　抑うつと帰属療法　48
　　2.3　帰属療法と認知療法の比較　49
　3　不適応からの克服──さまざまな帰属療法 ………………… 52
　　3.1　成長期の子どもたちへの支援　52
　　3.2　対人関係の悩みと帰属の関連　54
　　3.3　原因想起の多様性と選択合理性　56
　　3.4　帰属変容のための集団療法　58

▷コラム②　改訂学習性無力感理論 ………………………………… 62

第3章　勉強ができなくてつらい　67
●原因帰属と学業行動

　1　どんな原因が考えられるだろうか──帰属因の整理 ……… 68
　　1.1　自由記述による結果　69
　　1.2　考えられる原因（帰属因）の整理　70
　2　原因の考え方のスタイル──原因帰属様式 ………………… 72
　　2.1　成功や失敗は，運のせい？──統制の位置　72

2.2　原因の考え方で動機づけが変わる──ワイナーのモデル　*73*
　　2.3　原因の考え方で感情も変わる──感情の帰属モデル　*76*
　3　**教育場面での学習無力感** …………………………………………… *78*
　　3.1　努力しても成功しない　*78*
　　3.2　試験の前は遊ぼう──セルフ・ハンディキャッピング　*81*
　4　**原因の考え方と目標** ……………………………………………… *84*
　　4.1　何のために学習するのか──ニコルズの目標論　*84*
　　4.2　知能は変わるのか──ドゥエックの知能観　*85*

▷コラム③　ピグマリオン効果　………………………………… *88*

第Ⅱ部　自分を意識する心と臨床社会心理学
──自己注目の理論とその応用──

第4章　自分を意識する心　　　　　　　　　　　　　　　*95*
●自己注目と行動

　1　**見る自己と見られる自己──自己注目とは** ……………………… *96*
　　1.1　自己意識尺度をやってみる　*96*
　　1.2　公的自己と私的自己　*97*
　　1.3　自己意識特性とは　*99*
　2　**自己を意識するとどうなるか──自己注目の理論** …………… *100*
　　2.1　デューヴァルとウィックランドの客体的自覚理論　*101*
　　2.2　カーヴァーとシャイアーの制御理論　*103*
　3　**自己注目の具体的な研究を見てみよう** ………………………… *106*
　　3.1　適切さの基準が意識される時　*106*
　　3.2　適切さの基準が意識されない時　*109*
　4　**臨床的な問題を自己注目から探る──自己注目の応用** ……… *111*

第5章　自己注目から見る落ち込み　　　113
●抑うつの自己注目理論

1 落ち込みと自己注目は似ているところもあるようだ
　　──抑うつの自己注目理論 …………………………… 114
2 なぜ抑うつになるのか──自己注目からの整理 ………… 117
　2.1 どのような状況で自己に注目しはじめるか　117
　2.2 自己に注目した時にどのようなことが起こるか　120
　2.3 気分が落ち込んだ時に自己注目を続けるとどうなるか　121
　2.4 自分について考え込みやすい性格──自己没入　124
3 落ち込みの自己注目モデル ………………………………… 126
4 抑うつの予防や抑うつからの回復に向けて ……………… 129

第6章　「自分」が脅かされる　　　133
●自己意識理論と妄想・自我障害

1 なぜかとっても恐くなる──妄想・自我障害 …………… 134
　1.1 妄想とは　134
　1.2 自我障害とは　136
2 私への関心と恐怖感──自己意識と妄想・自我障害 …… 137
　2.1 自己意識と妄想　137
　2.2 自己意識と妄想・自我障害　138
3 恐怖感の原因は何だろう──妄想への帰属理論 ………… 142
　3.1 妄想と帰属理論　142
　3.2 帰属のパラドクス　144
4 恐怖感をどう克服するか──妄想・自我障害の臨床 …… 145
　4.1 妄想の認知療法　145
　4.2 自我障害と自閉療法　146

▷コラム④　統合失調症 ………………………………………… 148

第Ⅲ部　他者に関わる心と臨床社会心理学
――対人行動とその応用――

第7章　本当の自分・仮面の自分　　153
●自己開示と自己呈示

1　自分のことを打ち明ける――自己開示という概念 …………… 154
　1.1　自己開示という概念の誕生　*154*
　1.2　自己開示という概念の変化　*155*
　1.3　自己開示の内容をどのように分類するか　*155*

2　自己開示は対人関係の発展において
　　どのような役割を果たすか ………………………………………… 156
　2.1　対人関係の発展を説明する――社会的浸透理論　*156*
　2.2　相手を知りたいと思ったら――自己開示の返報性とその変化
　　　157

3　自分をよく見せる――自己呈示とは ………………………… 160
　3.1　自己呈示の分類　*160*
　3.2　主張的な戦術的な自己呈示形態　*161*
　3.3　自己呈示の個人差――自己モニタリング　*162*

4　自己開示および自己呈示研究の臨床への応用 ……………… 164

▷**コラム⑤　臨床場面における非言語的行動①**
　　――対人空間・視線行動・身体接触 ………………… 167

第8章　自己開示をすると健康になるか？　　171
●自己開示と心身の健康

1　自己開示をすると精神的健康が増進するか？ ……………… 172
　1.1　自己開示すればするほど精神的に健康になるか？――直線的
　　　モデル　*172*
　1.2　多すぎる，または少なすぎる自己開示が精神的不健康と関連
　　　するか？――逆Ｕ字モデル　*173*
　1.3　適切な自己開示は精神的健康と関連する――状況を理解する
　　　能力が決め手？　*174*

もくじ　xiii

2 トラウマを開示すると身体的健康が増進するか？ ……………… *177*
　2.1 トラウマを抑制すると健康が悪化するか？　*177*
　2.2 筆記や発話によるトラウマの開示が心身の健康に及ぼす
　　　効果　*180*
　2.3 なぜトラウマを開示すると心身の健康が増進するのか？　*183*
3 **自己開示と心身の健康の関連に関する研究が
　　臨床に示唆するもの** ……………………………………………… *184*

第9章　対人場面での不安　　　　　　　　　　　　　　*187*
　　　　●自己呈示と社会不安・対人恐怖

1 **対人場面での不安とは——社会不安と対人恐怖** ……………… *188*
　1.1 社会不安とその障害——社会恐怖　*188*
　1.2 対 人 恐 怖　*189*
2 **よい自分を見せたいが，そう見せる自信がない
　　——社会不安の自己呈示理論** …………………………………… *191*
3 **社会心理学のアイデアを生かして社会不安障害を考える
　　——社会不安障害の認知行動療法** ……………………………… *193*
　3.1 社会不安障害の認知行動モデル　*194*
　3.2 社会不安障害の認知行動療法　*197*

第10章　人を助け，支えること　　　　　　　　　　　*201*
　　　　●援助行動とソーシャル・サポート

1 **助けること，助けられること——援助行動と対人関係** ……… *202*
　1.1 援助行動への視点　*202*
　1.2 援助者の心理　*205*
　1.3 援助行動のおもな影響要因　*206*
　1.4 被援助者の心理　*210*
2 **人が人を支える——ソーシャル・サポート** …………………… *212*
　2.1 ソーシャル・サポートの研究者が考えていること　*212*
　2.2 ソーシャル・サポート研究とは　*213*
　2.3 ソーシャル・サポートの効果とそのメカニズム　*216*
　2.4 サポート効果の限界　*220*

3 おわりに …………………………………………………… *221*

第11章　人はなぜ攻撃するのか?　*223*
●攻撃行動と怒り・自己

1 何を攻撃とするか——**攻撃行動の定義** ………………… *224*
2 何のために攻撃するのか——**攻撃行動の目標と機能** …… *226*
3 怒りとは何か——**攻撃と怒り** ………………………… *228*
4 人はなぜ攻撃するのか——**攻撃と自己** ………………… *232*

▷コラム⑥　臨床場面における非言語的行動②
　　　——無意図的模倣と共感 ………………………… *237*

終　章　これからの臨床社会心理学　*241*

1 **健康増進のために臨床社会心理学は
　どのような貢献ができるのか?** ………………………… *224*

　1.1　カウンセラーの限界——援助を求めない人に対しては援助ができない　*244*

　1.2　なぜ不適応状態になっても援助を求めないのか?——援助要請の臨床社会心理学　*245*

　1.3　不適応状態を起こす人,起こさない人の違いは何か?　*248*

　1.4　臨床場面で介入を効果的に進めるために有用な社会心理学的知見　*249*

2 まとめ …………………………………………………… *250*

引用文献　*252*
事項索引　*269*
人名索引　*273*

本書のコピー,スキャン,デジタル化等の無断複製は著作権法上での例外を除き禁じられています。本書を代行業者等の第三者に依頼してスキャンやデジタル化することは,たとえ個人や家庭内での利用でも著作権法違反です。

序章
新しい領域：臨床社会心理学とは

「はじめに」で見てきたように，私たちはこれから「臨床社会心理学」という領域について学んでいきます。序章では「臨床社会心理学とは何か」について説明しますが，その前に，社会心理学，臨床心理学のそれぞれについてごく簡単に見ておきましょう。

1 社会心理学なるもの

1.1 社会心理学とは何か

社会心理学を一言で定義するのは非常に難しいことですが，安藤(1995)を参考にしながらあえて一言で言うと「人間が日常生活の中で互いに影響を与えあって生きている，その人と人との相互作用のあり方を研究する学問領域」と言えるでしょう。私たちは，1人きりで生きているわけではありません。必ず人と人との関わり＝相互作用のなかで生活しているわけで，その相互作用のあり方について研究するという時に，社会心理学が扱う広大な研究領域が見えてくるでしょう。

1.2 社会心理学ではどのようなことを扱っているのか

それでは社会心理学では何を研究しているのでしょうか。表序-1に社会心理学の研究テーマを分類してあります。これを見ると，社会心理学の研究テーマは，「個人内過程」「対人行動」「集団行動」「集合現象」「文化」の5つにおおざっぱに分けられることがわかるでしょう。もっとも，この5つのテーマは独立しているわけではなく相互に関連をもっていますし，すべての研究テーマがこの5つのどれかにきれいに分けられるわけではありません。さて，これからこの5つについて簡単に触れておきましょう。

(1) **個人内過程**　　人と人との相互作用のあり方を社会心理学で

表序-1　社会心理学の研究テーマ分類例

Ⅰ. 個人内過程
  1. 自己・パーソナリティ：自己概念，社会的自己，自己開示・自己呈示，パーソナリティと社会行動
  2. 感情・動機
  3. 認知：社会的認知・対人認知，印象形成，社会的比較，偏見，ステレオタイプ，帰属
  4. 態度・信念：態度構造・態度変容，説得

Ⅱ. 対人行動
  1. 対人的相互作用：対人的コミュニケーション，協同・競争，援助，攻撃，対人魅力，社会的スキル
  2. 身近な人間関係
  3. ソーシャルサポート
  4. 対人葛藤・対人ストレス
  5. 被服行動・化粧行動

Ⅲ. 集団行動
  1. 集団：社会的アイデンティティ，社会的交換，社会的ジレンマ，集団内過程（同調と逸脱，リーダーシップなど），集団意思決定
  2. 社会的勢力・統制
  3. 集団間関係
  4. 組織
  5. 産業

Ⅳ. 集合現象
  1. 集合行動：流言，普及，流行
  2. マスコミュニケーション
  3. 消費・生活意識：消費行動，ライフスタイル，広告
  4. 政治行動：政治参加，投票行動，世論過程，政治意識

Ⅴ. 文化
  1. 社会化
  2. 文化・比較文化：異文化適応・宗教
  3. 社会問題・社会病理：高齢化社会，犯罪・非行，いじめ・学校内問題，性役割，都市化
  4. 環境

は研究していますが，人からどのような影響を受けるかは，それぞれの人で異なっていますし，同じ人でもその人の状態によって変わってきます。たとえば，駅の階段で荷物を持ったお年寄りがあなたの目の前で転んだとして，あなたはどんな行動をするでしょうか。普通は助けに行くと思いますが（そうしてほしいものですが），道徳的でない人ならば素知らぬ顔をして通り過ぎることでしょう。しかし，そのような人であっても，何かいいことがあって幸せな気分でいっぱいだとしたら，このお年寄りを助けに行くかもしれません。気分の善し悪しによっても人の行動は変わることがあるのです。また，相互作用のあり方は，ある人がその状況をどう認知するかによっても異なってきます。たとえば，魅力的な異性の人と何度か視線が合った時に，「自分に気があるからこっちを見ているのだ」と感じた人は，自分をより魅力的に見せるために，すましてみたり熱い視線を送り返したりして，その人の心理に影響を与えようとするでしょう。しかし，「自分にどこかおかしいところがあってこっちを見ているのだ」と感じた人ならば，その視線から逃れようと行動するでしょう。このように人と人との相互作用を研究するために，まず，個人の心理に焦点を当てて研究することができるのです。

(2) 対人行動　　次に，ある社会的な状況のもとでの，対人相互作用や対人行動を研究するという方法があります。つまり，ある社会的な状況で，人が特定の他者に対してどのような行動をとるかを調べるのです。駅の階段で荷物を持ったお年寄りが転んだ場面で，自分以外にもまわりに多くの人がいるような場合と，あなた1人しかいない場合を想像してみてください。おそらくまわりに多くの人がいると「誰かが助けに行くだろう」という気が起こりやすく（つまり，助けることの責任が分散されやすく），援助が遅れるでしょう。それに対し，まわりに自分しかいない場合，自分が助けなければと

いう責任が強く感じられるため，援助が行われやすいでしょう。このように，対人行動に影響を与える状況に焦点を当てて研究するという方向性もあります。

(3) **集団行動**　社会で生活する時，私たちはさまざまな集団(家族，職場，サークルなど)に所属して，そのなかで人々と関わっています。たとえば，友だちと食事に行ったら，一緒に行った友だちが全員デザートと飲み物を注文しようとしていたので，ランチを注文するのをやめてまわりの友だちに従ったというように，私たちは集団から影響を受け自分の行動を変えることがあります。これは「同調」と呼ばれる現象です。また，グループで作業をすることになった時にばれないように手抜きをしたり，集団で行動することでついはめを外して普段ならとらない行動をしたりするなど，私たちは集団の一員となることで普段とは異なる行動をとることがあります。前者は「社会的手抜き」，後者は「没個性化」と呼ばれる現象です。このように，集団との関係における人の行動に注目して，相互作用のあり方を研究することもできるのです。

(4) **集合現象**　私たちが人から受ける影響は，目の前の人や集団からの直接的なものだけに限りません。私たちは誰が流したかわからない噂に影響されたり，流行に左右されたりします。そして噂や流行に流された私たちの行動が，他の人に影響を与えることもあります。このようにお互いに面識がない集まりのなかでも，人々が互いに刺激を与えあって，ある方向に全体的な行動が向かうこともあります。このような「集合現象」も社会心理学における研究のテーマとなります。

(5) **文化**　最後に，私たちは誰もが文化の影響を受けて生活しています。これはある社会のなかで，人によって育てられ，人として生活していく以上，避けられないことなのです。したがって，文

化についても社会心理学で研究することができます。またある文化の抱える社会問題についても社会心理学から研究することができます。また文化と個人内過程は関連しています。たとえば，アジア文化圏と欧米文化圏では「自己」に対する考え方に違いがあるという指摘があります。表序-1の5つのレベルは相互に関連していると言えるでしょう。

このように社会心理学は個人から文化全体まで非常に幅広い領域をカバーしています。この背景として，社会現象に対し心理学的な視点からアプローチする立場と，社会学的な視点からアプローチする立場があったことが挙げられます。社会心理学成立の歴史についてはここでは触れる紙面の余裕がないので，興味のある方は他の文献（廣田，1994；末永，1998など）を参照してください。

1.3 社会心理学ではどのような方法で研究するのか

社会心理学では，相互作用のあり方についての法則性を見つけ出すことが重要な目的となります。そのため，通常，実験や調査などの実証的な手法によって研究を行い，体系的にデータを集め，集まったデータを統計的手法によって分析し，相互作用のあり方についての知見を見出すのです（本書ではいくつかの実験や調査の例を挙げていますので，参考にしてください）。法則性を見出すことが目的ですので，社会心理学では個々の人に対してはあまり関心がありません。個々の人が示すばらつきは，通常，「誤差」として扱われます。これは「個」を対象とする臨床心理学とはおおいに異なるところです。

2 臨床心理学なるもの

2.1 臨床心理学とは何か

臨床心理学は「主として心理・行動面の障害の治療・援助，およびこれらの障害の予防，さらに人々の心理・行動面のより健全な向上を図ることをめざす心理学の一専門分野」(高山, 1999) と定義されています。

臨床心理学では，これらの目標を達成するために，臨床心理査定 (アセスメント)，臨床心理面接，臨床心理的地域援助，臨床心理学的研究の4つを行っています。すなわち，相談に来た個人 (来談者，クライエント) において，対象となる問題が何であり，その問題にどのように介入するのかという方針を立て (臨床心理査定)，介入を行います (臨床心理面接)。同時に，個人に働きかけるだけではなく，個人の心理面の障害に影響を及ぼす環境にも働きかけます (臨床心理的地域援助)。そして，こうしたさまざまな活動に貢献する研究を行います (臨床心理学的研究)。

2.2 臨床心理学ではどのようなことを扱っているのか

ここでは，上述した臨床心理査定，臨床心理面接，臨床心理的地域援助，臨床心理学的研究のうち，臨床心理学における二大専門領域と考えられている臨床心理査定と臨床心理面接について，もう少しくわしく説明します。

心理・行動面の障害の特徴を評価・分類することを心理診断と呼びますが，その目的は個人の異常性の発見です。医学における「診断と治療」のモデル (こうしたモデルを「医学モデル」と呼びます) に即した用語と言えます。そうした異常性のみならず健康な面を含め

てパーソナリティの全体像を評価することを心理査定と呼びます。そしてクライエントの心理査定を行うことを臨床心理査定と呼びます。なお，臨床心理査定を行う際に，その対象とする問題の成因と状態を理解する参照枠として異常心理学があります（異常心理学については，下山・丹野，2002 を参照）。

臨床心理査定は，用いる方法からは，面接，観察，心理検査の3つに分かれます。心理検査の対象は性格・人格，知能，発達，症状，健康などに分かれます。

臨床心理査定を踏まえて，臨床心理面接が行われます。臨床心理面接は，一般にカウンセリングや心理療法のことを意味します。心理療法とは言わずに臨床心理面接と呼ぶのは，心理「診断」ではなく心理「査定」と呼ぶように，医学モデルと区別して，その専門性を明らかにしようという意図があります。しかし，ここでは従来から今日に至るまで多用され，一般化している「心理療法」という用語を用います。

心理療法とは「心理的手段を用いて心理的障害を除去する方法」（多田，1996）と定義されています。心理的障害をもつ対象者をクライエントと呼びますが，その除去を行う援助者を心理療法家ないし治療者（セラピスト）と呼びます。

心理療法は 250 種類以上もあるとされますが，その代表的なものとしては，精神分析療法，クライエント中心療法，行動療法の3つを挙げることができます。ここに分析心理学とその治療技法を加えて4つに大別する立場もあります。さらに今日的には，上記の4つに認知行動療法，家族療法，コミュニティ心理学とその介入技法を加えて臨床心理学の代表的な理論モデルとすることもできます（下山，2000a）。それらの理論モデルの中心仮説については表序-2 をご覧ください。

表序-2 臨床心理学の代表的な理論モデルの中心仮説

精神分析療法（psychoanalysis） 乳幼児期の体験で意識に統合されなかった事柄が無意識の領域へと抑圧され，その結果，心的葛藤が生じ，症状が形成される。したがって，無意識の抑圧の解除と葛藤の意識化が介入の目的となる。

分析心理学（analytical psychology） 心は，自己を中心とする無意識と意識の相補性によって全体が構成されている。意識と無意識のバランスが崩れ，相補性が保てない場合に心理的問題が生じるので，自己を中心に無意識の深層を意識に統合し，心の全体性を回復することが介入の目的となる。

クライエント中心療法（client centered therapy） 人間は，1人ひとりが基本的に健康で，成長と自己実現（self actualization）に向かう可能性をもった存在である。心理的に不健康な状態とは，自己実現という本来の傾向に従わないでいる場合であるので，その人の潜在力と主体的能力を尊重し，内在する自己実現傾向の保身的風土を提供することが介入の目的となる。

行動療法（behavior therapy） 不適応行動も，適応的な行動と同様に学習の原理に従って特定の状況のもとで学習された反応である。したがって，学習訓練手続きを用いることによって，不適応行動を消去し，それに替わる好ましい行動を新たに形成するような働きかけを行うことが介入の目的となる。

認知行動療法（cognitive-behavioral therapy） 人は，刺激‐認知過程‐反応という図式で示されるように認知的過程で情報処理を行い，行動を決定する。心理障害の症状は，その認知過程における認知の歪みに媒介されて発生し，維持される。したがって，認知の歪みの修正が介入の目的となる。

家族療法（familiy therapy） 心理障害を個人の問題としてではなく，その個人が属する家族システムの問題としてとらえる。したがって家族システム特有の問題があると考え，システムを全体として変化させることが介入の目的となる。

コミュニティ心理学（community psychology） 人の行動は，社会的物理的環境と切り離された状況で発生するのではなく，その人が生きている社会的物理的環境との相互作用の中で成り立つものである。したがって，環境から切り離して個人の心的内面や行動のみを取り上げるのではなく，人と環境の相互関係システムの全体をとらえ，人と環境の両面に働きかけることが介入の目的となる。

遊戯療法注（play therapy） 遊びは，子どもの心理的発達のそれぞれの段階において成長のための中心的役割を果たす活動である。したがって，遊びを介して子どもとの間で非言語的および言語的コミュニケーションを展開することによって，その子において不十分であった発達段階の遊びを成立させ，その子の成長可能性を自己治癒力として発揮させることを介入の目的とする。

集団療法注（group therapy） 個人の心理障害は，対人関係の問題として表れる。小集団における対人関係の相互作用は，人を成長させる側面と同時にそのような対人関係の問題を引き出す側面がある。したがって，小集団の場における援助的介入では，集団内の対人関係の問題として示された集団構成員の心理障害を集団的力動を利用して改善することが目的となる。

注：遊戯療法と集団療法は，理論モデルではなく，技法モデルではあるが，用いられることが多いので，参考のために記載した。
出典：下山，2000a。

本書・本章が問題とする，基礎心理学と臨床心理学の交流という点に関しては，上記の心理療法のうち，特筆すべきは行動療法およびその発展型というべき認知行動療法です。その他の心理療法が背景とする理論は実証的に検討されたものであることは少なく，多くはその心理療法の創始者とその後継者たちが臨床実践のなかで構築したものです。ところが，行動療法や認知行動療法は，基礎心理学である学習心理学・行動理論，認知心理学などの知見をもとに症状の維持要因のモデルを構築し，そのモデルの実証的検討を踏まえて，介入を行っているからです。

　ところで，心理療法と関連する言葉にカウンセリングがあります。「心理療法」と「カウンセリング」は同義に用いられることも区別して用いられることもあります。ここでは，区別して考える立場について紹介しましょう。國分（1990）は，カウンセリングを「言語的および非言語的コミュニケーションを通して，健常者の行動変容を試みる人間関係」と定義しています。心理療法は，元来，心理診断に対応した言葉であり，心理的障害，病理的なパーソナリティをもつ個人を対象としたものです。それに対して，カウンセリングは，問題を抱えた健常者を主たる対象とする考え方です。さらに「行動変容」の内容が，治療的なものだけではなく，開発的なものをも含む点に特徴があります。

　心理的障害に悩んでいる人が臨床心理相談室などを訪れるのを待っていたのが従来の臨床心理学のあり方でしたが，最近では，積極的に心理・行動面での健康増進，教育場面における適応の促進など，予防にも取り組んできています。具体的には，ストレス・マネジメントや社会的スキル訓練などが挙げられるでしょう。

　ストレス・マネジメントは，ストレス反応の減少やストレス反応の発生に対する抵抗力の増加を目的とした介入です。職場や学校で，

そこで起きるストレス反応(不安など)を対象として,リラクセーションなどの技法を学びます。また,社会的スキル訓練では,対人行動の障害やつまずきの原因を,対人場面において相手に適切かつ効果的な反応がとれなかったこと(すなわち社会的スキルの獲得または実行における障害)と考え,対人場面における不適切な行動を修正し,必要な社会的スキルを積極的に学習させることで,対人行動の障害やつまずきを改善しようとします。いずれも予防的に用いることができます。

2.3 臨床心理学ではどのような方法で研究するのか

臨床心理学における研究方法はさまざまです(下山,2000b;丹野,2004)。事例研究法,援助効果の評価研究法,神経心理学的研究,認知心理学的研究などです。そして,事例研究法以外は,いわゆる基礎心理学とほぼ同様の科学的方法論が使われています。とくに,心理療法のなかでも,行動療法や認知行動療法は科学的方法論を用いて症状形成・維持のメカニズム,特定技法の効果の研究を行っています。

ただし,わが国においては,臨床心理学で用いられるおもな研究方法は事例報告であったと言えるでしょう。これは,クライエントとカウンセラーとの臨床場面におけるやりとりを,カウンセラーが記述したものです。そこでは,あくまでも対象事例の個別性・特殊性に焦点を当て,その内容を記述することが中心となります。事例報告では,カウンセラーはクライエントのなかで生じたことを共感的に理解し記述するのですが,その作業はあくまでカウンセラーの主観によって把握されたものです。したがって,クライエントの主観的経験を,カウンセラーの主観的枠組みによって理解し記述することになります。

このような事例報告に対して，近年，臨床心理学内部からも批判が起きてきました（下山，2000a）。それは，個々の事例の個別性・特殊性のみが強調されすぎ，他の事例との共通点や普遍的に当てはまりそうな点についての言及がなされていないためです。「事例報告」から共通性・普遍性を意識した「事例研究」へと，臨床心理学の研究も変化を求められています。

さて，社会心理学と臨床心理学のそれぞれの特徴をまとめてみましょう。社会心理学では，不適応は問題にせず，ノーマルな日常生活での対人相互作用のあり方を研究します。そのために，他の基礎的な心理学領域同様，客観的・実証的な方法が用いられます。数値化された形でデータをとることが多く，結果を分析して，人間の社会的相互作用に関する一般的な法則性を見出そうとしています。

これに対し臨床心理学では，不適応現象を研究の対象としています。また，精神分析やユング心理学（分析心理学）などでは実証的に検討することが困難な無意識の領域に原因を求めています。研究の方法は先に述べたように，実証的検討もあるのですが，カウンセラーによる臨床場面におけるクライエントの記述が主でした。そして，その記述についても個別性・特殊性が強調されていました。

このようにまとめてみると，2つの領域はまったく正反対のように感じられます。しかし，両者をつなぐ領域として「臨床社会心理学」という学問が発展しつつあります。それでは次に，臨床社会心理学とは何かについて見ていきましょう。

3　臨床社会心理学なるもの

3.1　臨床社会心理学とは何か

これまで見てきたように，社会心理学も臨床心理学もカバーする

範囲が広く,「どこまでが社会心理学（あるいは臨床心理学）」などと定義することは難しいと言えます。そのため,「臨床社会心理学」(clinical social psychology) を正確に定義するのはいっそう難しいことになります。実際,「社会臨床心理学」(social clinical psychology) と呼ばれる分野もあったり,また「社会・臨床心理学」(social and clinical psychology) と呼ばれることもあったりして,「臨床社会心理学が何か」という定説があるわけでもありません。ここでは,臨床社会心理学を「人間の適応の理解,適応における問題,および適応を高めるための介入に,社会心理学の原理や知見の応用を図る一領域」と定義しておきます（坂本, 2002）。

3.2 臨床社会心理学ではどのようなことを扱うのか
(1) 臨床社会心理学のカバーする領域　　臨床社会心理学について図序-1を参考にしながら少しくわしく見ていきましょう。表序-1に示したように,社会心理学は,個人内過程,対人行動,集団行動,集合行動,文化を研究対象として含みます。このうち,個人内過程,対人行動,集団行動を研究する社会心理学を「心理学的社会心理学」とか「ミクロの社会心理学」などと呼び,集合行動や文化を研究する社会心理学を「社会学的社会心理学」とか「マクロの社会心理学」と呼ぶことがあります。前者の社会心理学領域のなかには臨床心理学と関連するものが多く,臨床社会心理学を構成する一部となります。

　臨床心理学も,2.2で見たように,臨床心理査定,心理療法,カウンセリング,健康・教育,予防などの研究テーマがあります。このうち,心理療法やカウンセリングの一部と,健康・教育,予防などには,社会心理学の原理や知見を応用したり,これらを基礎として独自の展開をすることが可能です。したがって,臨床社会心理学

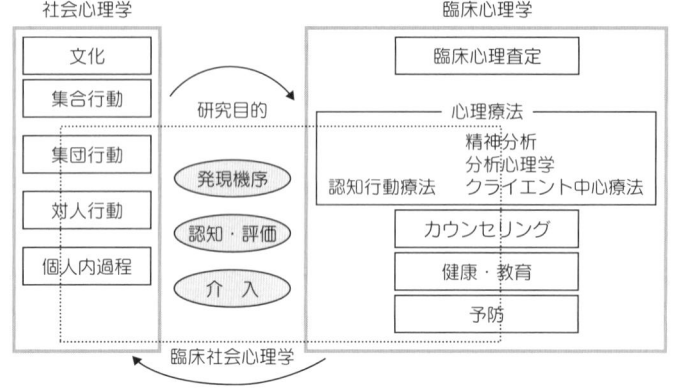

図序-1 臨床社会心理学の位置づけ

を構成する一部となります。

(2) **臨床社会心理学の目的** それでは、臨床社会心理学はどのようなことを目的としているのでしょうか。臨床社会心理学の研究目的は、おおざっぱに言って以下の4つに分けられるでしょう。①不適応状態がどのようにして生じ、それが続いてしまうのか、そのメカニズムを社会心理学的な視点や方法論から明らかにするもの（発生・維持に関するメカニズムの解明）。たとえば、人はなぜ落ち込んだり、不安になったり、そういった状態が続いたりするのかについての研究をすることです。これらの不適応状態の発生と維持には対人的な要因が関わっており、社会心理学の視点から多くの説明が行われています。本書でもこのいくつかを紹介します。②不適応状態が人々にどのように受け止められているか、認識されているか、分類されているかを社会心理学的な視点や方法論から明らかにするもの（不適応状態の認知・評価のされ方の解明）。心と身体とは密接に関連していて、抑うつでも不安でもいくつかの身体症状が同時に現れます。こういった心身の不調の原因を、自分や周囲の人が「心の問題」に

求めるか,「身体の問題」に求めるかによって，その後にとる行動や経験する心理的苦痛は変化するでしょう。このようなことも臨床社会心理学の研究テーマとなります。③不適応状態への介入に関して，社会心理学的な視点から考察したり，介入法を提案するもの（よりよい介入法の提案）。たとえば，原因帰属などの社会心理学的視点を，治療に取り入れる試みはすでに行われています（これについては，第2章を見てください）。④不適応状態への介入をより効果的に進めるために，社会心理学における「対人関係」などの分野の成果を取り入れるもの（介入を効果的に進めるための技法の提案）。

　臨床社会心理学の目的としてここでは4つ挙げました。本書ではこのうち①と③を中心に説明していきます。

3.3　臨床社会心理学はどのようにして成立してきたのか

　これまで見てきたように，臨床心理学と社会心理学には，研究対象や研究方法の点でまったく異なる性質をもつ一方，両者とも対人関係を扱っているという点で協力可能な側面もあります。

　(1)　**臨床社会心理学の誕生と衰退，そして再興**　　このようなことは心理学研究の本場アメリカでは古くから認識されていました。臨床心理学と社会心理学の協力については，じつに1920年代まで遡ることができます。つまり，臨床心理学の専門誌であった『異常心理学雑誌』（*Journal of Abnormal Psychology*）が，不適応行動の発生に関する社会的な要因を明らかにするために社会心理学領域もカバーするようになった年（1921年）に，臨床心理学と社会心理学の協力の出発点があったと言えます。ちなみに，雑誌名も『異常・社会心理学雑誌』（*Journal of Abnormal and Social Psychology*）と変更され，臨床心理学と社会心理学の協力の方針が進められたわけです。

　しかし，臨床心理学も社会心理学の協力も，当時はまだまだ学問

としての体系が十分に整えられていませんでした。協力の可能性を模索するよりも,それぞれが学問領域として一本立ちする必要がありました。そのため,個々の学問領域が専門性を高めていく過程のなかで協力の理念はしだいに薄れ,互いの領域に無関心になっていきました。協力の可能性をうたった『異常・社会心理学雑誌』もついに 1965 年に臨床心理学系の『異常心理学雑誌』と社会心理学系の『人格・社会心理学雑誌』(*Journal of Personality and Social Psychology*) に分かれてしまいました。

　その後,しばらく没交渉な時期が続きましたが,1970 年代後半から 2 つの領域の協力が再び始まりました。75 年に発表された抑うつの学習性無力感理論や 78 年の改訂学習性無力感理論は,臨床社会心理学の発展の火付け役となったと言えます。この時代,社会心理学は専門領域としての体系を整えており,研究の方法論も進歩していました。臨床心理学でも,カウンセリングの実践や不適応状態の発現に及ぼす対人的・社会的な影響を考えるようになっていました。そういった下地が,2 つの領域が再び接近する背景としてあったのです。83 年には『社会・臨床心理学雑誌』(*Journal of Social and Clinical Psychology*) が創刊され,2 つの領域の協力を後押ししました。現在では,アメリカを中心に,臨床心理学と社会心理学の協力は進んでいます。日本でもここ数年,ようやく学界内で臨床心理学と社会心理学の協力が知られるようになりました。

　(2) **日本における動き**　　日本における臨床社会心理学の活動はアメリカのそれに比べて大きく遅れています。日本では,上述したように,学習心理学・行動理論と行動療法との間には緊密な結びつきがありましたが,社会心理学や認知心理学などの基礎的な心理学領域と,臨床心理学一般との間に大きな溝がありました。社会心理学や認知心理学は,基礎的な心理学領域のなかでもとくに臨床心理学

と協力できる可能性をもつ領域で,アメリカなどでは協力が進んでおり,心の問題の理解に一定の成果を収めています。日本ではさらに,臨床心理学の内部でも,研究者やカウンセラーが傾倒している臨床心理学理論によって細分化され,互いの交流が十分ではありませんでした。このような状態は,研究者本位,実践家本位のあり方のように思えます。このままではクライエントを含めた一般の人たちは,基礎的心理学の知見を生かした心理臨床実践を享受しにくいでしょう。

基礎的な心理学領域である社会心理学や認知心理学で得られた知見を臨床心理学に応用したり,臨床現場における取組みを基礎的な心理学から眺めるというように,基礎と実践との交流が進めば,これらの領域が新たな発展を遂げるだけではなく,治療や予防といった介入を通じて,私たちにも心理学領域における発展の恩恵がもたらされると期待されます。

ようやく日本においても「臨床社会心理学」という領域が注目されてきました。優れた翻訳書が出版されたり(Abraham & Shanley, 1992; Kowalski & Leary, 1999),社会心理学的な視点から臨床心理学で扱ってきた問題を解説した書物(坂本,1997;田中・上野,2003;丹野・坂本,2001)や論文(山口ほか,2000)が刊行されています。

▶さらに勉学を深めたい人のための文献案内

丹野義彦・坂本真士,2001『自分のこころからよむ臨床心理学入門』東京大学出版会。

抑うつ,対人不安,統合失調症(特に妄想)という代表的なメンタルヘルスの問題を取り上げています。臨床心理学の入門書ですが,社会心理学的な視点からも多く解説しており,自分のこころから,メンタルヘルスの問題について考えていくことができます。

コワルスキ,R. M.・リアリー,M. R.(編),安藤清志・丹野義彦(監訳),2001『臨床社会心理学の進歩――実りあるインターフ

ェースをめざして』北大路書房。
　臨床社会心理学のこの10年の研究についてまとめた総説書。この分野の最近の情報がわかりやすくまとめられていて，役に立ちます。

田中共子・上野徳美（編），2003『臨床社会心理学——その実践的展開をめぐって』ナカニシヤ出版。
　日本における臨床社会心理学の実際の活動例，研究例が示されている好著です。臨床社会心理学の実際例に触れることで，この分野についてよりよく理解できると思います。

丹野義彦，2001『エビデンス臨床心理学——認知行動理論の最前線』日本評論社。
　大学学部生レベルの認知行動アプローチの教科書です。抑うつ・不安障害・統合失調症の3つについて，異常心理学の研究のエスプリを伝える意図で書かれています。

下山晴彦・丹野義彦（編），2002『異常心理学Ⅰ，Ⅱ（講座臨床心理学3，4）』東京大学出版会。
　「講座臨床心理学」は，わが国に新しい臨床心理学の実践と研究を定着させることを目的として刊行されました。第3巻と第4巻は，不安・発達障害・人格障害・抑うつ・統合失調症について，最近の臨床心理学研究をくわしく紹介しています。

ドライデン，W.・レントゥル，R.（編），丹野義彦（監訳），1996『認知臨床心理学入門——認知行動アプローチの実践的理解のために』東京大学出版会。
　大学院生と現場の臨床家のための認知行動アプローチの解説書です。不安障害・抑うつ・統合失調症・摂食障害・アルコール依存・高齢者臨床について，認知行動理論と認知行動療法の最先端の研究を紹介しています。各章とも，くわしい「日本語で読める文献案内」がついています。

第 I 部

因果関係をめぐる臨床社会心理学
――原因帰属理論と現実問題――

第Ⅰ部では，原因帰属と原因帰属から見た不適応問題について説明します。「原因帰属」という専門用語は普通の日常生活では使うことはまれですが，身のまわりに起こる出来事や人の行動についてその原因を考えることで，とくに意識せず誰もが行っていることです。では，誰もが行っている原因帰属について，社会心理学からはどのようなことが明らかにされてきているのでしょうか。このことについては第1章で説明します。

　続く第2章と第3章では，実際問題へ原因帰属の視点から切り込んでいます。第2章ではパニック障害やうつ病の問題を原因帰属の点から取り上げ，原因帰属を変える介入法である帰属療法について例示しながら説明しています。第3章では学業への無気力を原因帰属から説明するとともに，学業への動機づけを考える際に重要となるいくつかの概念についても説明しています。

　各章での理解を深めるためのコラムを各章の間に置いています。コラム①では第2章や第5章と関連する「抑うつ」，コラム②では第2章や第3章と関連する「改訂学習性無力感理論」，コラム③では第3章と関連する「ピグマリオン効果」について説明しています。

第 1 章

「なぜ？」を読み解く
[原因帰属理論と帰属のバイアス]

1 その出来事はなぜ起こったのか——原因帰属とは

まず,次の例を見てみましょう。

― Case1-1 ―
さおりさんは新しくバイトを始めました。時間通り出勤してあいさつもすませ働いていると,バイト先の店長がアルバイトの女性を叱りつけていました。さおりさんは「店長は恐い人だ」と思い,彼を恐れてびくびくしながら仕事をしていました。仕事を終えて帰りじたくをしていると,同僚同士の話し声が聞こえてきました。「あの店長にしたら珍しいよね,あんなに怒るの」「相当我慢してたからね」。さおりさんは店長が怒ったのはアルバイトの女性に問題があったんだなと思いました。今日みたいに緊張しなくってもよいんだなと,さおりさんは少しほっとしました。

私たちは日常の生活のなかでさまざまな出来事を経験していますが,その出来事は解釈の仕方で異なった意味をもちます。上記の例をもとに私たちが出来事を解釈していく流れを,図1-1を見ながら考えていきましょう。

まずさおりさんは,「バイト先の店長がアルバイトの女性を叱りつけている」という事象を観察し,それを「叱責行動」とラベルづけしています。そして「店長は性格が恐いから叱りつけているのだ」というように,「叱責行動」の原因を店長の性格に帰属し,店長に対して「恐い」という属性(態度や特性)を推測しています。さらに店長に対し「恐ろしい」という感情・評価を抱き,「怒られるかも」という将来の予測をして,「びくびくしながら仕事を」していました。

しかし,後から得た同僚同士からの情報で,女性を叱った原因は,「アルバイトの女性の問題」という店長の属性ではない,外的状況

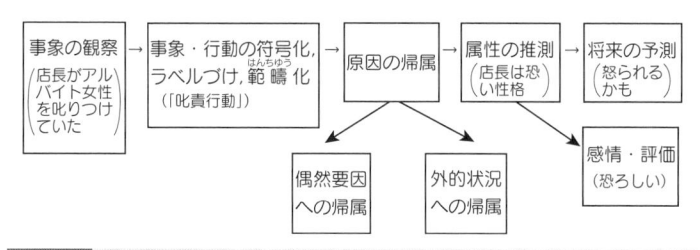

```
┌─────────┐   ┌──────────┐   ┌────────┐   ┌────────┐   ┌────────┐
│事象の観察│ → │事象・行動│ → │原因の帰属│ → │属性の推測│ → │将来の予測│
│(店長がアル│   │の符号化, │   │        │   │(店長は恐 │   │(怒られる │
│バイト女性│   │ラベルづけ,│   │        │   │い性格)   │   │かも)     │
│を叱りつけ│   │範疇化    │   │        │   │          │   │          │
│ていた)   │   │(「叱責行動」)│ │        │   │          │   │          │
└─────────┘   └──────────┘   └────┬───┘   └────────┘   └────────┘
                                   │                         │
                          ┌────────┴────────┐       ┌────────┴┐
                          ▼                 ▼       │感情・評価│
                   ┌──────────┐      ┌──────────┐  │(恐ろしい)│
                   │偶然要因   │      │外的状況   │  └─────────┘
                   │への帰属   │      │への帰属   │
                   └──────────┘      └──────────┘
```

図1-1 原因帰属の流れ

注:さおりさんがはじめに店長がアルバイト女性を叱っているのを見た時の、原因帰属の流れを( )のなかに示した。その後、叱責行動の原因がアルバイトの女性が問題だったと外的状況へ帰属されたため、最初の属性の推測は誤りだと気づいた。

出典:外山,1989をもとに作成。

に帰属されました。そのため、叱責行動から店長の属性を推測することは難しく、そのため以前の予測や評価は間違っているのだと思ったわけです。

このように一般の人々が、身のまわりに起こるさまざまな出来事や、自己や他者の行動に関して、その原因を推論する過程を**原因帰属**といいます。また人は、そのような原因推論を通して、自己や他者の内的な特性や態度に関する推論を行います(特性帰属)。原因帰属、特性帰属の一連の過程を合わせて**帰属過程**といい、帰属過程に関する理論を**帰属理論**といいます。私たちは、因果関係の推測を行うことによって、環境内にある人や事物の属性に関する知識をもちます。そうすることで、将来を予測し適応的に行動することが可能となるのです。原因帰属は適応の問題に深く関係しますが、本章では原因帰属の基礎的な事項について解説します。臨床心理学的な側面については第2章と第3章で触れます。

2 どうやって原因を推測しているのか──原因帰属の理論

帰属理論の代表的なものに，人の属性の帰属過程に関して詳細に検討した対応推論理論（Jones & Davis, 1965），実体の特性の帰属に重点を置いた共変モデル（Kelley, 1967），限られた情報から帰属を行うという現実場面をより適切に説明する因果スキーマ（Kelley, 1972a）と割引・割増原理（Kelley, 1972b）などがあります。これらについて見ていきましょう。

2.1 対応推論理論

まず，次の Case 1-2 を読んでみてください。

―― Case 1-2 ―――――――――――――――――――――
ある女子大生 Y 子が，A 司，B 郎，C 男の 3 人の男子学生から交際を求められました。3 人の特徴は以下のようです。Y 子は C 男とつきあい始めました。Y 子を知る友だちは「Y 子らしいわ」と言います。Y 子はどういう女性なのでしょうか。

	居住地	経済状況	外見	サークル
A 司	都内自宅	ふつう	色黒・男前	テニス
B 郎	都内自宅	ふつう	色黒・男前	テニス
C 男	都内自宅	ふつう	色黒・男前	ボランティア

みなさんは，Case 1-2 の Y 子がどのような人だと推測をしましたか。では，次のような場合はどうでしょうか。

―― Case 1-3 ―――――――――――――――――――――
ある女子大生 Y 子が，A 司，B 郎，C 男の 3 人の男子学生から交際を求められました。3 人の特徴は以下のようです。Y 子は C 男とつきあい始めました。Y 子を知る友だちは「Y 子らしいわ」と言います。Y 子はどういう女性なのでしょうか。

	居住地	経済状況	外見	サークル
A司	都内下宿	厳しい	色黒・男前	テニス
B郎	都内下宿	厳しい	色黒・男前	テニス
C男	都内自宅	裕福	色黒・男前	ボランティア

　Case 1-2, 1-3 では，ある行為からその人の属性を推測することを求めていましたが，Case 1-2 の方が推測が容易であったでしょう。では，どのような時に行為からその人の属性を推測しやすくなるのでしょうか。そしてそれはどのようにして行われるのでしょうか。

　対人認知における帰属過程について理論化したのが**対応推論理論**です。この理論では，行為者がどのような人であるかという属性について推測するのに先立ち，行為者の意図を推定しています。つまり，ある行為が行為者の明確な意図のもとに行われたという推論があってはじめて，そのような意図をもった行為者の属性とはどのようなものかについて推論がなされます。ですから，人から強制されて行った行為のように行為者の意図が関与しない場合は，行為から行為者の属性は推論されにくくなります。

　ある行為から対象人物がある独特な属性をもっているという推論の確信度を，この理論では**対応**という概念でとらえています。この理論によると以下の2つの場合，対応が高くなると予測しています。

　第1に，選ばれた行為には含まれるが，それ以外の選ばれなかった行為には含まれないような効果（すなわち**非共通効果**）が少ないときです。この理論では人間の行為をいくつかの選択肢からの選択の結果であると考え，帰属に際しては選ばれた行為と選ばれなかった行為とに共通していない効果が少ないほど，推論の確信度は高くなります。Case 1-2 では，選ばれた男性と選ばれなかった男性に共通していない点はサークル活動だけでした。したがってY子の属性について，「スポーツマンタイプの男性よりも，心やさしい男性

を好むような女性」であるという推測がなされるでしょう。しかし，Case 1-3のように共通していない効果が増えると対応の度合いが悪くなり，Y子の選択から他者がY子の属性を推測することはより困難となります。

　第2にその結果が普遍的に望ましいものでない時です。たとえば，社会的規範に合致している望ましい行為やたくさんの利益を得られる行為は誰もがそれをしようとするので，その行為から行為者が何か独特な属性をもっていると推論することは困難でしょう。反対に，社会的に望ましくない行為や自己の不利益になる行為をした場合，そこからその人の属性を推測することは容易でしょう。

2.2　共変モデル

　2.1では行為からその人の属性を推測しました。今度は，モノの特性について考えてみましょう。

― Case 1-4 ―――――――――――
　みちこさんはある映画Aを見て笑っていました。彼女はなぜ笑っているのでしょうか。どんな原因が考えられるでしょうか。

　これだけではよくわかりませんね。「映画が面白かったから笑った」としても，「他の人にはつまらなくても，みちこさんは面白い

と感じたから（人への帰属）」か，「映画 A が多くの人にとって面白いから（実体への帰属）」か，あるいは「友だちと見に行ったという状況が映画を面白くさせたから（時/様態＝その時，その状態への帰属）」かわかりません。では，以下のような場合はどうでしょうか。

--- Case1-5 ---
みちこさんはある映画 A を見て笑っていました。彼女はその映画 A を何度見ても笑います。彼女と一緒に見た人も笑いました。しかし，みちこさんや彼女と一緒に見た人たちは他の映画 B，C，D では笑いませんでした。なぜみちこさんは笑っているのでしょうか。

--- Case1-6 ---
みちこさんはある映画 A を見て笑っていました。彼女はその映画 A を何度見ても笑います。しかし彼女と一緒に見た人は笑いませんでした。また，みちこさんは他の映画 B，C，D を見ても笑いました。なぜみちこさんは笑っているのでしょうか。

ケリーの**共変モデル**は実体の特性の帰属に重点を置いたものです（図1-2）。このモデルでは行動の原因として実体，人，時/様態を考え，事象の原因は，「その事象が生じた時には存在し，事象が生じなかった時には存在しない」という**共変原理**をもって決められるとしました。その際，私たちは**一貫性，合意性，弁別性**の3種類の情報をもとに原因を推測していると考えます。一貫性とは時や様態の違いにかかわらず反応が一貫しているかどうかの情報であり，合意性とは他の人々の反応と一致しているかどうかについての情報であり，弁別性とは対象となる実体に対して区別して反応が生じているかどうかについての情報です。これらの情報の高低の組み合わせによって原因を推測していると考えました。たとえば，一貫性，合意性，弁別性のいずれも高い時に（Case1-5の場合；図の(a)），実体のもつ特性のために反応が生じたと考えられ，一貫性が高く，弁別性

(a) Case1-5　　　　　　　　(b) Case1-6

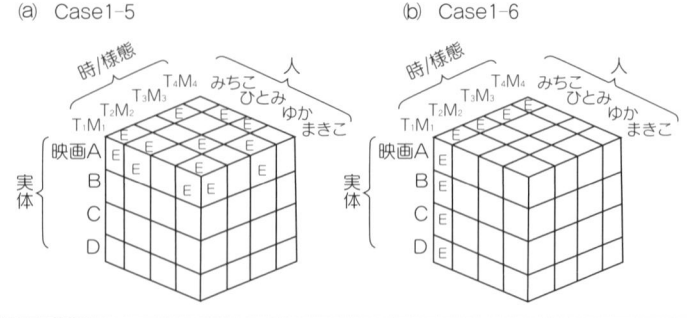

図1-2 ケリーによる共変モデル

注：E はその組み合わせで結果（effect）があったこと，つまり「映画を見て笑ったこと」を表します。(a)の場合，E は映画 A（実体）と共変しているため映画 A の面白さに原因が帰属され，(b)の場合，E はみちこさん（人）と共変しているため人の特性に原因が帰属されることを意味します。

と合意性が低い時（Case 1-6の場合；図の(b)），その人の特性のために反応が生じたと考えられます。

　共変モデルは実体の特性の帰属に重点を置いたもので，人の態度や特性の推論過程に重点を置いた対応推論理論とは異なります。また，対応推論理論が選択された行動と選択されなかった行動の両方についての十分な情報を必要とするのに対して，共変モデルは，選択された行動をもとにして情報探索をすることを前提としています。しかし現実の場面では，同じような事態を何回も観察できることはまれで，私たちは不完全な情報に基づいて帰属を行います。このような場合の帰属過程について，ケリーは次の因果スキーマモデルを提唱しています。

2.3　因果スキーマモデル

Case1-7
2003年4月13日，イギリスのポーラ・ラドクリフ選手が，ロン

ドンマラソンで2時間15分25秒という女子マラソンの世界記録を樹立しました。どんな原因がそこには考えられるでしょうか。

― Case1-8 ―
2003年5月7日，たけし君は大学で「社会学」の授業を受けました。どんな原因がそこには考えられるでしょうか。

Case1-7の原因は，深く考えなくてもいっぱい思いつくでしょう。才能，努力，精神力，監督やコーチからのサポート，天候，体調，コースのよさ……。そしてどれか1つが欠けても，世界記録には届かなかったと考えるでしょう。私たちは，Case1-7から自然とこのような原因帰属を思いつきます。それは私たちのなかに「**因果スキーマ**」ができているからです。因果スキーマとは，どのような時にどのような結果が生じるか（因果関係）についての体験的知識の集成です。私たちは，経験を通じて因果関係についての知識をもっています。その因果スキーマを用いて，新たな事態についても因果関係の推測を行います。ここでは複数十分原因・複数必要原因と割引原理・割増原理について説明しましょう。

複数十分原因とは，ある現象を生じさせる複数の原因を考えることができて，それらの複数の原因のいずれか1つでもあればその現象が生じるような場合の，それらの複数の原因のことです（浦, 1990）。Case1-8でたけし君が社会学の授業を受けるのは，その科目に興味があるからかもしれませんが，他にも，その科目に興味がなくても必修の科目のように単位を取らなければならない科目だからかもしれません。そして，そのいずれか1つの原因があっただけでも授業を聴講するという行動が生じます（図1-3の(a)）。

一方，**複数必要原因**とは，ある現象を生じさせる複数の原因がすべてそろわないとその現象が生じない場合の，それらの複数の原因のことです（図1-3の(b)）。Case1-7のような場合，私たちは複数

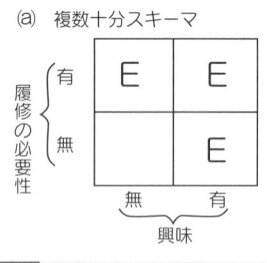

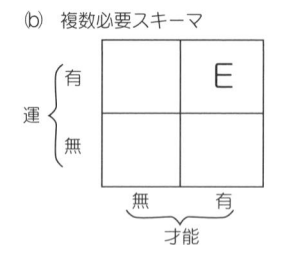

図1-3 因果スキーマの例

注：(a)は学生がある授業を聴講した場合の例。その授業内容に興味があっても聴講するし、履修の必要性があっても聴講する。(b)はマラソンで好記録を出した場合の例。才能があるだけでも運だけでも好記録は出ず、その両方がそろう必要がある。

必要原因を考えます。ケリーは、非日常的な出来事や極端な結果が生じた場合、その原因として複数必要原因を想定することが多いとしています。

割引原理とは、何らかの効果を生じることにおけるある原因の役割は、それ以外にもっともらしい原因が存在する場合には割引されて評価されるというものです。逆に、**割増原理**とは、抑制的な原因が存在するにもかかわらず何らかの効果が生じた場合、その効果を生じさせた原因の役割がより重要なものと評価されるというものです。これらの原理が重要になるのは、他者の行動から、その人の内的属性を判断するような場合です。一般に、ある結果には環境についての外的な要因と、個人についての内的な要因が考えられますが、外的要因が強い場合には内的要因が関与した程度は弱いと考えられ、結果からその人の内的属性を推測することは難しくなります。一方、外的要因が弱い場合には、内的要因が関与した程度が強いと考えられ、結果から内的属性を推測することは比較的容易でしょう。

たとえば、Aさんがテストで90点をとった原因として、そのテ

ストが簡単であること（外的要因）や，Aさんが優れた能力をもっていること（内的要因）が考えられるでしょう。この時，受験者の大半が0点となるような難しい問題であったのならば，このテストでよい成績をとったAさんは優れた能力をもっていると考えられます（割増原理）。逆に，ほとんどの人が高得点をとれるような簡単な問題であったならば，テストが簡単だという外的な要因のため，テストでよい成績をとってもAさんの内的要因（優れた能力）は割り引かれて考えられます。つまりこの場合，Aさんの能力が優れているからテストで90点をとったのだ，とは考えられにくくなります。

3 原因推測に見られる誤りや偏り——帰属のバイアス

これまでで，人間の行動の一部は原因帰属によって説明できることがわかってきたと思います。上述した原因帰属の理論では，人を「しろうとの科学者」と仮定していました。つまり，人がある情報をもとに合理的に判断すればこのような原因帰属をするはずである，ということを理論化したのです。しかし，その後の研究で人の判断には合理的でない，いくつかの誤りや偏りの傾向があることがわかってきました。ここでは，「帰属のバイアス」のいくつかについて見ていきましょう。

3.1 根本的な帰属の錯誤

たとえば，周囲の圧力によりある立場の意見を表明した場合でも，私たちは，その人の真の態度がその意見に反映していると考えてしまいがちです。このように，明らかに外的な要因によって引き起こされた行動であっても，その行動の原因を行為者の内的な属性に帰

属してしまう傾向は根本的な帰属の錯誤と呼ばれています（Ross, 1977）。

3.2　行為者−観察者間の差異

　同じ行動なのに，他者の行動を観察した場合と自分自身がその行動をとった場合とで，原因の帰属の仕方が異なることがあります。こうした現象は，行為者−観察者間の差異と呼ばれています（Jones & Nisbett, 1972）。自分が人を怒る時は相手が悪いからだと考えるのに，怒っている人を見ると「怒りっぽい人だ」と思ってしまう（Case 1-1）ようなことが例として挙げられます。

　では，なぜそのようなことが起きるのでしょうか。まず最初に考えられるのは，自己と他者ではもっている情報に質・量とも大きな差があるということです。私たちは自分については膨大な量の情報をもっており，同じような状況であってもその場の状況に応じてとる行動が異なることを知っています。これに比べると，他者に関する情報はかなり限定されています。そのため，他者の行動からその原因を考える場合，自分自身の行動や他の行為者の行動を参照することになり，結果的にその行為者の個性が強調される結果となります。

　もう1つは，行為者と観察者とで知覚的に目立つ刺激が異なっており，それが帰属に影響するという理由です。他者の行為を観察する場合その行為自体が目立ちますが，自分が行動する場合，自分自身の行動を観察することはまれで，自分に影響を与える外的な要因がそのぶん目立つことになります。

3.3　誤　帰　属

　たとえば，不安なことがあると心臓がドキドキするように，情動

的な変化には生理的な喚起が伴っています。私たちは,ある生理的な変化を感じ,周囲の状況から判断してそれに適切な"ラベル"をつけることによって情動を体験しているという説があります(**情動二要因説**; Schachter & Singer, 1962)。この説によれば,たとえば心臓がドキドキするという変化でも,美しい異性がそばにいれば「恋愛感情」とラベルづけするでしょうし,足もすくむような高所であれば「恐怖感」とラベルづけするでしょう(実験例1)。このラベルづけはいつも正しいわけではなく,何らかの刺激によって生じた生理的変化を別の刺激が原因だと誤って帰属することがあります。これを誤帰属と言います。

3.4 利己的な帰属のバイアス

これまでは,得られる情報やその処理の仕方などの,認知的な要因によって帰属がゆがむことを示してきました。しかし,私たちの帰属は動機づけによってもゆがんでくることがわかっています。利己的な帰属のバイアスは,自尊心を維持したいという動機づけによって生じる原因帰属のバイアスで,**セルフ・サービング・バイアス**とも呼ばれています。

4 まとめと臨床への展開

原因帰属理論は応用範囲が広く,さまざまな社会現象の解明や介入に用いられています。なかでも,エイブラムソンらの抑うつの原因帰属理論は,その後の臨床社会心理学研究の基礎を作ったと言えます。また,教育場面への応用も見逃せません。これらについては,第2章と第3章で順を追って説明します。

第3節の帰属のバイアスのところで見てきたように,私たちが日

実験例1　ダットンとアロンの吊り橋実験

　私たちは「うれしい」「悲しい」といった情緒的変化を体験してから，「胸が熱くなる」のように体に変化が現れると感じるでしょう。しかし，情動二要因説ではまず最初に生理的な変化があり，状況内の手がかりをもとにその変化をラベルづけして情動が体験されるといいます。言い換えれば，生理的変化の帰属のさせ方で体験する情動の内容が異なるわけです。

　ダットンとアロン（Dutton & Aron, 1974）は巧妙な実験手続きによりこのことを示しています。ダットンらは地上数十メートルのところにかかる不安定な吊り橋と，同じ川の上流にかかる固定された橋を実験場所に選びました。実験群では不安定な吊り橋を渡っている（つまり生理的喚起が高い）男性が，統制群では固定された橋を渡っている（つまり生理的喚起が低い）男性が，女性または男性から心理学の研究に協力してもらいたいということでインタビューを受けました。インタビューでは，あるイラストを見てもらい，そのイラストから想像できる物語を作ってもらいました。このイラストは心理テストで用いられるTAT図版の1枚で，回答者の性的傾向の程度を調べることができるようになっています。また，詳細は時間があるときに説明したいと述べ，よければ電話をかけてくださいと電話番号と名前を書いたメモを渡しました。結果はインタビュアーが女性の時，実験群の方がより女性に好意的で魅力を高く感じていました（図1-4, 1-5）。これは吊り橋を渡ったことで高まっていた生理的喚起が，女性の魅力のために高まったものだと誤って帰属されたものだと考えることができます。一方インタビュアーが男性の時は，群間で大きな差はなく，生理的喚起は同性間の好悪には結びつかないといえます。

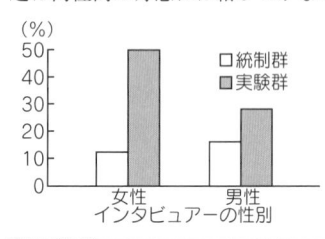

図1-4	メモを取った人のうち電話をかけてきた人の割合

出典：Dutton & Aron, 1974をもとに坂本が作成。

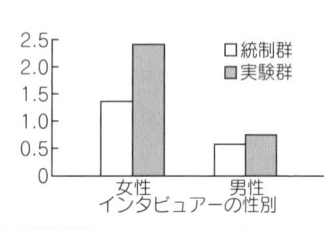

図1-5	TAT図版での性的イメージ得点

出典：Dutton & Aron, 1974をもとに坂本が作成。

常何げなく行っている原因帰属にはバイアスがかかっています。私たちが他者に対してもつ好悪の感情のいくぶんかは、このバイアスによってもたらされていることを気に留めておきたいものです。このバイアスをうまく使えば、私たちはよりよい人間関係を築き、よりよく相手を導くこともできるかもしれません（コラム③「ピグマリオン効果」を見てください）。

▷さらに勉学を深めたい人のための文献案内

蘭千壽・外山みどり（編），1991『帰属過程の心理学』ナカニシヤ出版。
　帰属過程について基礎理論だけでなく、現実場面への応用についてもくわしく解説してあります。

山本眞理子・外山みどり・池上知子・遠藤由美・北村英哉・宮本聡介（編），2001『社会的認知ハンドブック』北大路書房。
　帰属過程に限らず、社会的認知全般の用語をくわしく解説しています。

古畑和孝・岡隆（編），2002『社会心理学小辞典（増補版）』有斐閣。
　社会心理学および、その周辺領域の用語の解説も載っています。手元に一冊あると便利です。

▷本章のキーワード

対応推論理論、因果スキーマ、割引・割増原理、非共通効果、一貫性・合意性・弁別性、根本的な帰属の錯誤、行為者－観察者間の差異、セルフ・サービング・バイアス

コラム① 抑　う　つ

「抑うつ」とは，"depression" の訳語です。心理学や精神医学の領域では，"depression" という単語は，①気分としての抑うつ（抑うつ気分），②症状のまとまりとしての抑うつ（抑うつ症候群），③疾患単位としての抑うつ（うつ病），の3つの意味で用いられています（北村，2000；坂本，1997）。

(1) 抑うつの区別　　抑うつ気分（depressed mood）とは，滅入った，悲しくなった，憂うつになった，ふさぎ込んだ，落ち込んだ，といった気分（症状）を指します。日常的に経験するような気分の落ち込みを指すこともあれば，病的な症状としての落ち込んだ気分を指すこともあります。また，その状態が一時的に変化するようなものから，数日から数週間の単位で持続するようなものまであります。

抑うつ症候群（depressive syndrome）とは，抑うつ気分や抑うつ気分に関連したいくつかの症状が，ある程度の期間持続しているものを指します。抑うつ気分に関連した症状には，興味の喪失（仕事や趣味，ふだん楽しみにしていることなどに興味がもてない状態），食欲や体重の変化（食欲不振や過剰な食欲，体重の著しい増減），不眠や過眠，精神運動性制止（動作や話し方がゆっくりになっている状態）または焦燥（イライラしてじっと座っていられなかったり，つねに動きまわっている状態），易疲労性や気力の減退，心気的憂慮（身体症状をひどく気にする状態），自信喪失，無価値感や自責感，集中困難や決断困難，絶望感，自殺念慮や自殺企図などが含まれています。

①抑うつ気分が一定期間（2週間以上ほぼ毎日）持続し，②抑うつ気分に関連したいくつかの症状（不眠，食欲の低下，集中困難，絶望感，自殺念慮など）が伴い，③器質的原因（脳炎，てんかんなど）や物質性の原因（アルコールやその他の薬物）が否定でき，さらに，④統合失調症や失調感情障害に該当しない場合を，うつ病（depressive disorder）と呼びます。前述の抑うつ症候群は，①と②の基準のみ満たしている場合を指すということができます。

精神疾患の診断基準としてよく用いられるものに，世界保健機構

(WHO)による国際疾病分類（International Classification of Diseases and Related Health Problems, 10th rev.；ICD-10；World Health Organization, 1992）や，アメリカ精神医学会による精神疾患の診断・統計マニュアル（Diagnostic and Statistical Manual of Mental Disorders, 4th ed.；DSM-Ⅳ-TR；American Psychiatric Association, 2000）があります。例として，DSM-Ⅳ-TRによるうつ病（大うつ病エピソード；major depressive episode）の診断基準を表コラム①-1に示します。

　まとめると，憂うつという1つの症状が「抑うつ気分」，抑うつ気分や他の関連症状のまとまりが「抑うつ症候群」，抑うつ症候群のうち器質性でないなどの一定の基準を満たしたものを「うつ病」，ということになります。抑うつ気分が見られるということだけで「うつ病」と診断することはできませんし，アルコール症や統合失調症など他の精神疾患で抑うつ気分が見られることもあります。

　⑵　**測定方法**　抑うつ気分の程度を測定する方法として，Visual Analogue Scale（VAS）を用いたものがあります。VASでは，10 cm程度の直線を被検者に示し，直線の一端を「最も強い抑うつ気分」，他端を「正常な状態」とした時に，自分の状態がその直線上のどこに位置するか，印をつけることによって，抑うつ気分の程度を評定します。

　抑うつ症候群の症状の程度を測定する時，多くの場合は，ツァン自己記入式抑うつ性尺度（Zung's Self-rating Depression Scale；SDS；Zung, 1965），ベック抑うつ質問紙（Beck Depression Inventory；BDI；Beck et al., 1961），CES-D（Center for Epidemiologic Studies Depression Scale；Radloff, 1977）などの自己記入式質問紙を用います。この他にも数多くの尺度が開発されており，それぞれの特徴に応じて使い分けられています。たとえばツァン自己記入式抑うつ性尺度はもともとうつ病患者の重症度評価を行うために開発されましたが，20項目と実施が簡便であることなどから，学生や地域住民などさまざまな被検者における抑うつ気分や関連症状の程度を測定するために使用されています。また一般人口を対象にうつ病のスクリーニングを行う時には，CES-Dなどのスクリーニング尺度を用います。

　うつ病であるかどうかの診断は，基本的に医師が面接によって行います。診断結果が「医師によって異なる」という事態を避けたり，研究用に厳密

表コラム❶-1　DSM-Ⅳ-TRによる大うつ病エピソードの基準

A. 以下の症状のうち5つ（またはそれ以上）が同じ2週間の間に存在し，病前の機能からの変化を起こしている；これらの症状のうち少なくとも1つは，(1)抑うつ気分，あるいは(2)興味または喜びの喪失である。
　注：明らかに，一般身体疾患，または気分に一致しない妄想または幻覚による症状は含まない。
　(1) その人自身の言明（例：悲しみまたは空虚感を感じる）か，他者の観察（例：涙を流しているように見える）によって示される，ほとんど1日中，ほとんど毎日の抑うつ気分。
　注：小児や青年ではいらいらした気分もありうる。
　(2) ほとんど1日中，ほとんど毎日の，すべて，またはほとんどすべての活動における興味，喜びの著しい減退（その人の言明，または他者の観察によって示される）。
　(3) 食事療法をしていないのに，著しい体重減少，あるいは体重増加（例：1カ月で体重の5％以上の変化），またはほとんど毎日の，食欲の減退または増加。
　注：小児の場合，期待される体重増加がみられないことも考慮せよ。
　(4) ほとんど毎日の不眠または睡眠過多。
　(5) ほとんど毎日の精神運動性の焦燥または制止（他者によって観察可能で，ただ単に落ち着きがないとか，のろくなったという主観的感覚ではないもの）。
　(6) ほとんど毎日の易疲労性，または気力の減退。
　(7) ほとんど毎日の無価値感，または過剰であるか不適切な罪責感（妄想的であることもある。単に自分をとがめたり，病気になったことに対する罪の意識ではない）。
　(8) 思考力や集中力の減退，または，決断困難がほとんど毎日認められる（その人自身の言明による，または他者によって観察される）。
　(9) 死についての反復思考（死の恐怖だけではない），特別な計画はないが反復的な自殺念慮，または自殺企図，または自殺するためのはっきりとした計画。
B. 症状は混合性エピソードの基準を満たさない。注
C. 症状は，臨床的に著しい苦痛，または社会的，職業的，または他の重要な領域における機能の障害を引き起こしている。
D. 症状は，物質（例：乱用薬物，投薬）の直接的な生理学的作用，または一般身体疾患（例：甲状腺機能低下症）によるものではない。
E. 症状は死別反応ではうまく説明されない。すなわち，愛する者を失った後，症状が2カ月を超えて続くか，または，著明な機能不全，無価値感への病的なとらわれ，自殺念慮，精神病性の症状，精神運動制止があることで特徴づけられる。

注：混合性エピソードとは，1週間のうちに躁状態とうつ状態とを繰り返す疾患。
出典：American Psychiatric Association, 2000；訳は訳書による。

に症状の有無や程度を確認する必要があるなどの場合は,質問の文言や順番があらかじめ決められている構造化診断面接を用います。構造化診断面接は,医師以外の医療関係者でもトレーニングを受けることによって診断を行うことができるツールで,うつ病を含む数種類の精神疾患を診断することが可能な包括的な面接基準がいくつか開発されています。DSM‐Ⅳ診断を行うことのできるSCID (Structured Clinical Interview for DSM‐Ⅳ;First et al., 1995), ICD‐10とDSM‐Ⅳのどちらの基準でも診断可能な,総合国際診断面接 (Composite International Diagnostic Interview;CIDI;World Health Organization, 1997), 一般診療科での精神疾患診断のためのPRIME‐MD (Primary Care Evaluation of Mental Disorders;Spitzer et al., 1994), 実施時間が短く簡便なM.I.N.I. (The Mini-International Neuropsychiatric Interview;Sheehan et al., 1998) などが多く使われています。またうつ病の診断が下された患者について,観察によってその重症度を測定する評価尺度として,Hamilton's Rating Scale for Depression (HRS;Hamilton, 1967) などがあります。

　欧米では,診断面接を用いた疫学調査がいくつか行われているのですが,その結果から,うつ病の生涯有病率(生まれてから調査時点までのどこかでうつ病を経験した者の率)はおおよそ10%程度ということがわかっています。最近国内で行われた疫学調査では,中国・九州地方(3県4市町村)の20歳以上住民から無作為抽出された地域住民におけるうつ病の生涯有病率は6.5〜7.5%,過去12カ月有病率(調査時点から過去12カ月の間にうつ病を経験した率)は2.2%と報告されています(川上,2003)。

第 2 章

どうして憂うつになるのか？
[さまざまな帰属療法と抑うつ・認知療法]

1 原因を見誤らないためには——誤帰属の修正

1.1 リラクセーションと誤帰属

―Case 2-1 ―――――――――――――――
　私は教育学部の大学3年生，かおりです。今度教育実習があり，はじめて小学校の教壇に立ちます。それでいま悩んでいることがあります。じつは私は人前に出ると赤面しやすい性格なのです。昔から本読みで当てられたりすると赤面してしまい，恥ずかしくていやでした。大学生になってからも，人前に出ると赤面しているのではないかとつい考えてしまい，会話どころではなくなります。こうした性格はもう直らないのかと思うと気が滅入りますし，教育実習がうまくこなせるかすごく不安になっています。

　かおりさんのように緊張しやすいことを「性格」のせいにしている人はたくさんいます。もっとも，みんながみんな心理学者ではないので，厳密な意味で「性格」という言葉を使っているわけではありません。おそらく使い慣れているから何となく使っているだけでしょう。しかし，何げなく使う言葉であっても，言葉のもつ帰属的性質には深い意味があります。「性格」という言葉には，①自力では変えにくいものだろう（統制性次元），②将来も変化しにくいだろう（安定性次元），③いつでもどのような場面でもこの特徴は生じるだろう（全般性次元）という思いが含まれています。

　そもそも緊張や不安感は自律神経の作用によって生じます。自律神経には交感神経と副交感神経があり，前者は自動車のアクセルのように不安や緊張を加速させます。また，後者は心拍や呼吸をゆったりさせるブレーキの作用をもっています。人前で緊張するのは性格が直接関与しているのではなく，自律神経，とくに交感神経が作用した結果です（山口，1998）。

しかし，かおりさんは緊張しやすい原因を，自分の「性格」のせいだと考えていました。そして，その結果，緊張しやすい傾向は解消されずにこれまでの長い日々を過ごし，気が滅入るような状態にまでなっています。最近の性格心理学では，性格（パーソナリティ）を5因子にまとめています。すなわち，外向性，協調性，勤勉性，情緒安定性，知性の5つです（村上・村上，1999）。このなかに緊張は含まれていません。

　かおりさんが緊張しやすさを性格のせいにしたのは，誤帰属の例といえます。緊張しやすいことは，本来は自律神経のせいであり，本人の性格は直接的な関係をもちません。性格のせいにしてしまうことで，自力では変えられないのではないか，将来も続くのではないか，いつでもこうなのではないかと思ってしまい，それが抑うつ気分につながったり，自己評価を低下させたりします。

　しかし，もしも正しく自律神経のせいにできるならば，対処策として自律訓練法や筋弛緩法などのリラクセーションを実施すればよいことだ，と思いつきます。そして，このようなリラクセーションを毎日実行すれば緊張をコントロールできるようになります。さらに，たんに緊張が緩和されるだけではなく，①自力で変えられる（統制性次元），②継続すればいつかはよくなる（安定性次元），③場面によってはうまくいくことがある（全般性次元）という帰属の変化が生じるでしょう。

　このようにして，リラクセーションは，たんなる緊張の緩和にとどまらず，症状の維持に関与していた誤帰属の発見や修正に役立ちます。緊張は性格のせいではない，自律神経のせいであると考えることで安心する人も多いのです。

1.2 心理教育と誤帰属

> **Case 2-2**
>
> 26歳銀行員の浩輔さんは，仕事中に，突然強いめまいにおそわれました。心臓はドキドキし，呼吸は速く，冷や汗がたらたら出ます。何か重大な病気だと直感しました。恐怖感でいっぱいです。しかし，30分もしないうちに症状は消えました。医者に診てもらう頃にはまったく元気な状態に戻っていました。念のため，精密検査を受けましたが身体のどこにも異常はありませんでした。以来，またあの発作が起こるのではないかと，つねにびくびくしています。自分はいつか心臓発作を起こすに違いない，外出中に急死してしまうのではないかという恐怖心がこびりついて仕事が手につかないことがあります。

パニック障害は，パニック発作とそれにまつわる不安感が中心の疾患です（表2-1）。強い動悸と乱れた呼吸が日常生活中に突発すれば，多くの人が心臓発作か何かと勘違いするのも仕方ありません。実際，パニック障害には特有の破滅的思考があります。たとえば，①心臓発作が生じたに違いない，②発狂しそうだ，③死ぬのではないか，といった思考がとっさに生じてきます。上述の浩輔さんも「何か重大な病気だと直感」し，その考えがなかなか抜けませんでした。

このような破滅的思考は，身体には特別な病変がないにもかかわらず，重大な身体疾患のせいで発作が起きているのだと錯覚することから生じています。これもいわば，誤帰属の一例といえましょう。パニック障害の患者には帰属のゆがみが見受けられやすい傾向があります（Kenardy et al., 1990）。そこで，パニック障害の治療は，まず病態の正しい理解をはかり誤帰属を修正することから始められます。たとえば，サルコフスキスの不安障害に対する認知行動療法は，治療の導入初期において，感情の認知理論，不安の持続要因，パニック障害の悪循環モデルなどについて説明することから入っていま

表2-1 パニック発作

強い恐怖または不快を感じるはっきり他と区別できる期間で、その時、以下の症状のうち4つ（またはそれ以上）が突然に発現し、10分以内にその頂点に達する。

1　動悸，心悸亢進，または心拍数の増加
2　発汗
3　身震いまたは震え
4　息切れ感または息苦しさ
5　窒息感
6　胸痛または胸部不快感
7　嘔気または腹部不快感
8　めまい感，ふらつく感じ，頭が軽くなる感じ，または気が遠くなる感じ
9　現実感消失（現実でない感じ），または離人症状（自分自身から離れている）
10　コントロールを失うことに対する，または気が狂うことに対する恐怖
11　死ぬことに対する恐怖
12　異常感覚（感覚麻痺またはうずき感）
13　冷感または熱感

出典：American Psychiatric Association, 1994；訳は訳書による。

す。これを心理教育といいます。サルコフスキスは、治療を始めるにあたって、正確な情報を与えることで、患者の誤帰属を修正しているといえるでしょう（丹野，2002）。修正された正しい帰属をもつことによって、①自分の力で克服できる、②死ぬような病気ではなくいつかは治る、③発作がときどき起きるだけの問題だ、と楽観的に考えることができます。こうした帰属の修正は、不安感を取り除くだけではなく、これから行われる治療に対して積極的な気分にさせる方法でもあり、治療への意欲を高めてくれます。

2　正しい原因を見つけよう——帰属スタイルの修正

― Case 2-3 ―
〔28歳会社員誠さんの自動思考〕
　深夜2時半に睡眠中に目が覚めて、そのまま眠れず、今日も会社を

休んでしまいました。もう本当に……（泣く）……自分は何てだめな人間なんだろう。

　とくに，今回新しくついた主任の仕事では，先日の企画会議の失敗以来，まったく自信をなくしてしまって。何だか義務感ばかりです。管理されるのが嫌いな私みたいな人間が管理者になるなんて，考えてみればひどい話ですよね。主任として偉そうに振る舞うくせにずさんな管理……。僕は責任ある仕事なんてやるべきではない……。いや，もともとくそまじめでつまらん人間だった。

2.1　うつ病の認知モデル

　認知療法はアメリカの精神科医アーロン・T・ベックによって創始されたうつ病向けの精神療法です（Beck et al., 1979）。最近は，うつ病のみならずパニック障害，社会不安，強迫障害，外傷後ストレス障害，人格障害などにもその適用対象疾患を広げています。認知療法は認知が感情や行動を媒介するという認知モデルに基づいています。ストレスなどの刺激に対してどのような認知的評価を行うかによって抑うつ（感情）がひどくなったり改善したりするというモデルです（抑うつについてはコラム①を参照）。認知は，さらに細かくその役割を分類して，スキーマ，推論機能，自動思考があります。

　日常生活を暮らす私たちの思考には，自動的で無自覚な一面があります。何かについて集中的に考えている時以外，私たちの思考は意図せず浮かび上がっては消えていくような自動性をもっています。それが自動思考であり，しばしば抑うつのきっかけになるものだといえます。

　たとえば旅行の日の朝に雨が降ったとしましょう。降る雨を眺めながら「ああ，私はついてないんだわ。なんて不幸なんだろう。私は雨女だからみんなに迷惑かけるわね」とついつい自動的に考えが浮かんできてしまう人がいます。その逆に，「お，今日は雨だ，外

出しないかわりに，よーし，今日は旅館でうまい酒を飲むぞー」という能天気な考えが自動的に浮かぶ人もいます。「旅行の朝に雨降り」という刺激に対してとっさにどのような思考をするかにはこのように個人差があります。当然，自分はついてなく，不幸で，周囲に迷惑をかけていると考えれば，気分は落ち込むでしょう。気分が落ち込んだまま旅に出て，さらにいろいろな刺激を受ければますます落ち込むはずです。このように思考は感情に影響を与えています。言い換えれば，どのように考えるかによって感情は変化します。

　こうした自動思考は推論機能の影響を受けます。とくに抑うつ患者には**推論障害**があるといわれています（丹野・坂本，2001；坂野，1995）。表2-2に代表的な推論障害の例を挙げます。「……すべし思考」や「二択的思考」などはいずれも推論上の癖のようなものです。このような推論上の癖があると，それが自動思考に反映されやすいのです。上述のそして，これらの推論障害を伴う自動思考の最上位にあるのが**スキーマ**です。スキーマとは認知の根幹になる信念のことであり，抑うつの素因となるものです。

　Case 2-3の誠さんの自動思考を見てください。誠さんの言葉には「眠れず，今日も会社を休んでしまいました。……自分は何てだめな人間なんだろう」とあり，眠れない＝だめ人間という**論理の飛躍**が見られます。「先日の企画会議の失敗以来，まったく自信をなくしてしまって」からは会議の失敗を気にするばかりで，若くして主任に出世できたことは考えない**誇張と矮小化**が見られます。また，「管理されるのが嫌いな私みたいな人間」や「もともとくそまじめでつまらん人間だった」というのは**ラベリング**（レッテル貼り）といえるでしょう。いずれにしても彼の自動思考には推論障害がぎっしり詰まっていますね。こうした思考を繰り返していけば，やがて抑うつ認知を強める結果になるでしょう。

表2-2 抑うつの推論障害

論理の飛躍	しっかりした根拠がなくても結論を出してしまう。
選択的注目	ある部分だけに注目して全体を判断してしまう。
過度の一般化	小さな出来事を過度に一般化して考える傾向。
誇張と矮小化	欠点や失敗を大きく取り上げたり、逆に成功を小さく判断する傾向。
……すべし思考	「……しなければならない」と考える癖。
個人化	自分と無関係な現象であっても自分のせいにしてしまう傾向。
二択的思考	完全な成功か完全な敗北か、二択的思考を行いやすい傾向。
ラベリング	レッテル貼りともいう。自分はこうだと決めつけること。

　認知療法は何気なく繰り返しているみずからの自動思考を意識させ、そのなかから推論障害を抜き出し、思考が感情や行動にどのような影響を振りまいているかを知り、より適応的な思考方法に修正する練習を行っていく治療技法です。誠さんは、自分が書きためた日記資料や会話録をもとに、治療者とともにさまざまな日常経験を振り返ります。そして自分の推論障害の癖を見つけ、より適応的な思考方法を考える練習をするのです。これは慣れてくると自力で日常生活に応用することができるようになります。薄皮をはぐようですが、少しずつ、しかし確実に抑うつになりにくい認知に変身をとげていくことができるでしょう。

2.2　抑うつと帰属療法

　エイブラムソンらは、ゆがんだ原因帰属スタイルをもつ人がコントロール感を失うようなストレス事態を経験すると抑うつになりやすいという改訂学習性無力感理論を提唱しています（丹野・坂本, 2001；大芦ら, 1992；Seligman, 1975；コラム②参照）。ここでいうゆがんだ原因帰属スタイルとは、ネガティブな経験に対して内的・安定的・全般的な帰属をする癖をもっているということです。これを、抑うつの素因ストレス理論といいます（Hilsman & Garber, 1995；

Tiggemann et al., 1991)。また,ネガティブにゆがんだ原因帰属スタイルは抑うつ認知の特徴の1つである絶望感を引き起こしやすかったり,自己に関する否定的評価に強い関連を示すことからも,帰属スタイルの変容が抑うつの治療には不可欠です (Joiner, 2001 ; Ralph & Mineka, 1998)。**帰属療法**は,そうした帰属スタイルの変容を促す治療技法です。

2.3 帰属療法と認知療法の比較

帰属療法と認知療法には大きな類似点があります。

第1に,認知モデルの類似です。ベックは抑うつ認知の三大要素として,①自己の否定,②将来への否定,③周囲への否定を挙げています。これは帰属療法が仮定する3つの次元,すなわち,ネガティブな経験事態を,①自分のせいにする(内在性次元),②いつもこのように苦しんでいる(安定性次元),③すべての人やものごとに関連する(全般性次元),と考えるモデルとほぼ同じといってもよいものです。刺激に対する評価システムが感情や行動などの反応を決定するという大きな枠組みをもつ点で,帰属療法と認知療法には大きな類似点があるといえるでしょう。またこの2つの治療技法は,認知行動療法としてまとめられます。抑うつの認知行動療法には認知療法と帰属療法のどちらの要素も含まれています (Jacobson et al., 1996)。

第2に,修正方法が類似しています。認知療法の認知修正方法はセルフモニタリング技法と対話法の組み合わせが中心になっています。まず3つのコラムなど,日記形式に自分の思考と感情の関連を書き留めます。その集積のうえに,治療者との対話によって自分自身の思考に見え隠れする推論障害を発見します。そして,より適応的な思考方法ができるよう思考の修正を行います。無自覚的に処理

されていた自動思考に気づき，それを意識的に考え直すようにするわけです。はじめのうちはぎこちないかもしれませんが，やがて意識しなくても新たな適応的思考パターンを身につけられるようになります。

　帰属修正も同様に，自己の思考パターンを発見し，自分の癖に気づき，それを合理的なものへ修正しようとする点で同じといえます。ケリーは帰属の変化を説明するモデルとして共変モデルを提唱しています（第1章2.2参照）。それによれば，事象を繰り返し観察するなかで，合意性（他の人の反応と一致しているか否か），弁別性（対象に対して区別された反応が生じているか），一貫性（時や様態を超えて一貫しているか）を手がかりとして帰属を決定すると説明しています。帰属を再構築することを再帰属法ともいいます。坂野（1995）はカウンセリングのやりとりのなかでクライエントの帰属に非合理性を探し出し，しだいに修正が進む例を紹介しています（クライエントと患者の違いを整理しておくと，患者〔patient〕とは病気や疾患に罹り医師の治療を受けている人のことであり，クライエント〔来談者；client〕とは悩みを有して相談に訪れる人のことを広く表す言葉です。カウンセリングの場合，病気の治療目的以外でも行われることが多いため，クライエントという言葉がよく用いられます）。この時も合意性，弁別性，一貫性の各側面について本人に吟味させるよう，治療者は巧みに会話をリードしています。またセリグマン（Seligman, 1995）はエリスのABCDE理論を取り入れて帰属変容を自己修正するセルフヘルプ技法を提唱しています。これは1枚のカードにA：先行刺激，B：原因，C：結果，D：論駁，E：展開の各項目があり，自己記入します。そうすることで自然と自分の帰属の問題点が明らかになり，より合理的な帰属を考えつくようになるというものです。

　第3に，評価方法が類似しています。カウンセリングや心理療法

に言葉のやりとりはつきものですが,通常は発話言語のやりとりに終始することが多いでしょう。それに対して認知療法は特定の日記などに書かれた記述言語を中心に分析していく点でユニークな心理療法といえます。ふだんは目に見えない心の中の言葉の動きをとらえることは容易ではありません。まして,冷静さを欠く不快な感情状態に支配されているクライエントにとってはなおさらです。そこで,あらためて目につきやすく証拠として残りやすい日記形式の記述言語を必要とします。自分の思考を細かく記述することは面倒なことですが,心の中の言葉を目に映るようにしてくれる利点があります。そして,蓄積された大量の記述言語の中から反復される思考パターンを抽出し,そこに推論障害が含まれていないか治療者と一緒に探すのです。

帰属スタイル療法もそれに似ています。スタイルとは持続的な思考方法ですから,発話や思考記録の中から情報を収集し,帰属パターンをつかみます。そして非合理的な帰属の誤りを発見します。現在の帰属スタイルを継続することがどのような利益,不利益を生み出すのかを熟慮し,必要に応じて修正を図るのです。レイデン(Layden, 1982)は自尊感情と抑うつの得点が低い人を対象に帰属スタイル療法の効果を実験的に検討しています。帰属の評価のために,まず成功や失敗経験に関する日記を1週間分書いてもらい,それをもとに帰属スタイルの非合理性が結果に及ぼす影響についてフィードバックを受けるようにしました。その結果,フィードバックの効果により帰属の変容が確認されました。加えて,自尊感情や抑うつの改善も明示されました。このセラピーでは新しい帰属スタイルの獲得には4〜5週間を要するとしています。

3 不適応からの克服——さまざまな帰属療法

3.1 成長期の子どもたちへの支援

― Case 2-4 ─────────────────────
　まゆこちゃんは小学校5年生です。あるとき算数のテストで20点を取りました。まわりの友だちに比べてもかなり悪い結果でした。「どうしてこういう結果になったと思う？」と聞いたら，まゆこちゃんは「あたしのアタマが悪いから」と答えました。それから少しして，国語のテストが返ってきました。今度は90点です。まわりの友だちに比べてかなりいい成績でした。再び，「どうしてこういう結果になったと思う？」と聞いたら，まゆこちゃんは「まぐれだよ」と答えました……。
─────────────────────────────

　私たちの毎日の暮らしはよいことやいやなことの連続でしょう。何かいやなことがあった時に「自分の能力のせいだ」という原因を選び，また，何かよいことがあった時に「それは偶然のせいだ」と原因帰属する——こういう考え方（原因の選び方）を癖にしている人は悲しい出来事が起きるたびに自己評価を傷つけ，また，うれしい出来事があったとしても十分に喜ぶことができないでしょう。速水（1990）によれば，原因の選び方の個人差は小学校4〜6年生に芽生えはじめると言われていますし，また，原因選択の信念である原因スキーマは小学校6年生の頃に確立してきます（Kun, 1977）。小児期より青年期にかけては自己評価が定まる大切な時期ですが，その貴重な時期を不適応的な原因帰属を繰り返してしまうことは心身の健康や社会生活にとってリスクがあると言わざるをえません。楽観的な帰属ができない子どもは自己評価を保てないと言われていますし（Seligman, 1995），学業の達成に関しても原因帰属の偏りは妨害的に作用します（樋口ら，1983；第3章参照）。

　さて，まゆこちゃんの例を見てください。もしみなさんが親や担

任教師だったら，まゆこちゃんにどんな声をかけてあげたいでしょうか。テストで何点を取ったかという結果そのものよりも，失敗または成功の経験から子どもがどのような帰属を選択しているかどうかが心の成長にとって重要な意味をもっています。帰属選択はついつい癖のようにして定着していきますので，まゆこちゃんにやさしく声かけし，成功経験を内的，安定的，全般的次元に該当するような帰属を，また，失敗経験は内的（ただし能力ではなく努力），ときには外的，不安定的，特殊の次元に該当するような帰属を行わせるようにしてあげたいものです。前者の場合，「努力が実ったね」「なかなかセンスがあるね」「……に向いているんだよ」など能力や努力への帰属を，また，後者の場合，「もう少し早くから準備をすればもっと簡単にできるよ」「国語の時のがんばりを参考にしよう」「これは問題が難しすぎたよ」「風邪が治りきらなかったもんね，実力を出し切れないのも仕方ないよ」など，次につながるようなコメントが必要になるでしょう。

　こうした試みを，授業を通じて実施した例もあります。坂野(1989)は小学校6年生の学級に対し，帰属変容の集団介入によってターゲット児（特定の問題のある子どものこと）の無気力状態の解消を試みた例を報告しています。授業時に行われる小テストのコメント付記を活用して，担任教師が結果成績に対する原因が能力よりも努力に帰属されるように助言することを6日間続けたところ，努力帰属が増大し，ターゲット児の無気力感が改善したのです。この事例は，日常の学校生活のなかでも十分に帰属の変容を達成できる可能性を示していると思います。

3.2 対人関係の悩みと帰属の関連

— Case2-5 —
朝,登校して,クラスメートに「おはよう!」と声をかけたら,相手は,何にも言わずに目の前を通り過ぎていきました……。いったいなぜでしょう?

　成長期の子どもにとって,対人関係のトラブルは心理的ストレスの大部分を占めます。したがって対人関係の問題を上手にやりこなせるようになることは,学校生活を快適に過ごすうえでは大切ですし,また心身症などの社会的不適応が関わる病気の予防や治療にとっても大きな意味をもちます。

　社会的適応を高めることを重視する最近の医療においては,抑うつ治療以外のさまざまな対象において帰属スタイル療法を組み入れた治療技法が模索されています。たとえば昨今話題に上りやすい**摂食障害**などに見られる過度なダイエット行動などは,患者の帰属スタイルの影響を受けていると言われています(Ogden & Wardle, 1990;Goebel et al., 1989)。Case2-5のような,対人関係の小さなトラブルでも,その帰属次第では深く落ち込むことになります。その落ち込みが,治りかけた食行動異常を再発させる危険性は小さくありません。富家ら(2002)は,心療内科病棟において摂食障害向けの集団認知行動療法を試作しています。これはリラクセーション,帰属療法,アサーション・トレーニングの3側面をもった総合的な集団療法用パッケージです。摂食障害は対人関係が不得意で,かつ自己評価が低い疾患として知られています。そこでアサーション・トレーニングを中心とした治療法に,リラクセーションや帰属療法を取り込んで実施してみました。その結果,主張性が向上するとともに,食行動異常の改善と体重の正常化が達成されました。

　図2-1に示すように,楽観的でよい帰属が高い主張スキルと組

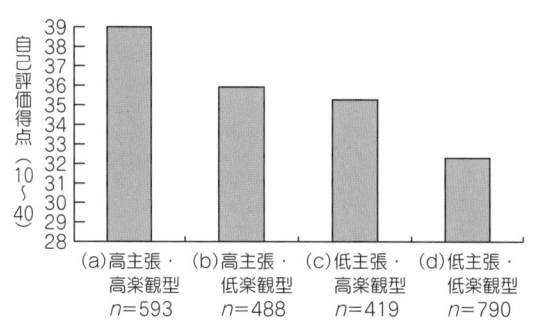

図2-1 成功経験における安定・全般性次元混合型楽観帰属と主張性が自己評価に及ぼす影響

注：$p < 0.001$ で a > b, a > c, a > d, b > d, c > d。
出典：佐野ら，2002。

み合わさることが最も自己評価を高める結果になります。主張スキルだけがあっても，帰属が楽観的でないと自己評価を満足に高めることはありません（佐野ら，2002）。

そこで，さきほどの Case 2-5 を考えてみましょう。この例では，あいさつをしたのに，返事が返ってきませんでした。人にあいさつをするのは対人関係スキルの大切なことです。しかし，大切なことをやったにもかかわらず，返事が返ってこなかったのです。このように，対人関係の問題は，こちらがいくら適切な行動をしたからといって，必ずしもそれに見合う結果が返ってこないことにあります。この問題に対する答えはじつにさまざまです。図2-2にさまざまな原因を記します。

なかには，能力や運のせいにしている例もあるようですが，このような事態の原因を運や能力のせいにしてしまうと，もう次からは引っ込み思案になって，あいさつがしにくくなってしまうでしょう。また，相手の性格のせいにするなど，他罰的な帰属をすると対人関係は悪化することが予想されます。

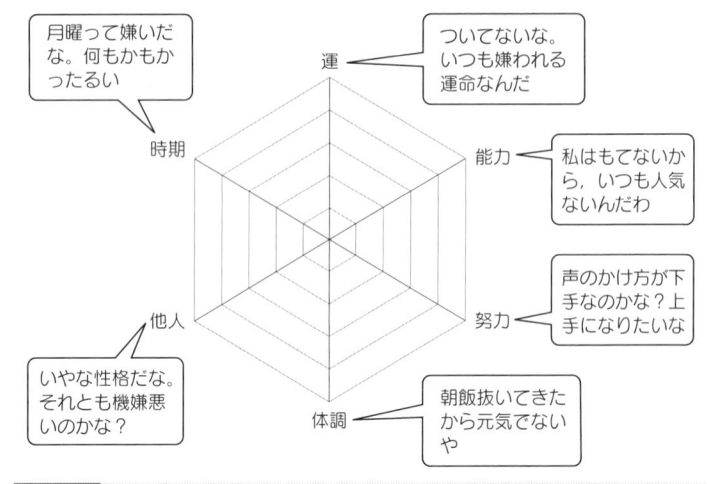

図 2-2 さまざまな原因

（図中ラベル）
- 運:「ついてないな。いつも嫌われる運命なんだ」
- 能力:「私はもてないから,いつも人気ないんだわ」
- 努力:「声のかけ方が下手なのかな？上手になりたいな」
- 体調:「朝飯抜いてきたから元気でないや」
- 他人:「いやな性格だな。それとも機嫌悪いのかな？」
- 時期:「月曜って嫌いだな。何もかもかったるい」

対人関係がうまくいかなかった時は，どれか1つの原因に帰属を固定するのは得策とはいえません。相手の要因にもよるでしょうし，また自分の努力に帰属するべきところもたくさんあるからです。最もよいのはどれか1つに決めつけず，広く柔軟に，そして楽観的に帰属を考えられることです。そうすれば対人関係の問題でつまずく危険性は少なくなるでしょう。

3.3 原因想起の多様性と選択合理性

そもそも人はどのような原因を選ぶかについて，統一された見解はありません。表現に個人差や年齢差が大きいことと，何についての原因を考えるかにもよって異なるからです。また，原因カテゴリーの多様性には文化差も指摘されています（Weiner, 1980）。フライズ（Frize, 1976）によれば帰属のカテゴリー分類は，能力，安定した努力，直前の努力，課題，他人，気分，その他の7分類です。臨

床上は，あまり細かく分類するよりも大きな枠でとらえる方がリーズナブルです。そのような理由から，富家ら（2002）は，努力，能力，運，時期，他人，体調を代表的なカテゴリーに選んでいます（図2-2参照）。クライエントに対して「その原因は何だと思いますか？」と尋ねた時，これらのカテゴリーのうち，だいたいどれか1つにそっくり当てはまるか，または近いことを答えます。この時重要なのは，返ってくる回答は1つであることが多いということです。対人関係などのような複雑な現象の真の原因は神のみぞ知るともいえますが，実際には合理的に考えても複数の原因が関与しているはずです。にもかかわらず，人はしばしば1つだけの原因を想起し選択しているといえるでしょう。

　原因を1つしか考えないということは，たとえばスーパーマーケットに入って最初に目に付いた商品しか買ってはいけないという窮屈なルールをもっているようなものです。実際の買い物は，さまざまな商品を並べ比べ，吟味したうえで選び取るのが普通です。帰属についても，まずはさまざまな原因を想起できることが重要になります。失敗事態において「能力」への帰属しか思いつかないよりも，その他のカテゴリーの可能性を考えつくことが帰属変容の第1ステップになります。具体的には，クライエント本人に原因を複数選ばせます。カウンセリングのやりとりのなかで，1つだけではなく，第2，第3の原因を思いつかせるように話を展開します（Seligman, 1995）。また，図2-2のようなカテゴリー図を見せて，各カテゴリーについて思いつく内容を書かせる方法もあります。もしも治療者や家族，同じ患者仲間など周囲にモデルとなりうる親しい人がいた場合，「その人だったらどのような原因を思いつくだろうか」と話題にすることも有効です。

　そのようにして帰属想起に多様性が現れはじめたら，次に帰属選

択を合理的に行うステップに移ります。想起された多様な帰属事項の中から、自分にとって合理的と思われる帰属を選ばせるのです。具体的には、羅列された帰属事項を前に、どの帰属を選択した場合に気分がよくなるか、行動に積極性が出るか、自分を傷つけないかという観点からランクづけを行います。これはどの帰属を選択すれば将来の自分の感情や行動がよくなるかという予期機能を開拓する練習になります。やがて、合理的で自分を傷つけない帰属を選び取れるようになるでしょう。

3.4 帰属変容のための集団療法

集団帰属療法は以下のような流れで行うことができます。教室や病院の会議室などに5～10名ほどで集まれば開始できます。

① セルフモニタリング日記「Good & Bad」を書いてもらう（表2-3）。
② 治療者が黒板に参加者全員のGood（よかったこと）を列記する。
③ それがもし自分の経験だったらという前提で、どれか1つ最もよいものを選ばせる（話題の共有）。
④ そのBest事項を取り上げ、自分だったらどのような原因を考えつくか、板書させる。
⑤ 黒板に並んださまざまな原因をさらにカテゴリー分類（努力、能力、運、時期、他人、体調）する。
⑥ 最後に最も合理的と思われる帰属は何かを考えさせる。

という手順で進めます。

集団帰属療法の魅力は、参加者が相互にモデルになれるところです。自分にはない発想をもった仲間からたくさんのことを吸収できます。これは治療者がたくさんいるようなものです。ある参加者が

表2-3 帰属の臨床的アセスメント―― Good & Bad

	Good	Bad
10/1〜	・新しい入浴剤が気持ちいい 　（自分で買ってきた） ・自分の部屋でのんびり 　（誰も入ってこないから） ・実家から伊勢エビをもらった 　（季節になったんですね）	・息子が朝になると不機嫌 　（わからない。彼が不登校だから） ・息子が学校に行かない 　（私の性格が影響したと思う） ・死にたくなる，孤独に向かっている 　（母親失格） ・父親が相変わらず 　（私の結婚の判断が間違っていたかも） ・長女の食べ吐きがまた始まりそう 　（病気だし，在宅ケアが始まったから） ・息子に○○と言われる 　（母親役割がもうできない）

注：（　）は，その原因として挙げられた内容。

よかった経験の原因をいくつか挙げるなかで，「ご先祖様のおかげ」という回答を出しました。会場内はユーモアに包まれながらもなるほどそのような発想があるんだと感心しました。そして，「……のおかげ」と思えば，先祖や家族を大事にしようとする気持ちにつながることを確認したのです。

しかし集団帰属療法では注意するべきことがあります。帰属はよかった経験（成功事態）といやだった経験（失敗事態）の両面に存在します。失敗事態を取り上げる時は，ネガティブな感情が生起しやすいことに留意すべきです。一般に，不愉快で機嫌の悪い時に話ははずみません。失敗事態を取り上げられるだけで気が滅入り，冷静に帰属変容どころではなくなることもあります。したがって，集団場面で帰属変容を意図した介入を行う場合は，成功事態についての帰属を取り上げる方が無難です。帰属のメカニズムを理解するためには成功事態だけでも十分です。失敗事態への発展は，成功事態における帰属変容が十分確認できるようになってからにすべきです。

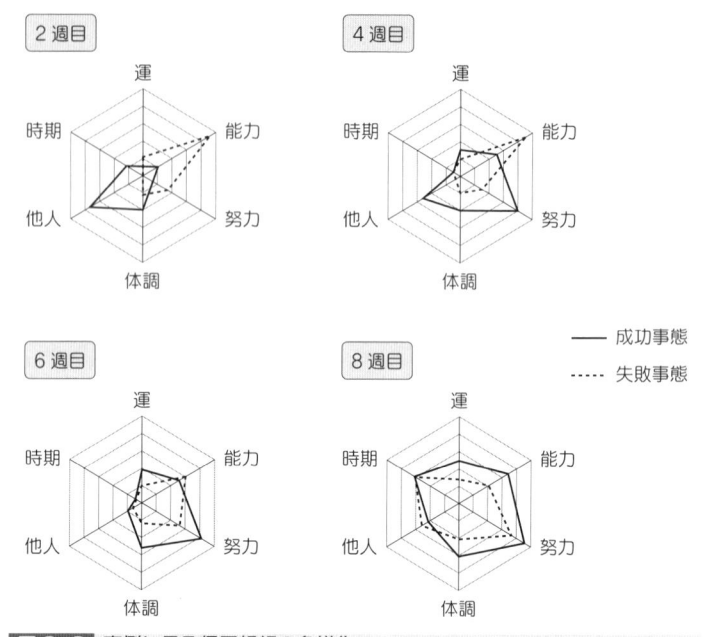

図 2-3 事例に見る帰属想起の多様化

注：目盛りは中心から外に向かって，0, 2, 4, 6, 8, 10。

　成功事態から失敗事態へ，帰属の当てはまりが拡大することを般化といいます。図2-3に筆者が経験した摂食障害女性の帰属変容の例を示します。この事例では，介入2週目までは成功事態に対し他人へ帰属する癖が見られていました。しかし4週目頃までには，しだいに成功事態を努力に帰属することができるようになりました。それまで一貫して失敗事態の帰属が能力（自分には能力がない）に突出して安定していたのが，成功事態の現象が失敗事態に般化し，6週目には失敗事態も努力に帰属できるように変化します。8週目には成功・失敗両事態ともに多様な帰属想起ができるようになりました。

このように,帰属療法は集団形式になじみやすい治療法です。集団帰属療法はコスト効果の観点からも,また,治療効果の観点からも今後は注目されていくことでしょう。

▷さらに勉学を深めたい人のための文献案内

丹野義彦・坂本真士,2001『自分のこころからよむ臨床心理学入門』東京大学出版会。
　簡単な心理検査が紹介され,読者が自分の心の状態を知りつつ最新の臨床心理学の知見を理解できるように工夫されています。

アンタキ,C.・ブレーウィン,C.(編),細田和雅・古市裕一(監訳),1993『原因帰属と行動変容 —— 心理臨床と教育実践への応用』ナカニシヤ出版。
　帰属理論の歴史的変遷に関してわかりやすく網羅するとともに,学習性無力感理論をベースとした抑うつ治療への応用や,学業成績や多動など学校教育場面での諸問題を論じています。

大芦治・青柳肇・細田一秋,1992「学習性無力感と帰属スタイルに関する研究」『教育心理学研究』40(3), 287-294。
　学習性無力感理論の変遷を詳細に論じています。

Forsterling, F., 2001, *Attribution : An introduction to theories, research, and applications*. Psychology Press.
　大学初級者レベルの比較的平易な英語で,帰属理論と帰属療法をコンパクトに概観しています。

▷本章のキーワード

誤帰属,抑うつ,認知療法,論理の飛躍,誇張と矮小化,ラベリング,レッテル貼り,帰属療法

コラム② 改訂学習性無力感理論

セリグマンらは,電気ショックを用いてイヌに条件づけを行っていた時,避けることのできない電気ショックを繰り返し受けたイヌは,その後ショックを避けられるような別の学習場面においても回避行動をとらずショックを受け続けたことを見出し,学習性無力感(Learned Helplessness;LH)の概念を提唱しました(Seligman & Maier, 1967)。

具体的には次のような実験をしました。イヌは随伴群,非随伴群,無処置群のいずれかに割り当てられました(表コラム②-1)。随伴群ではある反応(例:鼻でボタンを押すこと)によって結果(例:電気ショックの停止)をコントロールできます(反応に結果が伴うので随伴群と呼ばれます)。これに対し非随伴群の電気ショックは,同じように電気ショックを受けている随伴群のイヌが鼻でボタンを押して電気ショックを止めれば,同時に止まりますが,非随伴群のイヌが自力で電気ショックを止めることはできないようになっています。つまり,非随伴群のイヌは,随伴群のイヌと物理的には同じ量の電気ショックを受けますが,反応と結果の随伴性はありません。また,無処置群ではこのような先行処置は経験しません。無処置群は,電気ショックなどの刺激の有無自体がその後の学習にどのような影響を及ぼすかを調べるために設けてあります。

表コラム②-1 学習性無力感の実験デザイン

実験条件	先行処置	→	別の学習場面
随伴群	反応すれば結果をコントロールできる(例:鼻でボタンを押せば電気ショックが止まる)		回避可能な状態で不快刺激を与える(例:仕切りを飛び越えれば,電気ショックから逃れられる)
非随伴群	反応しても結果をコントロールできない(例:随伴群のイヌと同じパターンの電気ショックを受ける。電気ショックをどのように受けるかは,随伴群のイヌの行動で決まる)		
無処置群	先行処置なし		

この処置をした24時間後,電気ショックの逃避訓練が調べられました。ここですべてのイヌは電気ショックを受けることになりますが,先行処置の時とは違い,仕切りを飛び越えさえすれば電気ショックから逃れることができます。随伴群と無処置群のイヌは素早く仕切りを飛び越え,回避行動を学習しました。しかし非随伴群のイヌはまったく電気ショックから逃れようとせず,電気ショックを受け続けました。同じ量,パターンの電気ショックを受けた随伴群では回避行動ができたので,逃避行動の失敗は,先行処置で受けた電気ショック自体によるものではなく,電気ショックを自分で止められないことを学習したためだと考えられます。

　その後,人においても学習性無力感の現象が実験により生じることが報告されました。一連の実験結果からセリグマンは,無気力な状態に陥り自分から何もしなくなるという行動の特徴は,苦痛な刺激そのものによって引き起こされるのではなく,自分の行った反応が苦痛な刺激をコントロールできないことを学習した結果引き起こされると指摘し,学習性無力感は人間の反応性うつ病(ネガティブな出来事を経験したなどの精神的原因があり,それに反応して起こる抑うつ状態)の実験室モデルであると考えました。このモデルは,**抑うつの学習性無力感理論**と呼ばれています(くわしくはSeligman, 1975を見てください)。

　しかし,この理論に合致しない研究結果も報告されたことから理論が見直され,エイブラムソンらによって**改訂学習性無力感理論(改訂LH理論)**が提出されました(Abramson et al., 1978)。この理論では,人が抑うつになったりならなかったりするのは,非随伴事態に対する原因帰属の仕方,つまり,コントロールが不能だという結果の原因を何と考えるかで,抑うつが生じるかどうかが決まると考えています(図コラム②-1)。エイブラムソンらはこの原因帰属について分析するために,内在性,安定性,全般性という3つの次元から考えています。

　改訂学習性無力感理論では,コントロール不能の原因が,努力,能力,気分のような自分の内にあるものか(内的),運,他者の行動,社会制度のような自分以外のものか(外的)という次元(**内在性の次元**)が考えられます。次に,ある原因が,コントロール不能という結果をいつも引き起こしうるのか(安定的),そうでないか(不安定的)という次元(**安定性の次元**)が考えられます。たとえば,同じ内的要因でも「能力」「社会制

I 状況	→	II 認知	→	III 原因帰属	→	IV 予期	→	V 症状
コントロール不能性の体験		コントロール不能という認知		コントロール不能性に対する原因帰属 ①内的 ②安定的 ③全般的		①ネガティブな結果への予期 ②コントロール不能性への予期		無力感抑うつの症状 ①動機づけの障害 ②認知の障害 ③感情の障害 ④自尊心の低下 (症状の慢性化) (症状の場面般化)

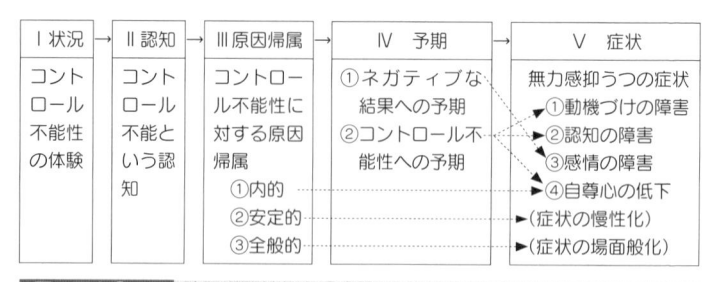

図コラム❷-1 改訂学習性無力感理論

度」は「安定的な要因」ですが,「他者の行動」や「努力」は「不安定的な要因」と言えます。最後に,コントロール不能の原因が,別の場面でもコントロール不能という結果を引き起こす原因となりうるか（全般的），あるいはその場面に限られたものか（特殊的）という次元（**全般性の次元**）が考えられます。

　コントロール不能性が,過去のもの,あるいは一時的なものだと考えられるうちは抑うつにはなりません。たとえば数学のテストで失敗した時に,「たまたま今日は調子が悪かった」とか「試験会場が蒸し暑くて集中できなかった」などと考える場合,抑うつにはなりません。しかし,同様に数学のテストで失敗した結果を「もともと自分は頭が悪いんだ」と能力の低さに帰属する場合のように,コントロール不能性を「内的・安定的・全般的な要因」に帰属すると「将来もコントロール不能だろう」という「将来における無力感予期」が生じます。無力感予期とは,①将来,いやなことが起こるのではないかと思う,または,望ましいことが起こらないと思うという「ネガティブな結果への予期」と,②ネガティブな出来事を自分の行動によってはコントロールできないだろうと思うという「コントロール不能性への予期」から成り立っています。

　改訂学習性無力感理論では,このようにして生じた無力感予期のため,その人は無力感抑うつになりやすいと考えています。無力感抑うつとは,エイブラムソンらの理論で仮定されている抑うつの1つのタイプで,無力感が原因で生じた抑うつのことです。抑うつには,症状,経過,原因,治療に対する反応の仕方,遺伝的・生物学的な要因の違いなどによって多く

のタイプが考えられていますが，エイブラムソンらは，このうち「無力感抑うつ」という1タイプを仮定しているのです。無力感抑うつの症状は，①やる気が起きないという「動機づけの障害」，②考え方やものごとの解釈の仕方が抑うつ的になるという「認知の障害」，③落ち込んだ，悲しい，むなしいなどの気持ちがする「感情の障害」，④自分がいやになったり自信をなくしたりする「自尊心の低下」の4つです。

　原因帰属の仕方と無力感抑うつとの関係については，以下のように考えられています。コントロール不能の原因がいつもそうだと（安定的）帰属されれば無力感の症状が長引き（慢性化），どこでもそうだ（全般的）と帰属されれば無力感症状が多くの状況で生じるようになり（場面般化），自分のせいだと（内的）帰属されると自尊心の低下が伴います。

　原因帰属という社会心理学的な概念を抑うつの説明モデルに組み込んだ改訂学習性無力感理論は，その後の抑うつをはじめとするさまざまな臨床社会心理学的な研究の先駆けとなりました。

第3章

勉強ができなくてつらい
[原因帰属と学業行動]

> Case 3-1
>
> 　心理学科1年生のAさんは，心理学科のある必修科目の試験で不合格になってしまい再試験のために勉強中です。心理学の授業はAさんには興味深いと思えるものが多いのですが，この授業は統計の授業で，文系出身のAさんには頭が痛くなるようなものです。なんでこんな数学のような授業をとらなきゃいけないんだろうと思います。がんばって聞いていたつもりですが，数式などがでてくると頭が真っ白になってしまいます。どうせ私は数学は苦手だし，理系の頭じゃないわ，と思うと，憂うつで，再試験の勉強にも身が入りません。
> 　同じくBさんも不合格でした。Bさんも数学は苦手ですが，みんなの話によると再試験になった学生はたくさんいるようです。試験が難しすぎたのよ，再試験ならもう少しやさしいかもしれないわ，と思います。それに試験の時ノートパソコン使ってやってもよかったのに，パソコン使う方法あんまり練習してなかったし。数学は嫌いだけど，パソコンならなんとかなるかもしれない。パソコンでできるように練習しておこう，とBさんは再試験に向けパソコンの練習に励みます。

　同じように試験に不合格になっても，それぞれその原因をどのように考えるか（原因帰属）によって，次の試験への学習行動は異なってきます。本章では，原因帰属理論の観点から学習行動，達成への動機づけについて考えます。

1　どんな原因が考えられるだろうか —— 帰属因の整理

　学校の成績が悪かった時，子どもたちはどのような原因を考えるのでしょうか。また「頭が悪いから」とか「勉強が難しいから」といった，子どもたちが考えるさまざまな具体的な帰属因はどのように整理できるのでしょうか。

1.1　自由記述による結果

樋口ら（1981）は，子どもたちが日常よく経験するようないろいろな場面について，そのような事態が起こったとしたらそれはどうしてか，その原因と考えられるものを子どもに自由に記述させ，その具体的な記述をカテゴリー化していくことによって帰属因を整理しています。「よい成績をとったとしたら」「悪い成績をとったとしたら」「テストの問題を簡単に解くことができたとしたら」「テストの問題をほとんど解くことができなかったとしたら」「学校で出された宿題を簡単にやりおえたとしたら」「学校で出された宿題を全部やりおえることができなかったとしたら」など，達成関連状況33場面について，小学校4年生から中学校3年生まで595名に行った調査結果をまとめたものが表3-1です。

彼らによれば，それが自分に関係している内的な要因への帰属，自己以外の外的な要因への帰属，そのどちらとも決めることのできない自分と課題や他者との関係そのものへの帰属の3つに分類でき，さらにそのそれぞれにおいて原因が比較的変化せず安定しているものと変動するものとに分けることができるとしています。ただし，最も頻度の高い自分の行った行為や努力への帰属は，別の独立したカテゴリーとされています。達成，友人関係いずれの領域においても自己の行為・努力要因への帰属が高く，ついで達成領域では内的安定的要因（自己の能力）が，友人関係領域では関係的安定的要因（他者との持続的関係）への帰属の割合が多くなっています。さらに小学校4年生から中学校3年生までの年齢的変化を見ると，いずれの領域においても自己の行為・努力への帰属が減少し，内的安定的要因，関係的安定的要因への帰属が増大していることが報告されています。

表3-1 帰属因のカテゴリーと出現比率

	カテゴリー		例	出現頻度（%） 小学生	出現頻度（%） 中学生
達成領域	内的	自己の行為・努力 自己の能力 自己の気分・調子	勉強した, 努力しなかった 頭がよい, 悪い 体の調子がよかった, ぼけっとしていた	57.3 16.3 3.6	53.0 19.5 3.4
達成領域	関係的	自己と課題の関係	好きな本を読んだ, 苦手な科目	2.0	2.9
達成領域	外的	課題の性質・運命 運・偶然	テストがやさしい, 運命だ 運がよい, ヤマがあたった	7.3 6.1	7.5 7.3
友人関係領域	内的	自己の行為・努力 自己の性格	日ごろの行いがよい, 親切にした 性格がよい, 私がやさしい	49.4 15.9	35.9 20.0
友人関係領域	関係的	他者との持続的関係 他者との一時的関係	親友だ, 嫌われている けんかしていた	18.9 2.0	28.1 1.8
友人関係領域	外的	他者の性格 他者の気分・調子	相手がやさしい, 運命だ 相手の機嫌が悪かった	4.1 2.8	4.5 2.2

出典：樋口ら, 1981を簡略化。

1.2 考えられる原因（帰属因）の整理

樋口らの帰属因の整理は，おおむねワイナーのモデルの基本的枠組みに基づくものです。ワイナーは，達成場面で重要だと考えられる帰属因として努力，能力，課題の困難度，運の4つを挙げ，これを内的－外的（位置の次元）と安定的－不安定的（安定性の次元）という2次元で整理しました（表3-2；Weiner, 1972）。

ワイナーの2次元は論理的な分析によるものですが，樋口らの調査結果も，基本的にはこの2次元で整理されています。しかし樋口らは，自己の行為・努力への帰属は，自分がその原因を変えることができるかどうかとい

表3-2 ワイナーの2次元図式

	内的	外的
安定的	能力	課題の困難度
不安定的	努力	運

出典：Weiner, 1972による。

表3-3 ワイナーの3次元図式（失敗場面）

次元による分類			帰属因
内的	安定的	統制不能	低い適性
		統制可能	いつも勉強しない
	不安定的	統制不能	試験の日の病気
		統制可能	試験勉強しない
外的	安定的	統制不能	学校の要求が高い
		統制可能	教師の偏見
	不安定的	統制不能	運が悪い
		統制可能	友人が助けてくれない

出典：Weiner, 1986 による。

う点で自己の気分への帰属と異なっているとして両者を区別しました。また，学業場面での成功や失敗の原因として重要と考えられる18の原因を取り上げ，この原因がお互いにどの程度類似していると考えられるかを被験者に直接質問することにより帰属因の整理を試みた研究によると，学業失敗場面では，意図的－非意図的と内的－外的の2次元が見出されました（Weiner, 1986 による）。「がんばって勉強しない」「怠け者」と「自信がない」「気分が悪い」はともに内的ですが，前者はみずからそうであることを意図しており，意志的なコントロールのもとにあると思われるのに対して，後者は意図的にコントロールできないと思われます。このような観点からワイナー（Weiner, 1979）は，第3の次元として統制可能性の次元を導入しました。この次元を加えた3次元で帰属因を整理したものが表3-3です。

ここで統制可能性といわれているのは，学校の成績を自分で変えられるかという普通に使われている結果の統制可能性のことではなく，原因と考えられているものそのものが統制可能かということです。そうすると，努力と気分のように内的であって統制可能なもの

と不能なものがあるというのは理解できますが，外的なものは自分以外に原因があるのですからそれはそもそも統制不能であるので，外的で統制可能な要因というのは一見奇妙に思えます。表中の帰属因を見ると，たとえば教師の偏見や友人の援助が外的で統制可能な次元の要因です。教師や友人には統制可能であり，またそれが原因であると考えれば，教師や友人に自分が働きかけることができるので，間接的に自分がコントロールすることもできると思われます。このような観点からワイナーのいう統制可能性は直接自分が原因をコントロールできるかということではなく，自分も含めた誰かによって統制可能かという意味で用いられています。また改訂学習性無力感理論で導入された帰属の3次元とは，第3の次元が異なっているので，その点にも注意が必要です（コラム②参照）。

2 原因の考え方のスタイル──原因帰属様式

2.1 成功や失敗は，運のせい？──統制の位置

　成功や失敗の原因を何に帰属するかということと，課題に向かっての動機づけとにはどのような関係が考えられるでしょうか。学業場面など達成領域での動機づけに関してよく知られている考え方は，**期待‐価値モデル**と呼ばれているものです。たとえば資格試験の勉強を考えてみると，試験に合格しそうもないと考えていると勉強をしようという気にならないので，成功（合格）の主観的な見積もり（期待）が高いほど動機づけが高まると考えられます。またその資格がたいして自分にとって意味のないものであれば，合格しそうでも本気になって勉強する気になれないでしょうから，成功（合格）の価値が高いほど動機づけが高まるとするものです。

　学業達成場面などのように，価値がある程度高いとすると期待が

動機づけにとって重要だということになりますが、それでは期待はどのように作られるのでしょうか。資格試験を例にとれば、似たような試験を以前にも経験していてそれに合格した経験があったり、模擬試験でよい成績であったりすれば、期待は高まるでしょう。つまり類似した状況で成功経験を重ねれば期待は上昇し、失敗経験を重ねれば低下すると考えられます。しかしながら、ルーレットのように運で決まるゲームではどうでしょうか。今までうまくいったからといって、今度も当たるとは限らないし、これまで当たらなかったから今度も失敗するとは限らないでしょう。資格試験のように能力・技量による場合は、成功・失敗経験が期待の形成に影響しますが、ゲームのように運で決まる場合は、成功・失敗経験は期待の形成に役立ちません。

ロッター（Rotter, 1966）は、同じ状況（試験やゲーム）であっても、これを自分の技量によって決まると考える人と運によるのだと考える人という、考え方の個人差があるとし、ローカス・オブ・コントロール（統制の位置）という概念を提唱しました。技量によると考える人は結果を自分がコントロールしているという意味で内的統制、逆に運によると考える人はコントロールの源が外部にあるので外的統制と呼びました。そして今述べたように、内的統制－外的統制という個人差は、期待の変化、期待の形成のされ方に影響すると考えたのです。

2.2　原因の考え方で動機づけが変わる——ワイナーのモデル

ワイナーは、ロッターの内的統制－外的統制概念を原因帰属の観点から、原因が自己の内部にあるか外部にあるかの違いであるととらえ、ロッターの技量－運という2分法は、原因が内的か外的かという次元の対立とともに原因が変わりやすいものかどうか、すなわ

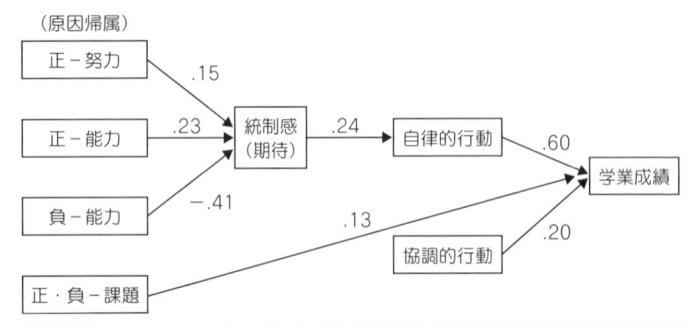

```
(原因帰属)
  ┌─────────┐
  │ 正 − 努力 │──.15──┐
  └─────────┘        │
  ┌─────────┐   ┌──────────┐       ┌──────────┐
  │ 正 − 能力 │──.23─│ 統制感   │──.24─│ 自律的行動 │──.60──┐
  └─────────┘   │ (期待)   │       └──────────┘      ┌──────┐
  ┌─────────┐   └──────────┘                         │学業成績│
  │ 負 − 能力 │──−.41┘                                └──────┘
  └─────────┘                       ┌──────────┐      ↑
  ┌──────────┐        ──.13─────────│ 協調的行動 │──.20─┘
  │正・負 − 課題│                    └──────────┘
  └──────────┘
```

図3-1 小学生における帰属スタイル，統制感，学習行動と成績の関係

注：表中の数値はパス係数。絶対値が大きいほど関係が強いことを示す。数値が負であれば負の関係を示す。本文参照。
出典：樋口ら，1983による。

ち安定的−不安定的という次元でも対立しており，2つの次元が混交していると批判しました。さらに失敗を繰り返した時，その課題の失敗は技量（能力）のせいだと考えれば期待は低下するが，努力のせいだと考えれば次回も失敗するとは限らないので必ずしも期待は低下しない，したがって期待の変動を規定するのは内的−外的の次元ではなく，安定的−不安定的の次元であると主張しました（Weiner et al., 1972）。このような観点からするとたとえば失敗を能力がないせいだと考えがちな子どもは，失敗した時どうせできそうもないと期待を低下させ，動機づけにも否定的な影響があると予想されます。

　樋口ら（1983）は小学生を対象に，成功や失敗をどのような原因に帰属させやすいかの個人差（帰属スタイル）を測定する質問紙を作成し，期待や学習行動，実際の成績との関係を検討しています（図3-1）。

　ここでたとえば，「正−努力」とは成功事態を努力に帰属させる

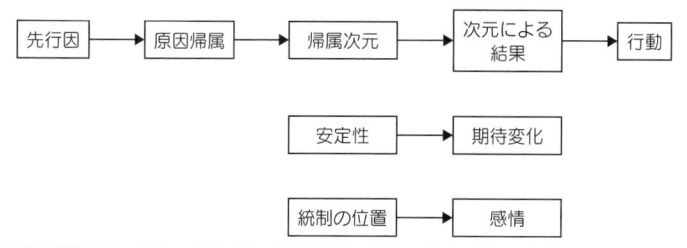

```
先行因 → 原因帰属 → 帰属次元 → 次元による結果 → 行動

安定性 → 期待変化

統制の位置 → 感情
```

図3-2 ワイナーの初期のモデル

出典：Weiner, 1974 を簡略化。

程度を示しており、「よい成績をとった」など学業達成関連の5事態について、努力したからという項目に5段階評定させたものの平均です。帰属因については努力、能力、体調・気分、課題、運の5要因が用いられています。また期待は、同じ事態について、自分ががんばればよい成績をとれそうかといった形で測定され、ここでは統制感と呼んでいます。学習行動については教師の評定を用いており、「自分の考えをもち、進んで実行する」や「粘り強くやりとげる」などの自律的行動と「友達と仲よく協力する」「きまりを守る」の協調的行動に分けられています。さらに最終的な結果の指標として学業成績が用いられ、これらの関係が検討されています。図から成功事態を努力や能力に帰属することは期待を高めること、逆に失敗事態を能力に帰属することは期待を低下させることがわかります。また図には負－努力と期待との関係は示されていないので、失敗事態の努力帰属は必ずしも期待を低下させないと考えられます。さらに期待－価値モデルで予想されるように期待の高さは、自律的な行動を動機づけ、結果として成績に好影響を及ぼすことが示唆されています。

　初期のワイナーは、期待－価値モデルの価値について、アトキンソン（Atkinson, 1964）の考え方に従って、誇りと恥の感情を用いま

した。安定性次元が期待を規定するのに対して、成功が自分に原因があれば誇りを感じるが、原因が外的であれば誇りを感じないと思われることから推論されるように、統制の位置の次元が感情を規定すると考えました。したがってワイナーは、期待‐価値モデルにおいて、期待と価値（感情）を規定するものとして原因帰属を導入したといえます（図3-2）。

2.3 原因の考え方で感情も変わる——感情の帰属モデル

コヴィントンとオムリック（Covington & Omelich, 1979）は、試験で失敗したと感じている学生を対象にこうしたモデルを検討しましたが、期待が再試験の成績に促進的であるという関係は見られたものの、モデル全体に対して支持的な結果ではありませんでした。失敗場面なので感情として恥が用いられましたが、能力不足への帰属は、恥の感情と正の相関を示しており、課題や運への帰属は関連がありませんでした。これは先の記述と一致した結果ですが、努力不足への帰属はむしろ恥と負の相関を示し、また恥の感情そのものは、結果に対して促進的な傾向を示しました。

ワイナーは、その後達成場面で経験される感情は、誇りや恥だけではないとして、さまざまな感情を問題とするようになり、また位置次元だけではなくその他の次元の感情との関連も論じるようになりました。ワイナー（Weiner, 1986）のモデルでの感情の分析の主要な部分は、図3-3のようなものです。

まず感情は、目標が達成されたかどうかという結果そのものから引き起こされ、帰属の影響を受けない結果依存の感情と、おもに帰属によって規定される帰属依存の感情に大別されます。結果依存感情は、成功なら幸福感、失敗なら欲求不満と悲しみです。

帰属依存の感情については、帰属の次元によって、生じる感情が

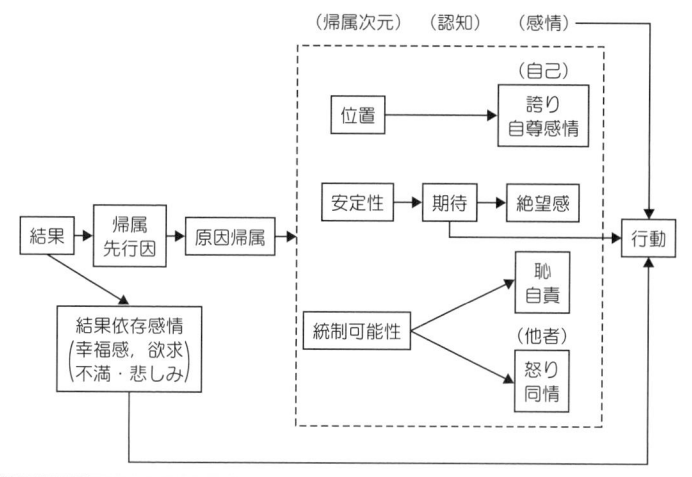

図3-3 ワイナーの動機づけと感情の帰属モデル

出典：Weiner, 1986 を簡略化。

異なります。位置次元は自尊感情（誇り）と関係します。成功が内的に帰属されれば，外的に帰属されるより自尊感情は大きく高まります。逆に失敗が内的に帰属されれば，外的に帰属されるより大きく低下します。統制可能次元と関係している感情には，恥（屈辱感）と自責があります。失敗が統制不能な要因に帰属されれば恥が，統制可能な要因であれば自責の感情が起こります。この仮説は先の能力不足（統制不能）への帰属は恥の感情を起こすが，努力不足（統制可能）への帰属はむしろ逆であったという結果を説明しうるものです。また他者に引き起こされる感情として，怒りと同情があります。統制可能であれば怒りが，統制不能であれば同情が起こります。生徒の成績が悪い時，それが努力不足（統制可能）のせいだと考えれば教師は怒り，能力がない（統制不能）のだと考えれば同情するというわけです。最後に安定性次元は，期待を通してそれと関連する

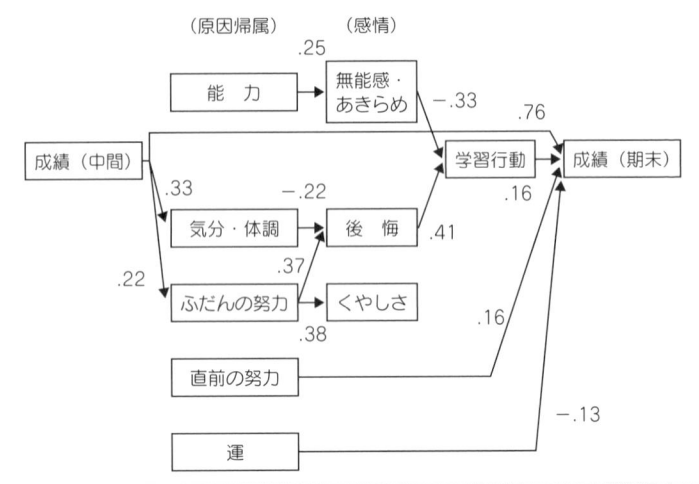

図 3-4 中学数学学習における原因帰属，感情，学習行動，成績の関係

注：表中の数値はパス係数。
出典：奈須, 1990。

感情，すなわち絶望感を喚起すると考えられます。

このような感情の分析は，かなり複雑ですが，奈須（1990）は，中学生の数学の定期試験を課題としてそれに失敗したと感じている生徒の原因帰属，感情，学習行動を調査し，後の試験成績との関連を検討しています（図3-4）。能力不足への帰属は期待と関連する感情である無能感・あきらめを生じ学習行動への動機づけが低減すること，逆にふだんの努力への帰属は，後悔の感情を高め学習行動が促進され，結果的に成績の改善に寄与することが示唆されています。

3 教育場面での学習性無力感

3.1 努力しても成功しない

セリグマンの学習性無力感（コラム②参照）の考え方は，教育場面

での動機づけを考えるうえでも大きな影響を及ぼしました。セリグマンは動物実験を通して，自分が何をやっても結果は変わらないと考えること，つまり自分の行動と結果とが随伴していないという信念をもつことによって，無力感が生じると主張しましたが，ドゥエックはこれを原因帰属の観点からとらえなおし一連の研究を行いました。

ディーナーとドゥエック（Diener & Dweck, 1978）は，小学生を対象に児童用のローカス・オブ・コントロール尺度を修正して用い，学業達成の失敗場面について努力不足へ帰属する傾向の強い子どもと，その傾向が弱い子どもに2分しました。失敗してもその原因を努力不足と考えるということは，自分の行動，やり方がまずかったと考えるのですから，このような子どもは行動と結果とが随伴しているという信念をもっていると考えられます。その後子どもたちに，人間の学習性無力感実験でよく使われた正解のない認知課題が与えられます。あらかじめ子どもたちは，正解のある課題で練習をし，みなこの課題ができるようになっているのですが，正解のない課題を与えられ失敗経験が重なると，一般に努力不足に帰属する傾向の弱い無力感群の子どもたちでは，正解があったとしても正解に達することができないようなでたらめなやり方をする割合が増大したといいます。失敗を努力不足に帰属する傾向の強い習熟志向の子どもではそのようなことはありませんでした。また課題をやっている最中の発言でも，習熟志向の子どもでは，「集中していないぞ」といった自己観察や，「もっと集中しろ」といった自己教示に関する発言，「できそうだぞ」といった成功期待の表明などが多く見られたのに対し，無力感群の子どもでは，「飽きた」「終わりたい」などの否定的感情や課題と無関連な発言が目立ったということです。子どもははじめに訓練によって課題ができるようになっているので，能

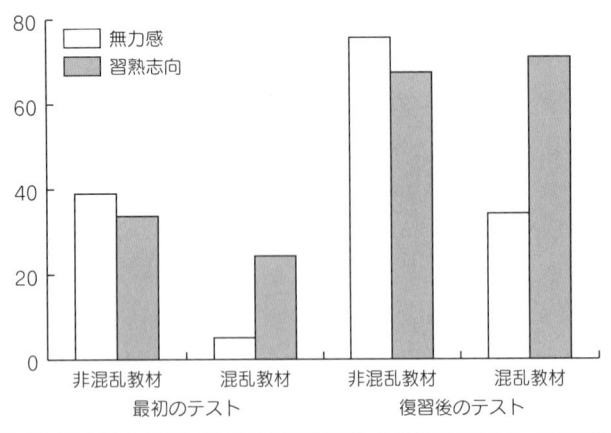

図 3-5 教材および群別のマスターした子どもの割合

出典：Licht & Dweck, 1984.

力そのものに違いがあると思われませんが、帰属の仕方の違いが、失敗場面での粘り強い取り組み、逆にあきらめやすさをもたらしているといえるでしょう。

実験的な課題ではなく、現実の授業に近い状況で行われた研究もあります（Licht & Dweck, 1984）。小学5年生に心理学の模擬授業が行われ、授業の5つのセクションに対応した教材として冊子が渡されるのですが、実験群の子どもたちには、途中のセクションの冊子だけ、わざと内容がまわりくどくわかりにくい書き方になっています。後のセクションの冊子は同じものでこの内容について理解しているかテストが行われました。先の実験と同じように子どもたちは、帰属の仕方によって習熟志向群と無力感群に分けられます。どの群の子どもも読解力の得点は平均して同じになるようにされていますが、無力感群で、混乱教材を与えられた子どもたちでは、内容をマスターした子の割合が極端に少なくなっています（図3-5）。

ドゥエック（Dweck, 1975）は，やる気をなくしている子どもたちの帰属の仕方を変えることによって，動機づけを高めようとする実験も行っています。そこでは，学校心理士や校長，担任から極端に無気力であるとされた8歳から13歳の子ども12名に算数の訓練が行われました。訓練は，2つの群に分けて行われました。つまり基準がやや低めに設定されいつも成功する群（成功のみ群）と，難しい問題があって基準を達成できない失敗経験をときどきさせ，その際失敗の原因を努力に帰属するよう強調する群（再帰属群）です。この子たちは無気力だと選び出された子どもたちなので，もともとちょっと失敗をすると自分の本来の力を発揮できずテスト成績が低下する傾向がありました。それが，成功のみ群では変化がありませんでしたが，帰属を変えようとした再帰属群では，訓練後こうした失敗経験による成績の低下がなくなりました。こうした訓練によって，ちょっとした失敗経験によってすぐにあきらめていたのが，課題に粘り強く取り組むようになったといえるでしょう。

3.2　試験の前は遊ぼう——セルフ・ハンディキャッピング

Case 3-2

　明日はいよいよ再試験の日です。Aさんはほかにも再試験の科目がありましたが，何とかクリアできそうです。明日の数学っぽい科目だけが，問題です。とにかく勉強しなくっちゃ，と思いますが，どこから手をつけたものやら。とりあえずちょっと気分を変えようと，好きなCDを聴いてみます。そこに高校の友だちから会わないかという誘いの電話。久しぶりだし，ぜひ会いたい。会っていろいろしゃべったら元気が出て，そのあと勉強できるかも，と友だちに会いに出かけます。
　一方Bさんも，再試験を前に勉強中，久しぶりの友だちからの電話。ぜひ会いたいけど，明日の再試験で落としちゃうと困るし。今まで再試験に向けて自分なりに計画して準備してきたけど，まだやり残していることがある。どうせならやれることはやっておきたい，と思って，友だ

ちには事情を話して遊びに行くのは，別の日にすることにします。明日に向けてもうひとがんばり，です。

　ドゥエックの研究からすると，成績の悪さを努力不足など統制可能な要因に帰属することが，学習行動の面からすると適応的だということになります。しかし，とくに日本の親や教師は，子どもの努力不足を強調しているように思われますが，あきらめやすく意欲をなくしている子どもはたくさんいます。逆に成績の悪い子どもの方が，失敗を努力不足に帰属する傾向があることを報告している研究もあり，先に紹介した，コヴィントンとオムリックの研究でもそのような結果が得られています。これはなぜでしょう。これにはいくつかの解釈が可能ですが，1つの解釈は次のようなものです。「勉強しなかった，がんばらなかったからできなかった」と思うのは，逆に「勉強すれば，がんばればできたはず」で，本当はできるんだという気持ちをもちつづけたいからである，というものです。つまり努力したのに成績が悪いというのは，自分の能力のなさを認めるようなものですから，努力不足に帰属することによって，自分の能力の評価を高いままにしておきたいということです。

　ここでは第1章で紹介された割引原理が働いています。つまり結果が一定（失敗）であって，2つの要因（努力不足と能力不足）が考えられる時，一方の要因が顕著であると，もう一方の要因が割り引かれるというものです。そこで失敗が予想されるような事態で，みずからの能力の評価を維持するためには，努力することをやめたり，少なくとも努力をしていないように見せる必要があることになります。たとえば難しそうな試験の前の日，勉強をしないで，逆に友だちと酒を飲んで騒いだりするといったものです。そうすればテストができなくても，勉強しないで酒を飲んでいたせいにできるので，

自分の能力のイメージは傷つかないというわけです。こうした自分の肯定的な評価が脅威にさらされそうな場面で、意図的に努力を差し控えたり、みずから不利な状況を作ったり、自分が不利な状況にあるということをあらかじめ他者に主張しようとするような方略は、セルフ・ハンディキャッピングと呼ばれます。

　一方教師の方は、能力がなくて失敗した子どもより努力しなくて失敗した子どもをより厳しく叱責します。これも努力不足への帰属が重要だからというよりは、一般的な感情の帰属モデルから説明できることです。ワイナーの感情のモデルからすると失敗の統制可能な要因への帰属は他者においては怒りを引き起こし、失敗の統制不能な要因への帰属は同情を引き起こすと考えられるからです。頭が悪いとか病気だからできなかったと教師が考えれば、かわいそうだ、ということになりますが、がんばって勉強しないからだと考えれば、なぜがんばらないんだと腹が立つというわけです。そこで子どもは、友だちにあいつはできるやつだと思わせるには、勉強なんかやってないよ、という姿勢を見せる必要がありますが、先生に怒られないようにするためには、がんばっている姿を見せなければならない、というジレンマがあることになります。

　こうしたことからするとたんに「勉強しないからできないんだ」と説教したところであまり効果がないのは当然といえます。そう言われたからといって子どもが本当に自分の努力ややり方が失敗の原因だと考えるわけではありませんし、子どもがそう言ったとしてもそれは能力イメージを維持するための方略にすぎないとすれば、それは次の学習には結びついていかないからです。先のドゥエックの研究でも、努力不足への帰属を強調した後、子どもが実際にがんばってやった時に成功する経験をしているわけで、努力や自分の行動と結果が結びついていると実感できる経験が重要だと考えられます。

4 原因の考え方と目標

4.1 何のために学習するのか──ニコルズの目標論

　能力と努力についての割引原理は，小さな子どもでも使うことができるのでしょうか。ニコルズは，帰属因概念の発達について研究し，たとえば7歳くらいまでの子どもでは，能力と努力は分化しておらず，その後しだいに別の概念として区別されるようになり，11歳以降で結果が同じであると，多くの努力は能力の低さを示すと考えるようになるといいます（Nicholls, 1989）。日本でも速水と松田（1982）が，小学校3年生から6年生と大学生を被験者とし，結果（成績）と努力量についての情報から，能力を予想させるという課題を用いて，発達的な研究を行いました。たとえば「よし子は50てん，けい子は90てんとった」という異なった結果と「テスト前によし子は2じかん，けい子も2じかん，べんきょうした」という努力量が等しいという情報を与え，「どちらがかしこいと思いますか」という質問に（よし子，けい子，どちらともいえない）のなかから選ばせると，小学校3年生で，けい子と答える子どもは半数程度ですが，4年生以上では大多数の子どもがけい子と答え，努力量が等しく結果が異なっている時は，結果の違いが能力の違いを反映するということを理解していました。ところが「あけみは70てん，まゆみも70てんとった」という同じ結果と「テスト前に，あけみは3じかん，まゆみは1じかん，べんきょうした」という異なった努力量から，能力を推測させると，まゆみの方がかしこいと答えた子どもは，小学校3年生ではほとんどいませんでした。その後年齢とともにまゆみの選択が増え，6年生では70%程度に達し，多くの子どもが，努力と能力の相補的な関係を理解していました。

しかし，この課題でまゆみを選択した割合は大学生でも6割程度にすぎませんでした。たしかに走った距離が同じ時に，走った時間が異なっていたという情報から，足の速さを推測するという物理量での関係であれば，走った時間が短い方が足が速いと考えるのが正解でしょうが，努力と能力との関係は，そのような意味で「正解」があるとは思われません。ニコルズも，成熟した大人も努力と相補的な関係をもつ能力概念と同時に努力と分化していない能力概念ももち，それらの概念は状況によって使い分けられるのだと主張するようになりました。つまり割引原理が用いられる状況とそうでない場合があるということです。ニコルズは私たちが課題に取り組む時，自分が能力があるということを示したいという場合と，学習をすることを通して熟達し能力を高めたいという場合があるとし，前者を自我関与，後者を課題関与と呼びます。これは課題での目標の違いといえます。

　ジャガシンスキとニコルズ（Jagacinski & Nicholls, 1984）は，実験的に自我関与状況と課題関与状況を作り，能力の判断を行わせました。その結果，自我関与状況では，達成が同じ場合努力が少ない方が能力が高いと判断され割引原理が使われているのに対し，課題関与状況では努力の多少による能力判断の差はなく，割引が起こりませんでした。つまり自我関与－課題関与という課題での目標の違いが，異なった能力判断をもたらすといえます。したがって課題関与状況では，割引原理が使われず，子どもたちは先に述べたようなジレンマに悩まされることはないと思われます。

4.2　知能は変わるのか――ドゥエックの知能観

　ドゥエックもニコルズと同様に，2種類の目標を区別しています。すなわち，能力の肯定的な評価を維持し，否定的な評価を避けよう

とするパフォーマンス目標と，能力を増大させ新しい課題をマスターするラーニング目標です。

　エリオットとドゥエック（Elliott & Dweck, 1988）は，小学生を対象に先に紹介したディーナーとドゥエックの研究と同様の課題を用いて，目標の効果を検討しています。その結果，パフォーマンス目標条件において，あらかじめ行った課題について偽のフィードバックによって操作的に低い評価を受け，能力の自己評価を低められた子どもでは，先の無力感群の子どもと同じく，でたらめなやり方をしたり否定的な感情の表明が多く見られました。またこの群の子どもで失敗の原因についての自発的な言明が最も多かったのですが，それらは内的であれ外的であれすべて統制不能な要因への帰属であり，努力不足への帰属は見られなかったといいます。一方ラーニング目標条件では，実験的に低い能力フィードバックを受けた子どもたちでも，高いフィードバックを受けた子どもと同様に課題に取り組みました。パフォーマンス目標下では，失敗は能力のなさを意味しますが，ラーニング目標下では，失敗は課題をマスターし能力を増大させるためのステップとしてとらえられるため，失敗は自分のやり方など統制可能な要因に帰属され，失敗しても課題に取り組み続けると考えられます。

　ドゥエックは，こうした目標の違いは，そもそも子どものもつ知能観の違いから生まれると考えています。つまり知的能力はそれぞれの子どもによって決まっていて変わらないのだという考え方と，能力というのは伸びていく可変的なものだという考え方であり，前者はパフォーマンス目標，後者はラーニング目標を導くと考えられます。古典的なワイナーのモデルでは能力は安定的要因と位置づけられましたが，本当に能力は安定的なものと考えてよいのか，むしろその能力が安定的かどうかについての考え方に子どもによって違

いがあり、その違いが動機づけに重要な意味をもつということでしょう。ニコルズやドゥエックの目標の考え方は、子どもたちの学習への動機づけを考える1つの視点となっていますが、いずれも原因帰属理論への批判的な展開として登場してきたと考えられます。

▷さらに勉学を深めたい人のための文献案内

宮本美沙子・奈須正裕（編），1995『達成動機の理論と展開——続・達成動機の心理学』金子書房。

　達成動機づけに関するおもな理論について、比較的近年までの展開について、それぞれの領域での研究者が執筆している本です。いくぶん専門的な内容ですが、こうした領域に関心をもつ人にとっては基本的な文献といえます。

ワイナー，B.，林保・宮本美沙子（監訳），1989『ヒューマン・モチベーション——動機づけの心理学』金子書房。

　達成動機づけの原因帰属理論を生み出したワイナーの著書の翻訳です。残念ながら完全な訳ではなく抄訳ですが、主要な部分を日本語で読むことができます。

桜井茂男，1997『学習意欲の心理学——自ら学ぶ子どもを育てる』誠信書房。

　著者の内発的動機づけに関する理論的モデルを主軸に学習意欲についての理論を一般向けにわかりやすく解説しており読みやすい本です。原因帰属の考え方についても1章を割いて、要領よく説明されています。

▷本章のキーワード

期待－価値モデル，統制の位置，学習性無力感，セルフ・ハンディキャッピング，パフォーマンス目標，ラーニング目標

コラム③　ピグマリオン効果

　実験をする人がその実験の仮説を知っていると，仮説に沿った結果が得られやすくなるという効果は**実験者効果**と呼ばれています。みずからの経験から実験者効果の存在に気づいたローゼンソールという心理学者は，この効果を確認するため，次のような研究を行いました。ネズミの迷路学習の実験を行わせた時，実験者の半数には，被験体のネズミは「かしこい」血統であるといい，残り半数には「ばかな」血統であるといったところ，「かしこい」血統であると言われた実験者のネズミの方が成績がよかったのです。ローゼンソールとジェイコブソン（Rosenthal & Jacobson, 1968）は，教育場面でもこのようなことが起こるのではないかと考え，サンフランシスコ郊外の比較的下層階級の子どもが多い小学校を対象に研究を行いました。各クラスからランダムに選んだ子どもの名前を挙げ，知的な開花を予言できるテストの結果，この子たちは今後8カ月のうちに知的能力が顕著に増大すると考えられる，と担任教師に告げたのです。その結果1，2年生では，名前を挙げられた実験群の子どもたちでは，年度の終わりに行われた知能検査で成績の伸びが大きかったのです。教師が抱いたこの子は伸びるという「期待」が実現するという自己成就的予言の効果が見られたのです（図コラム③-1）。

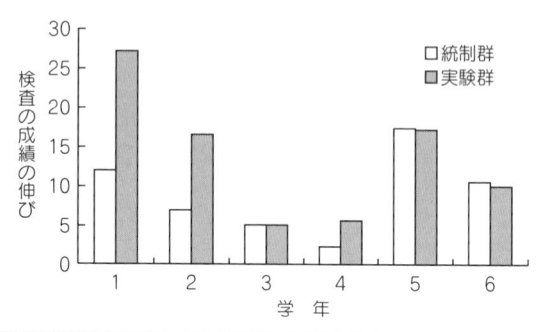

図コラム③-1　教師期待による知能指数の増加

出典：Rosenthal & Jacobson, 1968.

ローゼンソールたちの実験でも3年生以上にはこのような効果が見られませんでしたし，その後の追試もこのような効果を見出さないものがほとんどでした。ただし追試研究の多くでは，期待が教師に受け入れられていないものが多かったようです。そこで実験的に期待を誘導するのではなく，教師が自然にもっている期待の違いによる効果を見出そうとする研究が行われました。ある研究では，1年生の担任教師が対象となり，読みの能力は男児より女児の方が高いと考えている教師と，性差はないと考えている教師が選び出されました。その後の生徒の読みの能力を知能による能力差を考慮したうえで分析した結果，性差がないと考えている教師の生徒には性差が認められませんでしたが，性差があると考えている教師の生徒では，女児は平均的であるのに対し，男児の成績が悪いという差が認められました。

　教師の期待によるこのような効果は**ピグマリオン効果**とも呼ばれます。ギリシア神話に登場するピグマリオンは，すぐれた彫刻家でしたが，自分で彫った乙女の像に恋し，生きた娘のように贈り物をしたり，着飾らせたりしました。女神アフロディテは，彼の願いを聞き入れこの像に命を与えたのです。音声学者が田舎娘をレディに仕立て上げるという映画「マイ・フェア・レディ」の原作であるバーナード・ショーの戯曲「ピグマリオン」もこの神話から題をとったものですが，このなかで，ヒロインはこのように言っています。

　「ほんとうのところ，レディと花売り娘との違いは，どう振る舞うかということではなく，どう扱われるかということにあるのです。……あなたの前では，あたしはレディでいられるんです。なぜなら，いつもレディとして扱ってくださるし，これからもそうでしょうから」（ショー，1966）。

　ピグマリオン効果は，教師の期待の違いによる生徒への対応の違いを通して生じると考えられます。実際高い学力があると期待している生徒と，期待が低い生徒に対して，教師のとる行動の違いがあるようです。ブロフィ（Brophy, 1985）のまとめによると，あまり期待していない子どもでは，回答を長く待たない，回答をすぐ与えるか，他の子を指名する，一方期待している子どもには，問いを繰り返したり，言い換えたり，ヒントを与えたりする，といった違いがあるようです。また期待していない子どもの場合，不十分なものでもほめるが，一般に期待されている子と比較して成功

してもほめられることが少なく，失敗して叱責されることが多いそうです。さらに教師は，期待していない子どもの回答にフィードバックしない，注意を向けることが少ない，という傾向があるようです。一方生徒の方は，このような教師の行動の違いに敏感で，よくできる子とできない子について，先生がとる行動は，さまざまな違いがあることを意識しています。こうして教師の期待の違いは生徒に伝達され，生徒の期待に影響し，結果として生徒の行動が教師の期待に沿う方向に影響されるという可能性が考えられます。

期待の違いによる教師の行動の違いは，かなり複雑なもので，なぜこのようなことが起こるのかについていろいろな考え方がありえますが，ここでは原因帰属理論の観点から考えてみます。まず行為者 - 観察者の帰属のずれという原則からすると，教師は教育活動の行為者なので，その過程で生じる生徒の成功や失敗は，自分自身の教育者としての力量よりも，生徒自身の能力やその他の要因に帰属する傾向があると考えられます。

ある生徒が，教師の質問に答えられなかったとしましょう。この生徒が高い能力をもっていると教師が期待していると生徒の誤答は，能力不足以外の要因に帰属されるでしょう。たとえば，質問が難しすぎるのか，たまたま聞き取れなかっただけなのかと教師は考えます。そこで教師は，質問を繰り返したり，言い換えたり，ヒントを与えたりすることになります。また誤答は生徒自身以外の要因に帰属され，叱責を受けることは少なくなります。次に教師はこの生徒に低い期待しかもっていないとすると，この生徒の誤答は生徒の能力不足に帰属されるでしょう。教師の期待に沿った事態が起こったのですから，教師はそれ以上この生徒に対応しつづけないでしょう。逆に正答の場合，期待の高い生徒では能力に帰属され，期待の低い生徒では，それ以外の要因，たとえば課題の容易さに帰属され，あまり賞賛されない，といったことが生じると考えられます。不十分な成果の場合はどうでしょう。不十分であるということは，結果としては成功していないが，それなりにがんばった跡が見られるということでしょう。期待が低い生徒では，相対的にこの不十分な結果が，努力不足より能力不足に帰属されると考えられます。この場合第3章で述べたように，統制不能な要因に帰属されると同情が生まれ，同情からほめるという行動が起こると考えられます。

期待の違いによって教師の行動に違いがあるのは，ある意味では当然であり，教師はそれぞれの子どもの違いに応じて行動しようとしていることの表れでもあるでしょう。不十分であってもほめるのは，少しでもこの生徒を励まし能力を向上させようと思っているのかもしれませんし，回答できない生徒の回答を待たないで，すぐ他の子を指名するのも，いろいろヒントを出したうえでも回答できないという，生徒をより不安にしてしまう状況を避けようとしているのかもしれません。先に見られたような行動の違いすべてが問題があるというわけではないでしょうが，しばしば教師はこうした行動の違いを意識していないようです。こうした行動が教育的な「善意」の意図によるものであっても，それが「君は能力がない」という暗黙のメッセージとなりうるということには注意しておく必要があるでしょう。

第 II 部

自分を意識する心と臨床社会心理学
―― 自己注目の理論とその応用 ――

第Ⅱ部では自己注目と自己注目から見た不適応問題について説明します。私たちは人の目を意識して行動したり，独りになって内省したりと，自分について考えない，意識しない日はないでしょう。このように自分について注意を向けることは「自己注目」や「自己意識」と呼ばれています。それでは「自己注目」という視点から見ると，人の行動はどのように説明・予測できるのでしょうか。このことについて第4章で説明します。

　自己注目は精神的不適応を考える際に有用な視点を与えてくれます。第5章と第6章では，それぞれ抑うつと統合失調症を「自己注目」から説明しています。自己への注目はけっして悪いことではありませんが，時には人を抑うつ的な気分にさせてしまうことがあります。第5章では，抑うつにつながってしまう自己注目のあり方について説明しています。第6章では，統合失調症の症状のうち妄想や自分の考えが伝わってしまうという自我障害を取り上げ，自己への注目から説明しています。一見難解な精神状態が，自己注目という私たちにもある心理的過程から理解できるでしょう。なお，統合失調症についてはコラム④で解説していますので，あわせてご覧ください。

第4章

自分を意識する心
[自己注目と行動]

1 見る自己と見られる自己──自己注目とは

1.1 自己意識尺度をやってみる

自己注目とは何かを説明する前に，まず自己を意識しやすいかそうでないかの性格を測定する尺度に回答してみましょう（表4-1）。

表4-1 自己意識尺度

以下の項目を読んで，それが自分の性質に当てはまる程度を考えてください。そして最もよく当てはまるものを1つだけ選んで選んだ番号を○で囲んでください。あまり考え込まずに，思うとおりに回答してください。	まったく当てはまらない	どちらかというと当てはまらない	どちらともいえない	どちらかというと当てはまる	かなり当てはまる

1 なにか問題にぶつかったときは自分の心の動きに気をくばる
1---------2---------3---------4---------5

2 自分の本当の気持ちに注意が向きやすいたちである
1---------2---------3---------4---------5

3 でかける前には必ずみだしなみをたしかめる
1---------2---------3---------4---------5

4 自分を反省してみることが多い
1---------2---------3---------4---------5

5 写真をとられるときはよくうつろうとする
1---------2---------3---------4---------5

6 自分のふるまいが場違いでないかと気になることがある
1---------2---------3---------4---------5

7 どうやって自分の気持ちを相手に示そうかと気になることがある
1---------2---------3---------4---------5

8 自分がいくぶん距離をもって自分自身を見つめている感じをもつことがある
1---------2---------3---------4---------5

9 なにかするときは人の目を考慮する
1---------2---------3---------4---------5

10 あまり自分ということを意識しないたちである
1---------2---------3---------4---------5

11	人が私のことをどう思っているか気になる	1---------2---------3---------4---------5
12	自分の気持ちの変化に敏感である	1---------2---------3---------4---------5
13	自分を相手に見せるようなときは注意深くなる	1---------2---------3---------4---------5
14	自分の行為や考えに矛盾がないかいつも反省する	1---------2---------3---------4---------5
15	いつも自分の容姿に気をくばっている	1---------2---------3---------4---------5
16	自分自身についてあれこれ考えない	1---------2---------3---------4---------5
17	人によい印象を与えようといつも気をつかう	1---------2---------3---------4---------5
18	自分がどんな人間であるのかいつも理解しようと努めている	1---------2---------3---------4---------5

出典：押見ら，1986を一部改変。

得点のつけ方は次のとおりです。公的自己意識尺度は3，5，6，7，9，11，13，15，17の9項目です。これらの項目の得点をそのまま合計してください。私的自己意識尺度は1，2，4，8，10，12，14，16，18の9項目ですが，10と16の2つは逆転項目ですので，5点→1点，4点→2点，2点→4点，1点→5点に変えて（3点は3点のまま），9項目の得点を合計してください。大学生を対象とした筆者の調査では，公的自己意識および私的自己意識の平均と標準偏差はそれぞれ33.3点（標準偏差5.5点），32.2点（標準偏差6.6点）でした。したがって，両方の尺度とも39点以上の人は，公的自己意識や私的自己意識が高い傾向にあるといえるでしょう。

1.2 公的自己と私的自己

表4-1の質問にあるように，私たちは自分の見かけについて気にすることがあるでしょう。たとえば，自分の着ている服が変じゃ

ないかとか、化粧がちゃんとできているかどうかとか気にすることはあるでしょう。また、写真を撮られる時に写りを気にしたり、人前で何か発表する時にその場の人の視線を感じることもあるでしょう。このように、他の人が観察することができる自己の側面（これを**公的自己**と呼びます）を意識することはよくありますね。これとは別に、他の人が観察できない、自分だけが知ることができる自己の側面（これを**私的自己**と呼びます）に目が向くこともあります。たとえば、自分の考え方や性格、今の気分について気に留めることもあるでしょう。こういった状態は社会心理学では自己に注意が向いている状態といい、**自覚状態**と呼ばれています。

　自覚状態も公的自覚状態、私的自覚状態の2つに分けて考えることができます。図4-1をもとに説明しましょう。ウィリアム・ジェームズの考えに従ったものですが、自分も他者も「見る自己 (I)」と「見られる自己 (me)」に分けられます。「見る自己」「見られる自己」はそれぞれ、主我、客我と呼ばれることがあります。「私」という存在は、ものを見たり考えたりする主体であると同時に、他者からあるいは自分自身から見られたり考えられたりする対象（客体）でもあるわけです。私的自覚状態とは「他の人が観察できない、自分だけが知ることができる自己に、私の注意が向くこと」なので、「S1 → S2」と表すことができます。一方、公的自覚状態とは「他の人が観察することができる自己に、私の注意が向くこと」なので、「S1 → O1 → S2」と表すことができます。この公的自覚状態における「他者」とは必ずしも実際に目の前にいる他者に限りません。自分が他者から見られていると「感じる」ことが公的自覚状態の発生には重要だからです。たとえば、実際の人の目がなくても、録音された自分の声を聞いたり自分の映像を見たりして、まるで自分自身を他人として見るようになった場合にも、公的自覚

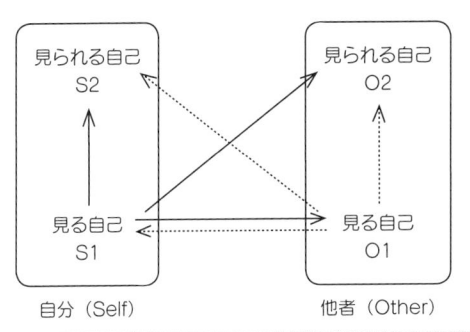

```
┌─────────────┐         ┌─────────────┐
│  見られる自己  │◄╌╌╌╌╲╱╌╌╌│  見られる自己  │
│     S2      │      ╳     │     O2      │
│      ▲      │     ╱ ╲    │      ▲      │
│      │      │    ╱   ╲   │      ╎      │
│      │      │◄──      ──►│      ╎      │
│   見る自己    │╌╌╌╌╌╌╌╌╌╌►│   見る自己    │
│     S1      │◄╌╌╌╌╌╌╌╌╌╌│     O1      │
└─────────────┘            └─────────────┘
   自分（Self）                他者（Other）
```

図4-1　2人の人間関係のなかで生じる対人認知

注：実線は自分から他者への認知，点線は他者から自分への認知を表す。
出典：山本，1962。

状態が生じると言われています（Buss, 1980）。つまり，公的自覚状態になる場合に意識する「他者の目」とは，他者一般のイメージのようなものであり，他者が自分のなかに内在化されたものであろうと考えられます。このような，自分の内部に取り込まれた他者のことを，「内在他者」と呼ぶこともあります。

1.3　自己意識特性とは

人のなかには，服や髪型など自分の外見に注意を払っている人もいれば，まったくといっていいほど無頓着な人もいます。つまり公的自己を意識しやすい程度は，人それぞれ異なっているといえます。同じように，私的自己を意識しやすい程度にも個人差があると思われます。このような自己を意識しやすい個人差は，**自己意識特性**と呼ばれています（Fenigstein et al., 1975）。表4-1で答えてもらったテストは，この公的自己意識や私的自己意識の程度を測るためのものでした。

このように，自己を意識することには，自己を意識している状態

第4章　自分を意識する心

自己注目	自覚状態（人が自分自身の方へ注意を向け，みずからがみずからを注目の的としている状態）
	自己意識特性（普段から自己に注意を向けやすい性格特性）
意識される自己	公的自己（容姿や振る舞いなど，容姿や他の人が観察することができる自己の側面）
	私的自己（感情，動機，思考，態度など，他の人が観察できない，自分だけが知ることができる自己の側面）

図4-2 自己注目と意識される自己の概念的整理

（自覚状態）と自己を意識しやすい特性（自己意識特性）の2つの側面がありますが，この両方を包含的に示す概念が**自己注目**です。これまで出てきた自己注目と意識される自己についての概念を図4-2にまとめました。

2　自己を意識するとどうなるか──自己注目の理論

― Case4-1 ―

　アメリカ大リーグ・マリナーズのイチロー選手の活躍には目を見張るものがありますね。イチロー選手は試合が始まるとつねに全力でプレーし観客をわかせますが，試合前の練習でも，彼は観客との交流に努めていると聞きます。スタジアムにいる彼は，プロの野球選手として観客の前でいかに振る舞うべきかを意識しながら行動しているように思えます。

　Case4-1は，観客の前でのイチロー選手の例ですが，イチロー選手のようなスーパースターでなくても，人から見られていることを意識して行動することはあります。たとえば，女性誌などを見てみると「美しくなるためには，人からいつも見られていることを意識しなさい」と書いてあります。人から見られていると意識することで見苦しくない立ち居振る舞いをふだんからとるように心がけて

いれば，それが自然に身についてその人の美しさにつながる，ということでしょう。私たちは自分を意識することでどのような心理状態になり，どのような行動をとるようになるのでしょうか。このことに関してまとめられた2つの理論を紹介します。最初にデューヴァルとウイックランドの客体的自覚理論（Duval & Wicklund, 1972）を取り上げます。

2.1 デューヴァルとウイックランドの客体的自覚理論

いまあなたはこの本を読んでいます。つまりあなたはこの本に注意を向けていると言えます。しかし，1.1の自己意識尺度に回答した時は，自分がどんな人物かを理解しようとして注意を自己に向けていました。このように私たちの注意は，自己か自己以外の外部環境かのいずれかに向けられていると，デューヴァルとウイックランドは考えています。そして，彼らは自己が注意の対象となった状態を**客体的自覚状態**と呼んでいます。客体的自覚状態を高めるには，私たちが見られる対象として自分を思い起こさせるような条件を作り出すことが必要です。たとえば，自分自身が鏡に映った姿を見る，TVカメラが自分に向けられている，人が自分を見ているなどの状況は，自分が見られている存在であることを私たちに思い起こさせます。

では，自分自身に注意を向けると，どのような心理的変化が表れるでしょうか。図4-3を見ながらデューヴァルとウイックランドの理論を説明していきましょう。まず，私たちが自分を意識すると，自己のある側面が顕著になり，その自己の側面に関する**適切さの基準**が重要なものとして意識されるといいます。適切さの基準とは，その状況でどのように振る舞うべきかの行動の指針のことで，その人の個人的信念，理想，規範などによって決まってきます。たとえ

ば、妻子あるプロ野球選手Aがスタジアムで観客の視線にさらされ自己を意識した場合、どうなるでしょうか。そこで意識されるのは、「夫」あるいは「父親」という側面よりもむしろ「プロ野球選手」という側面でしょう。そして、プロ野球選手としての適切さの基準、たとえば、全力でプレーしチームの勝利に貢献するという基準が意識されるでしょう。

適切さの基準が重要なものとして意識されると、その適切さの基準に従って自己を評価するようになります。普通は、現実の自己がこの適切さの基準に達していないことが多く、ネガティブな自己評価をし、ネガティブな気分を経験します。プロ野球選手Aの例で説明しましょう。観客の前で全力でプレーし、チームの勝利に貢献したいというプロ野球選手としての適切さの基準をもっていても、チャンスで凡退すれば、彼は基準と現実の不一致を経験することでしょう。彼は、自己に対しネガティブな見方をするでしょうし、へこんだ気分にもなるでしょう。かりに現実の自己が適切さの基準を上まわっていた場合はどうなるでしょう。デューヴァルとウイックラ

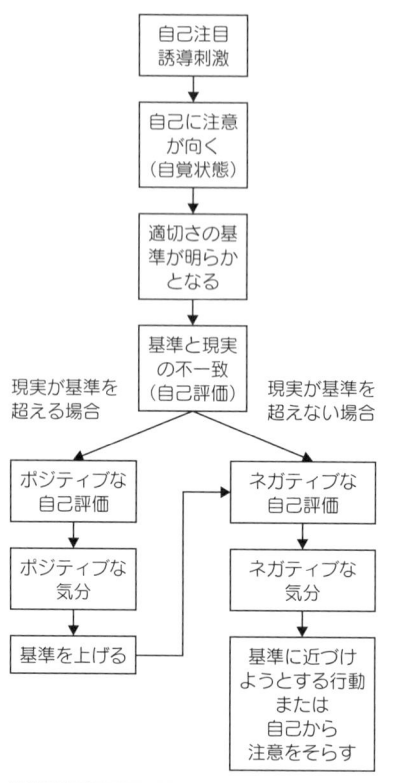

ンドによると,こういった場合,ポジティブな自己評価をしポジティブな気分を経験しますが,その後で適切さの基準を現在よりも上げるため,結果的に現実の自己が適切さの基準に達しないことになり,ネガティブな自己評価になります。

では,基準と現実との不一致を経験した後に,人はどう行動するのでしょうか。デューヴァルとウイックランドによると,人は,この不一致を低減させようと試みます。まず,努力して現在の状況を基準に合わせることで,不快感を低減しようとします。A選手の例でいえば,バッティングで貢献できなくても,守備でがんばってファインプレーをしたり,次の打席でヒットを打ったりすることで,基準と現実との不一致は低減するでしょう。また,不快感を生み出す自己への注意を回避することで解消できます。つまり,試合が終わり観客の目から逃れると,プロ野球選手としての適切さの基準は意識されることなく,不一致は低減するでしょう。

なお,ウイックランドによると基準と現実自己との不一致によって生じた不快な自覚状態に対して,まず最初にこの手段,つまり自己注目させる刺激を避けるという手段がとられるといいます (Wicklund, 1975)。これは,たとえ一時的なものであっても,自己に注意を向けさせる刺激を避けることで,ネガティブな感情をすみやかに解消させることができるからです。

2.2 カーヴァーとシャイアーの制御理論

デューヴァルとウイックランドの理論が発表されてから,自己への注目について実証的な研究がさかんに行われました。その後,自己への注目に関して,カーヴァーとシャイアーが別の観点から理論を提出しました (Carver & Scheier, 1981)。それが**制御理論**(図4-4)です。制御理論では人を情報処理するコンピュータのように考え,

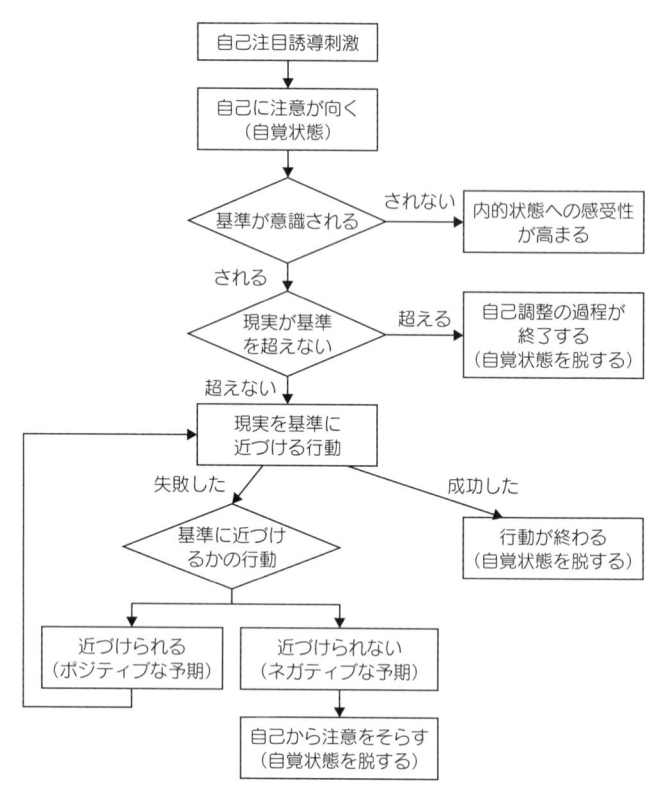

```
                    ┌─────────────────┐
                    │  自己注目誘導刺激  │
                    └─────────────────┘
                              │
                    ┌─────────────────┐
                    │   自己に注意が向く  │
                    │    (自覚状態)    │
                    └─────────────────┘
                              │
                    ╱─────────────╲   されない  ┌─────────────────┐
                   ╱ 基準が意識される ╲─────────→│ 内的状態への感受性 │
                   ╲               ╱          │    が高まる     │
                    ╲─────────────╱            └─────────────────┘
                          │ される
                    ╱─────────────╲   超える   ┌─────────────────┐
                   ╱  現実が基準   ╲─────────→│ 自己調整の過程が  │
                   ╲  を超えない    ╱          │    終了する     │
                    ╲─────────────╱            │  (自覚状態を脱する)│
                          │ 超えない            └─────────────────┘
          ┌───────→┌─────────────────┐
          │       │   現実を基準に    │
          │       │   近づける行動    │
          │       └─────────────────┘
          │     失敗した  │   成功した
          │       ╱─────────────╲          ┌─────────────────┐
          │      ╱  基準に近づけ  ╲─────────→│   行動が終わる   │
          │      ╲  るかの行動    ╱          │  (自覚状態を脱する)│
          │       ╲─────────────╱            └─────────────────┘
          │         │         │
          │  ┌──────────┐ ┌──────────┐
          └──│ 近づけられる │ │近づけられない│
             │(ポジティブな予期)│ │(ネガティブな予期)│
             └──────────┘ └──────────┘
                              │
                    ┌─────────────────┐
                    │  自己から注意をそらす │
                    │  (自覚状態を脱する) │
                    └─────────────────┘
```

図 4-4 カーヴァーとシャイアーの制御理論

デューヴァルとウイックランドの理論を展開させました。

　カーヴァーとシャイアーの理論によると，注意は自己または環境のいずれかに向いています。これはデューヴァルとウイックランドの理論と同じです。異なる点は，カーヴァーとシャイアーは自己に注意が向き自覚状態になると，行動の適切さの基準が重要なものとして意識される時とされない時があるとした点です。適切さの基準が意識されない時には，自己の内的状態への感受性が高まり，自己

内のさまざまな自己に関する情報を知覚することになります。そのあと，どのような心理的な変化が起こるかは 3.2 で述べます。

また，適切さの基準が重要なものとして意識される場合には，その基準と現在の状態とを比較します。そして，現在の状態が基準を上まわっていれば自己調整の過程が終了し，自覚状態から脱します。

一方，基準に達しない場合，基準に近づくような行動を起こします。このような行動により現在の状態が基準に達した場合，自己調整の過程は終了しますが，基準に達しない場合は，自己の行動を基準に一致させることができる可能性を推測します。この可能性が高いと判断すれば再び基準に一致するような行動がとられますが，可能性が低いと判断すれば，そうした試みは放棄され，ネガティブな感情を経験し自覚状態を回避する行動がとられます。プロ野球選手 A の例で言うと，彼が，別の打席でヒットを打つ，守備で貢献するなどの基準に近づけるような行動をとることができると判断すれば，そのような基準を意識しながら観客の前でプレーをするでしょうが，できないと判断すれば，ベンチに下がって観客の視線にさらされないことを望むでしょう。

これ以外にも，カーヴァーらの理論とウイックランドらの理論では異なる点があります。それは，カーヴァーらの理論では，自己を公的自己の側面と私的自己の側面とに分けていますが，デューヴァルとウイックランドの理論では分けていないという点です。自己を公的側面と私的側面に分ける必要があるかどうかについては意見が分かれており，ウイックランドらとカーヴァー，シャイアーらとの間で論争がありました（例：Carver & Scheier, 1987；Wicklund & Gollwitzer, 1987）。不安や抑うつ，妄想などを自己注目から説明する場合，公的自己と私的自己を分けて考えています。たとえば，不安は公的自己と，抑うつは私的自己との関連が考えられています。です

第 4 章 自分を意識する心　　*105*

ので，心の問題への適用を考えるにあたっては2つの自己の側面を分けて考えた方がよいと思われます。

自己注目については，バスも独自の理論を展開しています（Buss, 1980）。これについては他書（丹野・坂本, 2001；渡辺, 1989）をご覧ください。

3 自己注目の具体的な研究を見てみよう

では，自己に注目すると，私たちにどのような心理的変化が起こり，どのような行動をとるようになるでしょうか。ここではカーヴァーらの理論にならって，適切さの基準が意識される時とされない時に分けて紹介しましょう。

3.1 適切さの基準が意識される時

―― Case 4-2 ――――――――――――――――――
ちょっと想像してみてください。
あなたはこれから，人前であなた自身が評価される重要な場を迎えます（面接試験，人前での発表など，想像しやすい場面を想像してみてください）。その場には複数の評価者がいて，あなたの振る舞いや発言内容を評価することになっています。
あなたはこれらの場面で，どんな感じがするでしょうか。またどんな行動をとろうとしたり，どんなことを考えたりするでしょうか。
――――――――――――――――――――――

(1) **適切さの基準にそった行動をとるようになる**　まず，自己注目の理論で述べられているように，自己に注目して行動の適切さの基準が意識された場合，基準に近づけるように行動するようになります（実験例4）。

(2) **ネガティブな自己評価をする**　適切さの基準が意識されると，現実の自己と比較されますが，多くの場合現実の自己は基準に達し

実験例 4　適切さの基準は自己に注意を向けることで知覚されるか

フロミングらの第2実験では（Froming et al., 1982），①被験者自身は体罰に肯定的な見解をもちながら，②たいていの人は体罰に否定的であろうと考えている被験者を対象として実験を行いました。つまりこの実験の被験者は，私的自己の基準（私は体罰に賛成である）と公的自己の基準（一般の人は体罰に反対だろう）が異なっていました。被験者は私的自己を意識させられる条件（私的自覚状態条件），公的自己を意識させられる条件（公的自覚状態条件），自己を意識させられない統制条件に分けられました。被験者はそれぞれの条件で，回答者（実験に協力するサクラ）が答えを間違えた時に，罰として電気ショックを与える教師の役をしました。与える罰の強さは1（弱）から10（強）の10段階で，そのなかから被験者が選んで決めます。もし，基準に一致する行動をとるなら，私的自己への意識を高められた群の被験者は体罰に賛成という私的自己の基準に従うので，公的自己への意識を高められた被験者よりも，回答者に与える電気ショックが多いと考えられます。

結果はこの仮説通りで，私的自己に注意を向けられた群の被験者は，公的自己に注意を向けられた群の被験者に比べて，回答者により多くの電気ショックを与えました（図 4-5）。

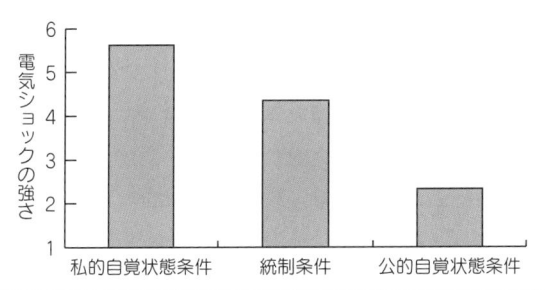

図 4-5　実験条件ごとの被験者に与えた電気ショックの強さ

出典：Froming et al., 1982 をもとに作成。

ていないため，ネガティブな感情を経験しネガティブな自己評価をすることになります。たとえば，アイクスら（Ickes et al., 1973）は，自己への注目を高めた状況もしくは高めない状況で，架空の特性に対し，被験者に否定的なフィードバックをしました。その後，よく知っている別の次元（例：自分に知性があるかどうか）についての自己評価を求めました。その結果，自己への注目を高めた条件では，高めなかった条件に比べて，別の次元についての自己評定も低下しました。また，自己意識特性が高い人ほど，自尊心が低いことが報告されています（Turner et al., 1978）。

(3) **自己から注意をそらす**　自己に注目した結果経験したネガティブな感情や自己評価から逃れるために，自己から注目をそらすことがあります。デューヴァルらは，被験者にパーソナリティ・テストを実施し，その被験者のパーソナリティが非常に好ましい（または好ましくない）という偽のフィードバックをしました（Duval et al., 1972）。その後，半数の被験者は，自己への注目を高めるために大きな鏡とTVカメラが被験者の方に向いている部屋に移りました。残りの半数は，自己への注目を高めないようにするため，鏡やカメラが被験者の方を向けずに置いてある部屋に移されました。被験者は，その部屋で別の実験の実験者が来るまで5分ほど待つよう頼まれますが，5分を過ぎても実験者が来ない場合には，部屋を出ていってよいと告げられました。その結果，パーソナリティ・テストに関して好ましくないフィードバックを受け，自己への注目を高められた被験者は，他の3群の被験者に比べ，早くその部屋を立ち去りました。つまり，好ましくないフィードバックを受けた後，自己への注目が高められたため，自己と基準とのずれが意識されてネガティブな感情を経験し，その状態を避けるために早くその場を立ち去ったのだと考えられます。

さて，みなさんはCase 4-2ではどう答えましたか。この場面では，評価者から注目されることによって自己への注目が高まり，評価者から高い評価を得るように振る舞うという適切さの基準が意識されやすくなっています。みなさんは，自分がどう感じ，どう行動すると思いますか。「がんばって発表する」とか「よい印象を面接官に与えるよう行動する」というのは適切さの基準に沿った行動といえます。「緊張する」とか「落ち込んだ気分になる」などは，おそらく適切さの基準に達しないだろうという結果を先読みしてしまったために出てきた感情でしょうし，「これから起こる評価場面について考えないようにする」などは自己への注目を避けるための方略であると考えられます。

3.2　適切さの基準が意識されない時

　カーヴァーとシャイアーの理論によると，適切さの基準が意識されない時に内的状態への感受性が高まるといいます。つまり，自己内にあるさまざまな自己に関する情報を知覚することになります。その結果，以下に示すような変化が生じます。

　(1)　**自己に原因を帰属する**　　自己が意識されている状態では，自己に関する情報が知覚されやすくなります。したがって，原因帰属の際に自分に関する情報が利用されやすく，そのため，出来事の結果を自己の何らかの要因に帰属しやすくなります（例：Duval & Wicklund, 1973）。

　(2)　**会話場面において自分のことを話しやすい**　　自己に関する情報が利用されやすくなっているため，他者との会話や文章でやりとりする場面で自分について語ることが多くなります。たとえば，カーヴァーとシャイアー（Carver & Scheier, 1978）は，自己への注目を高めた状況で文章を完成させる課題をさせると，自己への注目を高

めない状況に比べ，被験者が書いた文章がより自己に関連する内容になったと報告しています。

(3) **自己報告が正確になる**　自己についての情報が利用しやすいため，自己に関する報告がより正確になります。たとえばプライアーら (Pryor et al., 1977) は，過去の進学適性検査での得点を挙げさせ，実際の得点と比べました。その結果，自己への注目を高めた被験者の方が自己への注目を高めなかった被験者と比べて，実際にとった得点と自己報告された得点との差が小さく，正確な報告をしていたことがわかりました。

(4) **経験している感情が強まる**　自己に関連した情報には，その時に経験している感情も含まれます。自己への注目が高まると，経験している感情状態をより強く経験することになります。シャイアー (Scheier, 1976)，シャイアーとカーヴァー (Scheier & Carver, 1977) は，自己に注意を向けることによって，感情が高まることを示しています。シャイアー (Scheier, 1976) は，怒りという感情を取り上げこのことを示しました。この実験では，自己への注目を高めた状況，あるいは高めない状況で，被験者にサクラ（実験協力者）に対して攻撃行動をとる機会を与えました。この実験に先立ち，被験者の半分は怒りのレベルを高められました。その結果，自己への注目を高めた場合，事前に怒りのレベルを高められた被験者の方が，怒りの自己評定も高くサクラに対して攻撃行動も強かったことが見出されました。

自己意識特性が高い人は，自分について意識しやすくなっているので，3.2で示した状態を経験しやすくなっていると考えられます。

これまで見てきたように，自己に注意を向けることは，自分を理解したり，自分の行動を周囲との関係も考えながら調整したりするために必要なことです（まったく自分について考えない，意識しない人

がいたとしたら，社会において適応的に生きることは難しいと思います）。しかし，この自己への注目が不適応的に働いてしまうこともあるのです。

4 臨床的な問題を自己注目から探る──自己注目の応用

自己注目の概念や理論は，臨床心理学的な問題の解明に応用されてきました。この本では，第5章では抑うつ，第6章では統合失調症に見られる妄想に焦点を当て，自己注目の概念や理論から説明しますが，この他にも，対人不安や対人恐怖 (Buss, 1980 ; Schlenker & Leary, 1982 ; 辻, 1993)，摂食障害 (Striegel-Moore et al., 1993)，アルコール乱用 (Hull, 1981) なども，自己注目の概念や理論から検討されています。

では，次章では抑うつの自己注目理論について見ていきましょう。

▷さらに勉学を深めたい人のための文献案内
押見輝男，1990「『自己の姿への注目』の段階」中村陽吉（編）『「自己過程」の社会心理学』東京大学出版会。
　自己注目を含む広汎な「自己過程」について詳細に説明してあります。社会心理学を専攻する方にとくにおすすめします。
押見輝男，1992『自分を見つめる自分──自己フォーカスの社会心理学（セレクション社会心理学2）』サイエンス社。
　自己注目について，一般の人にもわかるように平易に説明されています。
大坊郁夫・安藤清志・池田謙一（編），1989『社会心理学パースペクティブ1──個人から他者へ』誠信書房。
　自己意識を含む社会心理学の重要な理論・概念についてくわしく説明してある専門書です。
船津衛・安藤清志（編），2002『自我・自己の社会心理学（ニューセンチュリー社会心理学1）』北樹出版。
　自己の社会心理学的な研究について多面的に取り上げられ，わかり

やすく書かれています。

▷**本章のキーワード**
　公的自己，私的自己，自覚状態，自己意識特性，自己注目，客体的自覚状態，適切さの基準，制御理論

第 5 章

自己注目から見る落ち込み
[抑うつの自己注目理論]

― Case 5-1 ―

　Ａさんは，自分で自分のことを，「悪いやつだ，ずるいやつだ，情けないやつだ」と思っています。いつもそう思っているわけではないのですが，落ち込んでしまうとそんなふうに考えてしまいます。Ａさんが落ち込むのはたいてい対人関係でもめる時です。Ａさんは「自分は我慢してもいいからまわりの人とはうまくやりたい。嫌われたくない」と思って生活しています。だからこそ，相手を不快な気分にさせてしまったことでたまらなく悲しい気分になってしまいます。こんな時，Ａさんは「自分のせいで相手に不快な思いをさせてしまったのだ」と考えます。そんな悲しい状態で，Ａさんは「なんでこんないやな気分になるんだろう」「自分のどこが悪いから他の人と違って落ち込んだままなのだろう」と自分について考え続けてしまいます。また，前にあった失敗を思い出して「あの時あんなことしなければよかった，言わなければよかった」などと自分を責めています。それで「悪いやつだ，ずるいやつだ，情けないやつだ」と考えてしまい，余計に落ち込んでしまいます。実際のＡさんは，まわりから「勤勉で責任感が強く，仕事でまわりに迷惑をかけたことなどなく，他人に尽くそうとする温和な人」と評価されているのですが……。

　Case 5-1 は抑うつ的なＡさんの様子です。Ａさんの抑うつ的な心理状態は，自己注目からどのように説明できるのでしょうか。本章では，抑うつを自己注目という社会心理学的な概念から見ていきましょう。

1　落ち込みと自己注目は似ているところもあるようだ
　　　──抑うつの自己注目理論

　まず，なぜ落ち込むのか，落ち込みが続くのかという問題を考える前に，抑うつを「自己注目」から見る理由を考えていきましょう。
　第４章で見てきたように，自己注目について社会心理学的な研究が始まったのは，デューヴァルとウイックランドの客体的自覚理論

が発表されてからでした。その後，フェニグスタインらによる自己意識尺度の作成など，さまざまな研究が行われ，自己を意識した時にどのような心理的・行動的変化が現れるかが明らかにされてきました。同じ頃，エイブラムソンらの抑うつの原因帰属理論のように，抑うつについて社会心理学の視点を取り入れた研究も進められてきました（Abramson et al., 1978；第2章参照）。

そして自己注目と抑うつの研究成果に関して，双方に類似した現象があることにT. W. スミスとグリーンバーグは気がつきました（Smith & Greenberg, 1981）。抑うつと自己注目とに似たところがあるとすれば，抑うつの発生に自己注目が関係しているかもしれません。では，どんな現象があるのか，T. W. スミスとグリーンバーグ以降の研究結果も含めて簡単に紹介しましょう（表5-1を見ながら読んでください）。

まず，自己に注目するとどのようなことが起こるかについて見てみましょう。簡単に第4章のことを復習しましょう（p.106参照）。自己に注意を向けると，その場面での適切さの基準が明らかになることがあります。多くの場合，現在の自己はこの基準に達しないため，ネガティブな自己評価をし，ネガティブな感情を経験します。自己の基準との比較が頻繁であると，基準に達していない自己をたびたび意識することになり，結果として自尊心を低めてしまうことにもなります。また，適切さの基準が意識されない状態では，さまざまな自己に関する情報を知覚することになります。したがって，自己に原因を帰属する，会話場面において自分のことを話しやすい，自己報告が正確になる，経験している感情が強まるなどの変化が生じます。

似たような現象は抑うつにも見られます。抑うつ的な人は，自己の基準を高くもちやすかったり，完全主義的であったりするといわ

表5-1 抑うつと自己注目とに類似な現象

	抑うつ	自己注目
基準の高さと基準の顕現化	抑うつ的な人は基準を高く設定	自覚状態を高めると適切さの基準と一致する行動がとられる
否定的な感情	抑うつの主な症状	自覚状態を高めると情動が高まる 否定的なフィードバックをより不快に感じる
自尊心の低下	抑うつの症状 自尊心との間に負の相関	自覚状態を高めると自己評価も低下 自尊心との間に負の相関
内的要因への原因帰属	抑うつ的な人の帰属スタイル（失敗を内的，安定的，全般的な要因に帰属しやすい）	結果の正負によらず，自己注目が内的帰属を生じさせる
自己報告の正確さ	抑うつ的な人は現実を正確に把握	自覚状態を高めると自己報告と行動との一致が高まる
自己への言及の増加	他者との相互作用場面での過剰な自己への言及	自覚状態を高めると文章完成課題での回答内容が自己言及的になる

出典：坂本, 1997 を改変。

れています（桜井・大谷, 1997）。また，抑うつ的な人はネガティブな感情を強く経験していますし，自尊心は低下しています。第2章で見たように，抑うつ的な人は原因帰属をする際にネガティブな結果を自分のせいにしやすいですし（Peterson & Seligman, 1984），人と話す際に自分のことを話しすぎるともいわれています（Coyne, 1976）。

このように見てみると，自己注目と抑うつとの間には何か関係があるように思えてきます。そこで，T. W. スミスとグリーンバーグは自己意識尺度と抑うつ尺度の相関を調べました。その結果，私的自己意識と抑うつとの間には，相関係数にして.28という弱い関係

しかないことがわかりました。つまり，両者には何らかの関係が考えられるものの「私的自己を意識しやすいこと＝抑うつ的であること」とはいえません。たとえば，自己へ注目するとその時に感じている感情が強まるといわれていますが（p.110参照），ポジティブな感情を経験していれば，自己注目によってポジティブな感情が強まります。これは，落ち込みというネガティブな感情だけが強く経験されている抑うつとは異なるものです。自己注目と抑うつとの関係については，より細かく見ていく必要があるようです。なお，T. W. スミスとグリーンバーグおよびそれ以降の研究では，公的自己意識と抑うつとの間に有意な相関関係は見出されませんでした。公的自己意識は，抑うつよりも対人不安と関連することが指摘されています（くわしくは Leary, 1983 や丹野・坂本, 2001 を見てください）。

2 なぜ抑うつになるのか——自己注目からの整理

前節で見てきたように，抑うつと自己注目との間には何らかの関連が考えられます。では，どのような点から考えていけばよいのでしょうか。ここでは，どのような状況で自己に注目しはじめるか，自己に注目した時にどのようなことが起こるか，気分が落ち込んだ時に自己注目を続けるとどうなるか，という3つの点から考えてみましょう。

2.1 どのような状況で自己に注目しはじめるか

ここで表5-2にある質問をやってみてください。これは，著者がどのような状況で自己に注目するかについて調べる際に作った質問の一部です（Sakamoto, 2000）。

自己に注意を向ける状況は，因子分析という統計手法を用いた結

表5-2 自己注目状況リスト

日常生活のなかで，自分のこと（たとえば，過去の思い出や自分の性格，現在や将来の自分の姿など）に思いをめぐらせたり，自分というものを意識したりすることがあると思います。ではあなたの場合，どのような状況で自分のことを考えやすいでしょうか。以下に24の場面があります。あなたがそれぞれの場面に置かれた場合，自分について考えることがどのくらいありますか。当てはまるものを右の1～4の数字のなかから1つ選んで○を付けてください。

以下の状況で自分について考えることが，どの程度ありますか	ほとんどない	あまりない	少しある	かなりある
1 自分の性格について人から何か言われた時	1	2	3	4
2 落ち込んだ時	1	2	3	4
3 成功した時，ものごとがうまくいった時	1	2	3	4
4 他の人の言動によって新たな自分に出会った時	1	2	3	4
5 ちょっとした暇な時間（たとえば，電車の中など）	1	2	3	4
6 楽しそうにしている人を見た時	1	2	3	4
7 自分の外見について人に何か言われた時	1	2	3	4
8 何かいやなことがあった時	1	2	3	4
9 何か楽しいことがあった時	1	2	3	4
10 尊敬する人やすばらしい人と接した時	1	2	3	4
11 暇で何もすることがない時	1	2	3	4
12 カップルを見た時	1	2	3	4
13 人に自分について何か意見を言われた時	1	2	3	4
14 何か悲しいことがあった時	1	2	3	4
15 なにかよいことがあった時	1	2	3	4
16 読書している時，またはその後	1	2	3	4
17 ボーッとしている時	1	2	3	4
18 明るくて，性格のいい人を見た時	1	2	3	4
19 性格テストの結果を見た時	1	2	3	4
20 心配ごとがある時	1	2	3	4
21 順調にことが運んでいる時	1	2	3	4
22 映画やテレビを見ている時，またはその後	1	2	3	4
23 1人で家にいる時	1	2	3	4
24 他の人をうらやましく思う時	1	2	3	4

注：得点の付け方は次のとおりです。この尺度は6つに分けられますので，6つの得点を出してください。対人的状況得点（1, 7, 13, 19を足す），ネガティブ状況得点（2, 8, 14, 20を足す），ポジティブ状況得点（3, 9, 15, 21を足す），観察者状況得点（4, 10, 16, 22を足す），1人状況得点（5, 11, 17, 23を足す），うらやみ状況得点（6, 12, 18, 24を足す）。

出典：坂本，1997；Sakamoto, 2000を一部改変。

表5-3 自己に注目する状況別の得点の平均と標準偏差

	平　均	標準偏差
①対人的状況	11.7	2.7
②ネガティブ状況	12.2	2.9
③ポジティブ状況	9.1	3.2
④観察者状況	10.1	2.7
⑤１人状況	8.9	3.4
⑥うらやみ状況	10.8	2.5

果，次の6種類に分けることができました。①対人的状況（自分について何か意見を言われた時など），②ネガティブ状況，③ポジティブ状況，④観察者状況（自分が第三者となって観察した他者の言動がきっかけとなって自己に注意が向く），⑤１人状況（1人で家にいる時や暇で何もすることがない時など），⑥うらやみ状況（ポジティブな状態にいる人を羨望のまなざしで眺める時に自分に注意が向く）。大学生を対象とした調査結果をもとに算出した，6つの状況別の得点の平均と標準偏差を表5-3に示しました。

この表を見ると，私たちは，落ち込んだ時や何かいやなことがあった時，心配ごとがある時など，ネガティブな状況で自分について考えやすい傾向があるようです。反対に，成功した時や何か楽しいことがあった時などは自分についてあまり考えないようです。この結果と関連することですが，気分と自己への注目との関係を調べた研究では，悲しい気分状態の方が楽しい気分状態よりも自己に注意を向けやすいという結果が得られました（例：Sedikides, 1992；Wood et al., 1990）。

ではなぜ，このようなことになるのでしょうか。悲しい気分は自分に何か問題があったことを知らせるサインでもあるので，楽しい気分の時よりも悲しい気分の時の方が，なぜその気分が生じたかを理解し，自分についての情報を集める必要が高いでしょう。失敗を

したり，ものごとがうまくいっていない状況でも，その状態を乗り切るために自分についての情報を集める必要があります。そのため，ネガティブな状況において自分に注意を向けやすいと考えられます。

この他にも「1人状況」での自己への注目も抑うつと関係すると考えられますが，これについては第4節で述べます。

2.2 自己に注目した時にどのようなことが起こるか

2.1では，全体的な傾向として，ネガティブな状況で自分について考えやすく，ポジティブな状況では考えにくいことがわかりましたが，ネガティブな状況やポジティブな状況で自分について考えるとどのようなことが起きるでしょうか。まずネガティブな状況での自己注目について考えましょう。

すでに述べたように，自己に注意を向けると自分の基準が明らかとなったり，その時に感じている感情がより強く意識されたり，結果を自分に帰属したりしやすくなります（p.109参照）。したがって，ネガティブな状況で自己に注目すると，現在置かれているネガティブな状況と「こうありたい」という基準との隔たりを意識することになり，落ち込んだ気分をより強く経験し，ネガティブな状態の原因を自分のせいにしやすくなるでしょう。結果的に，自尊心も低くなることでしょう。

これとは反対に，たとえば自分をほめるように，ポジティブな状況で自己に注意を向ければどうなるでしょう。基準に達していれば満足感が得られるでしょうし，その時に感じているポジティブな感情がより強く経験されるでしょうし，自己評価も高まることでしょう。

もしある人が，もっぱらネガティブな状況だけで自己に注意を向け，ポジティブな状況ではまったく自分に注意を向けないとしたら

どうなるでしょう。その人はよいことも悪いことも経験するでしょうが，悪いことが起こった時だけに自分を責め，自分を悪く見てしまい，よいことが起こった時に自分のよい点に気がつかないことになります。これではどんな人でも抑うつ的になってしまいますね。このように，ネガティブな結果の後で自己に注意を向け，ポジティブな結果の後で自己に注意を向けないような自己注目のスタイルを，ピズンスキーとグリーンバーグ（Pyszczynski & Greenberg, 1987）は**抑うつ的自己注目スタイル**と呼んでいます（実験例5参照）。抑うつ的自己注目スタイルについては，丹野・坂本（2001）を参考にしてください。

2.3 気分が落ち込んだ時に自己注目を続けるとどうなるか

ここまで見てきたように，私たちは全般的な傾向としてポジティブな状況よりもネガティブな状況で自己に注目しやすいことがわかりました。しかし，p.119で述べたように，ネガティブな状況において自己に注意を向けることには適応的な側面もあります。問題なのは，このパターンが極端になって，ポジティブな状況で自己に注意を向けようとせず，自己のよい面に目を伏せてしまうことでしょう。この他にも，抑うつとの関連で問題となるのは，落ち込んだ状態での自己注目を続けてしまうことです。落ち込んだ時は，なぜ落ち込んだ気分になっているのか原因を探そうと，自分について考えをめぐらすこともあるかもしれません。しかしこのような状態で自分について考え続けることは，かえって落ち込みを深め，落ち込みからの回復を遅らせてしまうと考えられています。どのようなメカニズムで，落ち込んだ時の自己注目が落ち込みを深めてしまうのか見てみましょう。

みなさんは，楽しい気分の時には楽しい思い出が，悲しい気分の

実験例5　抑うつ的自己注目スタイルの研究

　ピズンスキーら（Pyszczynski et al., 1989）は，抑うつ的な人とそうでない人とで，自己に注意を向けた時に思い出される記憶に差があるかどうかを調べました。第1実験で彼らは，自己または他者に関する物語を作ることにより注意の向け方を操作しました。すなわち自己に注意を向けさせる条件では，"I" "mirror" "alone" "me" などの単語を使って文章を作らせ，自分に意識を向けさせました。一方，他者に注意を向けさせる条件では，"he" "picture" "together" "him" などの単語を使って，他者（この実験ではワシントン大統領）についての文章を作らせ，他者に意識を向けさせました。その後，被験者に，この2週間に自分に起きた出来事を10個思い出して書いてもらいました。被験者の書いた出来事は，実験条件について知らない第三者によって，その出来事に表れている感情がポジティブか，ネガティブか，ニュートラルかの3つに分類してもらいました。その結果，自己への注目を高められた条件では，抑うつ的な被験者は，そうでない被験者よりも否定的な出来事をより多く思い出しました。一方，他者へ注目させた群では，有意な差は見られませんでした。それでも図5-1にあるように，抑うつ的な人でもネガティブな出来事の想起に偏っているのではなく，むしろ現実的な見方をしているといえます。第2実験で

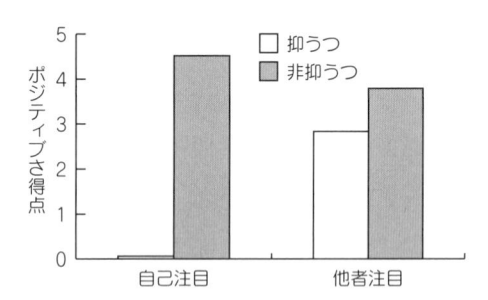

図5-1　自己・他者への注目の仕方と思い出した出来事のポジティブさ

　注：ポジティブさ得点とは「(思い出したポジティブな出来事の数) − (思い出したネガティブな出来事の数)」のこと。抑うつ的な人は，非抑うつ的な人に比べて，自己に注目させた時にポジティブな出来事を思い出しにくいことがわかります。しかし，得点が0に近いということは，ポジティブな出来事とネガティブな出来事を同じ程度に思い出していることを示しており，ネガティブに偏って出来事を思い出しているわけではないのです。

は，抑うつ的な人が思い出したネガティブな記憶は，自分についての記憶であることがわかりました。自己に注意を向けることで，自己に関する情報が利用されやすくなります。抑うつ的な人は抑うつ的でない人に比べて，よりネガティブな自己に関する情報が利用されやすくなったため，ネガティブな自分の記憶が思い出されたのだと考えられます。

時には悲しい思い出が，自然に思い出されたという経験をしたことはないでしょうか。記憶に関する研究では，その時経験している気分と一致した内容の記憶が想起されやすいといわれています。この現象は，個人的記憶の**気分一致効果**と呼ばれています。

第4章の第3節で述べたように，自己に注意を向けていると自己に関連した情報が利用されやすくなっています（p.109参照）。これと記憶の気分一致効果とをあわせて考えると，落ち込んだ気分の時に自己に注意を向け続けると，落ち込んだ気分がより強く意識されるばかりでなく，落ち込んだ気分と一致した自分の過去の記憶が思い出されやすくなると考えられます。悲しい記憶が思い出されれば，落ち込んだ気分をさらに強めてしまうことでしょう。

また，**自己確証**といって，人には自己概念を形成・維持するために，すでにもっている自己概念を確認しようとする傾向があるといわれています（Swann, 1983）。自己に注目している状態では，自分はこんな人間なのだという自己概念が意識されやすくなっています。したがって落ち込んだ気分の時に自己に注目していると，ネガティブな自己概念が意識されやすくなっており，このような場合，自己確証の働きで，ネガティブな自己概念を確認するような情報，たとえば自分に対するネガティブな評価を取り入れやすくなっています。自分がダメな人間だと思い込んでいる時，この思い込みに支持を与えるような証拠を探してしまうのです。

ここで，これまで解説してきた抑うつと自己注目との関係について，Case 5-1 のAさんのことを思い出しながら考えてみましょう。Aさんにとっては「自分は我慢してもいいからまわりの人とはうまくやりたい。嫌われたくない」というのが，対人的状況における適切さの基準です。対人的状況で，この適切さの基準に近づけるようにAさんは行動し，おそらく多くの場合この基準を満たす行動をしてきたと思われます。しかし，このような美点にAさんは目を向けず，ネガティブな対人関係状況において自分に注意を向けています。それで，まわりの人とうまくやるという基準と相手に不快な思いをさせたという現実とのズレを強く意識し，悲しい気分を経験しているのです。悲しい気分に支配されながら対人関係でもめた原因を考えているので，気分一致効果のため冷静に，客観的に出来事の原因を分析することはできません。自分が悪いことを確認するようなことだけに目を向け，注意の焦点が当たっている自分に原因を求め，「自分のせいだ」と考えてしまいました。悲しい気分は，自己注目によってさらに強められますから，悲しい気分と一致するような，過去のつらい思い出が意識に上ってきて，さらに落ち込みを深めてしまっているのです。

2.4　自分について考え込みやすい性格——自己没入

　第4章第2節で見てきたように，自己に注意を向けたことでネガティブな感情やネガティブな自己評価を経験すると，通常はその状態から脱するために自己から注意をそらすといわれています（p.108参照）。しかし，自己に注意を向けるか，注意をそらすかには個人差があります。そこで，表5-4の質問に答えてみてください。
　これは筆者が作成した自己没入尺度というもので，自分へ注意が向きやすく，自分に向いた注意を引きずりやすい傾向を測るための

表5-4 自己没入尺度

以下の11の項目を読んで，それが自分の性質に当てはまる程度を考えてください。そして，最もよく当てはまるものを1つだけ選んで，選んだ番号を○で囲んでください。あまり考え込まずに，思うとおりに回答してください。	まったく当てはまらない / どちらかというと当てはまらない / どちらともいえない / どちらかというと当てはまる / かなり当てはまる
1 自分のことを考えるのに没頭していることが多い	1-------2-------3-------4-------5
2 他の人との比較で，自分自身についていつまでも考え続けることがよくある	1-------2-------3-------4-------5
3 つらかった思い出をいつまでもかみしめていることがある	1-------2-------3-------4-------5
4 自分のことについて考えはじめたら，なかなかそれを止めることができない	1-------2-------3-------4-------5
5 長い間，自分についてのことで思いをめぐらせていることがよくある	1-------2-------3-------4-------5
6 自分のことを考え出すと，それ以外のことに集中できなくなる	1-------2-------3-------4-------5
7 過ぎ去ったことについて，あれこれ考えることが多い	1-------2-------3-------4-------5
8 自分の能力について，長い間考えることが多い	1-------2-------3-------4-------5
9 自分はどんな人間なのか，長い間考え続けることがよくある	1-------2-------3-------4-------5
10 何らかの感情がわいてきた時（例：落ち込んだ時，うれしかった時），なんでそんな気持ちになるのか，長いこと考えてしまう	1-------2-------3-------4-------5
11 自分がこういう人間であればなあと，いつまでも長い間空想することがある	1-------2-------3-------4-------5

注：11の質問の得点すべてを足してください。
出典：坂本, 1997。

ものです。この傾向が高い人は，ネガティブな出来事の後で落ち込みやすく落ち込みを長引かせてしまいます（坂本，1997）。大学生を対象とした著者のデータでは，平均点が34.1，標準偏差が8.3でした。したがって，43点以上の人は自己没入の傾向があり，51点以上の人はその傾向が強いといえます。自分について考えることは，自分をよく知り成長させるために必要です。しかし，落ち込んだ気分の時に自分について考え続けることは，自分に対するネガティブな偏った思い込みを強め，さらに落ち込みを強めてしまいます。そうならないように，気分転換の効用についても知っておきたいものです。

3　落ち込みの自己注目モデル

> Case 5-2
>
> かずみさんは友だちと楽しく過ごした飲み会の翌日，自分抜きで2次会があったことを知りました。「友だちなら声くらいかけてくれてもいいじゃん」と思って悲しくなりました。家に帰ってからもその出来事がショックで，どうしてだろうと考え込んでしまいました。「じつはみんなに嫌われているのかもしれない」「そういえば前にも，私抜きでお昼ご飯を食べていたし」などと考えてしまい，だんだんつらくなってしまいました。

ここで図5-2をもとにこれまでの話をまとめましょう。まず，私たちはさまざまな状況で注意を自己か外部の環境かに向けています。自己に注意を向けなければ，自分に関する情報が意識されることはないのでネガティブな気分にならず，抑うつを回避することができます。自己に注意を向けると第4章で説明したさまざまな心理的過程を経験しますが，これを簡単に表現すると，行動の適切さの基準も含めて自分に関して私たちがもっている情報（認知命題）が，

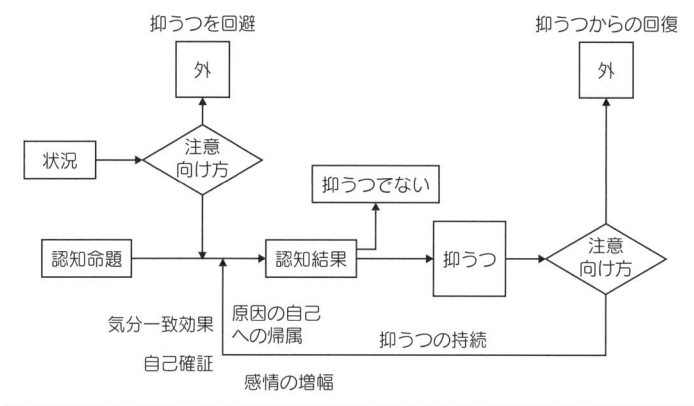

図5-2 自己注目と抑うつのモデル

　自己へ注目することによって意識に上ってくること（認知結果）と言えます。私たちは自己に関する膨大な情報（認知命題）をもっていますが、そのすべてが意識されるわけではなく、ごく一部が自己に注目することによって意識されます。これは、パソコンの中のハードディスクに蓄えられている情報が、特定の情報へのアクセスによって、画面上に現れるのにたとえることができるでしょう。もし、意識された自己に関する内容がポジティブなものであれば抑うつ的になることはありませんが、ネガティブなものならば抑うつ的になります。

　ここでCase 5-2を例にしましょう。図5-3を見てください。自分抜きで2次会があったことを知った時に、「私に何か悪いところがあるためかも」と自己に注意を向ける場合もあれば、あまり気に留めなかったり、「みんなは何を考えているんだろうか」と相手に注意を向ける場合もあるでしょう。後者の場合は抑うつには関係なさそうです。自己に注意を向けた場合、その人が認知命題として「友だちならばいつも一緒に集まるはずだ」という正しさの基準を

第5章　自己注目から見る落ち込み　　*127*

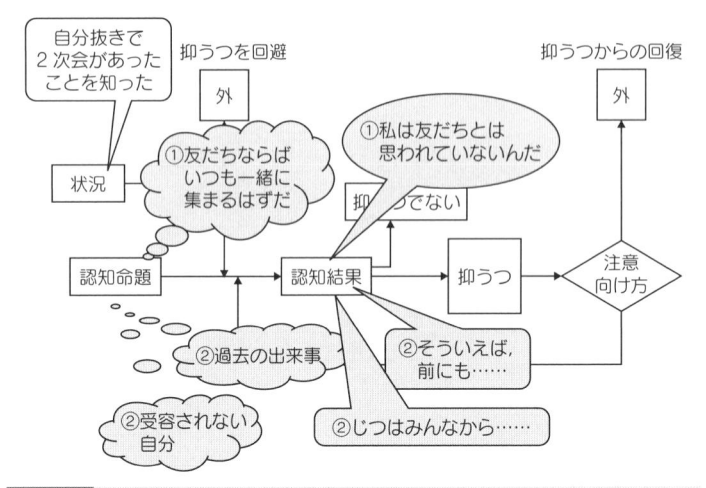

図5-3 Case5-2のかずみさんの心の動き

もっていたらどうでしょう。そんな基準をもっていれば、2次会に呼ばれなかったという出来事から、「私はみんなから友だちとは思われていないんじゃないか」という認知結果が出てきても仕方ないですね。そう思えば当然、落ち込んでしまいます。

次は、落ち込みが続くかどうかです（図5-3の②の吹き出しに注目）。落ち込みが続くかどうかは、落ち込みの原因となった状況によっても異なりますが、2.3で説明したように自己注目の持続とも関連します。つまり、落ち込んだ状況で自己への注目を続けると、気分一致効果によって自己のネガティブな記憶が思い出されたりしますし、自己確証によってその時に強まっているネガティブな自己概念（たとえば自分は人から受け入れられない）を確認するような情報を探してしまいます。また、自己に注目し続けることで、p.109で述べたように出来事の原因を自分のせいにしてさらに落ち込んでしまうこともありますし（第2章も参照）、自己への注目そのものが落

ち込み気分を強めたりします (p.110)。こうなってしまうと，認知と感情の悪循環によって，どんどんと抑うつ的な状態になってしまいます。

Case 5-2 では，友だちと思われていないから 2 次会に呼ばれなかったのだとかずみさんは推測し，落ち込んでしまいました。そして，みんなから嫌われているとか，過去の出来事とかを思い出してつらくなっています。しかし，本当にかずみさんは嫌われており，そのために呼ばれなかったのでしょうか。かずみさんの自宅が遠いので誘わなかったとか，飲み会の席で疲れていたようだったからあえて声をかけなかったとか，かずみさんを嫌う人が 1 人だけいてその人が自分のわがままを通して呼ばなかったとか，ほかの可能性も考えられるでしょう。また，本当に友だちと思っていないなら，最初の飲み会にすら誘わなかったでしょうし，彼女と楽しく話をすることもなかったでしょう。自己没入的に考え込んでしまうと，このような別の見方ができずにネガティブにゆがんだ考え方をしてしまい (p.106 参照)，認知と感情の悪循環にはまってしまっています。

自己への注目自体は，第 4 章で述べたように適応的な意味をもちますが，このように抑うつを深めてしまうこともまたあります。では，どのようにして自己注目を，抑うつからの回復につなげることができるでしょうか。

4　抑うつの予防や抑うつからの回復に向けて

抑うつからの回復についてはいろいろな方法が考えられますが，ここでは図 5-4 を参考にしながら，注意の向け方という点から考えてみましょう。

まず，自己に注意を向ける状況についてですが，2.1 で見てきた

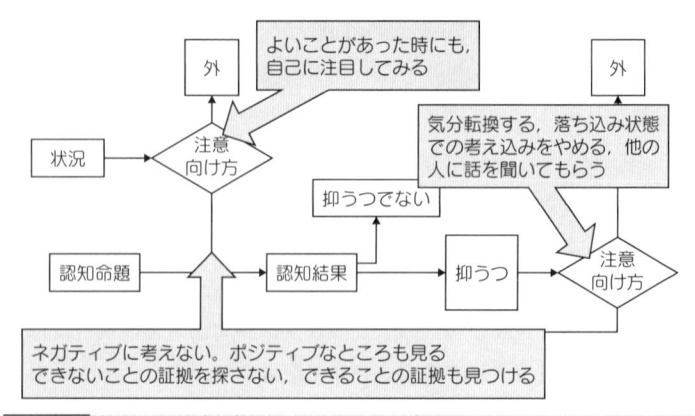

図5-4 抑うつの防止や抑うつからの回復に向けて

ように一般的に私たちは悪いことがあった時に自分について考えがちです。これは自己反省という点からは必要なことですが、悪いことがあった時だけに自己に注目していては自分のよい面を知ることはできません。よいことがあった時に、自己に注意を向けてみることも大切でしょう（これも行きすぎると自己愛的になるので注意が必要ですが）。

どんなにがんばっても私たちはネガティブな出来事を避けて通ることはできません。試験での失敗、友人関係のトラブル、失恋など、うまくいかない出来事はたくさんあります。失敗によって生じるネガティブな感情は、私たちがその状況にうまく適応できなかったことを知らせてくれます。そこで私たちは自分について考え、どうすればよいのか対策を練ります。そして自分の至らなさを知り、足りないところを補って自己を成長させていくことができるのです。その意味で適度な自己注目は自己の成長のためには必要だと言えます。問題なのは、気分が落ち込み続けてもなおネガティブに自己への注目を続けてしまい、認知と感情の悪循環をさせてしまうことです。

こんな悪循環を断ち切るためには**気晴らし**が1つの有効な手段です。落ち込んだ気分の時の対処の仕方についての研究では，気晴らしをするような対処の方が，落ち込んだ気分やその原因および結果について考え込むような対処よりも，落ち込み気分からの回復に効果的であることが報告されています（例：Nolen-Hoeksema et al., 1993）。考えることも時には必要ですが，落ち込んでいる時に考えすぎないことも同様に必要です。落ち込んだ気分への対処法としての気晴らしを，落ち込みから回復するためのレパートリーに加えるとよいでしょう。ふだんから趣味や娯楽を増やすようにしておくことが抑うつの予防のためには重要だといえますが（Lewinsohn et al., 1978），落ち込んでしまった時でも，軽い運動をして体を動かすだけで気分が楽になることでしょう（例：Shephard, 1991）。また，自分1人で抱え込むのではなく，人に話を聞いてもらうことも重要です。これは自己開示と呼ばれていますが，自己開示と精神的健康は密接に関連しています（第7, 8章参照）。他の人に話すことで気分が楽になりますし，自分の悩みを客観化してもらえ，聞いてくれた相手から問題に対する別の見方や考え方が与えられることもあるでしょう。

　落ち込みが強くなると，どうしても自分に対する見方が狭くネガティブになりがちです。人に話すことで，そのネガティブに狭小化した考えが修正されることもありますが，自分自身でもネガティブに歪んだ考えに気づき，ポジティブな考え方とのバランスをとることに気をつけたいものです。認知療法に関する本がこの問題については役に立ちます。本章では書き切れませんので，文献案内を参考にしてください。

▷さらに勉学を深めたい人のための文献案内

大野裕,2000『「うつ」を治す』PHP研究所。
 うつ病の説明,心理的治療,薬物治療,社会的治療と幅広く,かつわかりやすく説明されています。

大野裕,2003『こころが晴れるノート うつと不安の認知療法自習帳』創元社。
 認知療法についてわかりやすく説明してあります。「自習帳」という副題にあるように,読みながら,書き込みながら認知療法を自習することができます。

レウィンソン,P. M.ほか,大原健士郎(監修),1993『うつのセルフ・コントロール』創元社。
 認知行動療法に関する一般向けの本です。認知的な側面だけでなく,ソーシャル・スキルなどの行動的な側面についても書かれています。

坂本真士,1997『自己注目と抑うつの社会心理学』東京大学出版会。
 自己注目と抑うつや不安との関係についての文献です。

辻平治郎,1993『自己意識と他者意識』北大路書房。
 自己意識理論の異常心理学への応用について,具体的に解説しています。日本における臨床社会心理学のパイオニア的な本です。

▷本章のキーワード

気分一致効果,自己確証,自己没入,気晴らし,抑うつ的自己注目スタイル

第6章

「自分」が脅かされる
[自己意識理論と妄想・自我障害]

1 なぜかとっても恐くなる——妄想・自我障害

1.1 妄想とは

> **Case 6-1**
>
> Aさんは、最近、まわりの様子や出来事が、奇妙に恐ろしく感じられます。たとえば、電車に乗っていると、乗客が自分の噂をしているような気がします。それは乗客の表情や仕草や雰囲気などでピンとくるのです。時には、電車を降りても、誰かが自分の後をつけてくる気がする時もあります。窓から自分の部屋をのぞきこまれたり、家のまわりで見張られているような気がする時もあります。自分を見張っているのが誰なのか、心当たりがないのです。ひょっとすると、誰かがおそらく自分をねたんで、いやがらせをしているのかもしれないと思う時もあります。

妄想というのは、誤った信念のことであり、他人から説得されても訂正されないものをいいます。妄想の特徴として、主観的に強い確信をもつこと（強い確信）、客観的に見て内容が誤った考えであること（誤った内容）、「経験上こうであるはずだ」とか「こうだからこうなる」という正しい論理に従わせることができないこと（訂正困難性）、の3点が挙げられます。

妄想とまではいかなくても、思い込み・考え違い・曲解・迷信など、これに近い体験は、日常生活のなかで見られます。これらと妄想は、図6-1のように、連続的なものとしてとらえることができます。

この図で「②妄想様観念」というのは、客観的事実はどうあれ、自分が苦しめられている、迫害されている、または不当に扱われているという疑念のことです（DSM-Ⅳによる定義）。この段階では、確信の度合いもそれほど高くなく、他人から説得を受けたり、それに反する体験をすると、自然に確信が薄れていきます。

「③心因性妄想」というのは、それより確信の度合いが強く、後戻りしにくい状態です。自己臭恐怖（自分の体からいやな体臭や口臭が出ていて、人にいやな思いをさせ、それによって人から嫌われていると固く信じ込むような場合），自己視線恐怖（自分の目つきが悪いと確信するような場合），醜貌恐怖（自分の容貌が醜いと確信しているような場合）などです。

```
┌─────────────────┐
│ ①思い込み，考え違い │
└─────────────────┘
         ↓
┌─────────────────┐
│   ②妄想様観念    │
└─────────────────┘
         ↓
┌─────────────────┐
│   ③心因性妄想    │
│   思春期妄想症，  │
│   妄想性障害など  │
└─────────────────┘
         ↓
┌─────────────────┐
│ ④統合失調症の妄想 │
│   （真正妄想）    │
└─────────────────┘
```

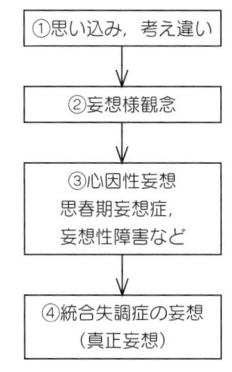

図6-1 思い込みから妄想に至る連続体

「④統合失調症の妄想」は、かなり重いものです。統合失調症の妄想は、普通の人には了解できない部分があることもあります。何の証拠もないのに、突然に「自分は迫害されている」ということが「確信される」のです。ほとんど証拠もなく、突然そう思いつくのであって、普通の心理からは了解しにくいものが多いのです。また、統合失調症の妄想では自我障害が見られることがあります。これについては次の節でくわしく説明します。また、統合失調症については、コラム④を参照してください。

妄想の内容は、大きく被害妄想・微小妄想・誇大妄想の３つに分けられます。第１の被害妄想とは、「他人が自分を見張り、追いかけ、迫害する」といった内容の考えです。このなかには、注察妄想（他者から自分が注目され、観察されているという妄想）、関係妄想（何でもない他人の表情や態度、周囲の出来事などをすべて自分に結びつけてしまう妄想）などいろいろなものが含まれます。第２の微小妄想とは「自分は非常に劣っている」と考える妄想です。第３の誇大妄想とは「自分は非常に優れている」と考える妄想です。

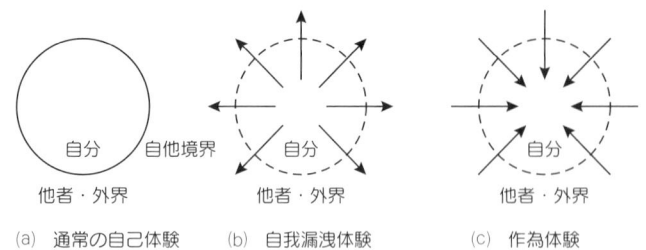

```
    ○              ↑              ↓
   自分  自他境界   自分           自分
   他者・外界      他者・外界      他者・外界
  (a) 通常の自己体験 (b) 自我漏洩体験  (c) 作為体験
                  (つつぬけ体験)    (させられ体験)
```

図 6-2　自我障害の主観的体験

1.2　自我障害とは

次に自我障害というのは，自分の考えが他人につつぬけになっていると感じられたり，他人の考えが自分のなかに直接入ってくるように感じられる体験です。図 6-2 に示すように，通常の自己というものは，他人や外界と区切られています。これを「自他境界」といいます。われわれは，自分だけの秘密をもったり，時には悪いことも考えたりしますが，それを他人に言ったり態度で示したりしなければ，他人には伝わりません。それで，安心して，少しは悪いことも考えたりできるわけです。自我障害というのは，図 6-2 のように，自他境界が崩れてしまう体験です。何も言わないのに，自分の考えていることが，まわりの人に知れ渡ってしまっているとか，学校や会社の人が，自分の秘密を知っていると感じられたりします。これらは「自我漏洩体験」とか「つつぬけ体験」とも呼ばれます。もちろん，客観的に見れば，考えていることすべてが外につつぬけになるなどということはありえないのですが，本人にはつつぬけになっていると生々しく感じられてしまうのです。

図 6-2 に示すように，逆方向の自我障害もあります。「作為体験」とか「させられ体験」と呼ばれます。誰かが考えを吹き込んでくるとか，誰かに命令される，いやなことをさせられる，操られる，

考えを奪われる，自分の行為にいちいち口出しされるといったように感じられる体験です。たとえば，何かをしようとすると「そんなことはするな」と口出ししてくるように感じられます。

　自我障害はきわめて恐ろしい体験です。人は，考えていることが外に漏れないという前提があるので，安心して自分の秘密をもったり，時には悪いことも考えられるわけです。また，自分の考えや行為が他人に操られたりすることがないと思っているので自分を保つことができます。ところが，自我障害では，自分の秘密やプライバシーが全部他人につつぬけになり，自分というものがなくなってしまうと感じられます。誰かが自分の秘密を見透かし，強制的・直接的に絶え間なく暴露し続けるという事態は，自己というものの根本を脅かす事態でしょう。

2　私への関心と恐怖感——自己意識と妄想・自我障害

2.1　自己意識と妄想

　こうした妄想や自我障害は，臨床場面ではよく見られる症状ですが，最近は，自己意識理論や原因帰属理論など，社会心理学の理論に基づいて考えられるようになってきました。このような考え方は，その治療にも大きな示唆を与えています。

　妄想を自己意識理論から考えたものとしては，フェニグスタインらのパラノイア理論や，丹野の自我障害理論があります。また，妄想の原因帰属理論もあります。以下，順に紹介していきます。

　パラノイア傾向とは，何でも自分と関係があるのではないかと疑う被害妄想的な思考傾向を表します。フェニグスタインら(Fenigstein & Vanable, 1992)は，パラノイア傾向と公的自己意識（他者から見られる自分への注意の向けやすさ）が関係するという仮説

を立てました。パラノイア傾向尺度と公的自己意識尺度の間には $r=.40$ の相関が見られ，上の仮説を支持する結果が得られました。

また，フェニグスタイン（Fenigstein, 1984）は，**自己標的バイアス**（self-as-target-bias）の研究も行っています。自己標的バイアスとは，自分を他者からの標的として認知しやすい傾向のことです。フェニグスタインは，自己標的バイアス質問紙を作り，仮想的状況のなかでの自己標的バイアスを調べました。たとえば，「あなたが廊下を歩いていると，知り合いの人があいさつもせずに通り過ぎて行く」という場面で，「その人は，あなたと話したくなかったから通り過ぎた」といった解釈をしやすいかを答えます。大学生対象の調査では，自己標的反応とパラノイア尺度の間に有意な正の相関が見られました。このように，自己標的バイアスと妄想的思考は関係が深いのです。

2.2 自己意識と妄想・自我障害

また，丹野の**自我障害理論**は，統合失調症の症状を自己意識理論から説明するものです。

自我障害は自己と他者をめぐる問題です。自我漏洩体験は，「他者から自分が見透かされる」という形をとり，作為体験は「他者から自分が操られる」という形をとります。考えてみれば，統合失調症の症状は，「他者から自分が……される」という形式をとります。被害妄想は「他者から自分が迫害される」という形をとり，幻聴も「他者から自分が話しかけられる，命令される」といった形をとります。この場合，「他者」とはいったい誰のことなのでしょうか。本人に聞いてみても必ずしも明確にできない場合があるのです（中安，1988）。統合失調症の症状の「他者」は，誰々と名指しできる実際の他者ではなく，かといって抽象的な世間一般の他者というわけ

		統合失調症の妄想 (他者から自分が……される)	統合失調症の自我障害 (自分の内側から他者に ……される)
お も な 機 能	認知・評価	他者から見られる	他者から見透かされる
	行為の意図	他者から何かをされる	他者から何かをさせられ 操られ支配される
	思考・内言	他者から考えられる 他者から話しかけられる	他者から考えさせられ 口出しされ命令される
	図 式	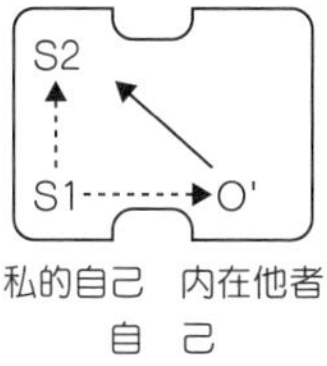 S2↑ S1┄┄→O' 私的自己　内在他者 自　己	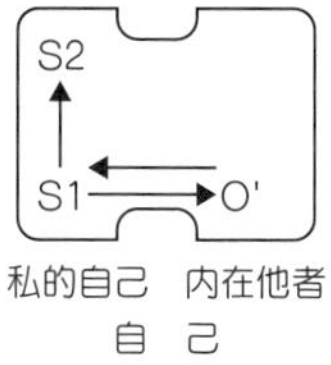 S2↑ S1←─→O' 私的自己　内在他者 自　己

図6-3　公的自己意識から見た統合失調症の症状

注：S1は見る自己，S2は見られる自己，O'は内在他者を表す。

でもありません。誰でもないが，主観的には非常に生々しく存在する他者なのです。このパラドキシカルな「誰でもない他者」とはいったい誰なのでしょうか。これまでの統合失調症の精神病理学を見ると，この「他者」の位置づけが必ずしも明確ではありませんでした。たとえば，自己と他者の境界性の喪失（Jaspers, 1948），自己と他者の間の障害，自己と他者の中間地帯の変容といった説がありますが，いずれも「他者」を実際の他者と考えており，上のパラドクスをうまく説明していないようです。

丹野は，こうしたパラドクスを社会心理学の自己意識理論から考えてみました（丹野・町山，1990；丹野・坂本，2001）。これを図6-3に示します。この図で，「内在他者」とは自分の内部に取り込まれた他者イメージのことを示します（第4章1.2を参照）。

まず，妄想は図6-3の左側のように表すことができるでしょう。

この図でへこんでいる部分は,「内在他者」が自分のものだという感じが弱まり,あたかも実在する他者のように感じられている状態を表しています。「自分が他者から……される」感じを,認知・評価の機能で表せば,「自分が他者から見られる」といった表現になり,これは「注察妄想」に当たります。また,行為の意図の機能で表せば,「自分が他者から何かをされる」といった表現になり,これは「被害妄想」に当たります。さらに,思考・内言の機能で表せば,「自分が他者から考えられる」といった表現になり,「関係妄想」に当たります。実際に統合失調症には,注察妄想・被害妄想・関係妄想といった症状が多く見られます。

これらの体験に共通するのは,「自分が他者から何かをされる」という漠然とした受動感です。この受動感は,図6-3の左側において次のように考えられます。もともと,公的自己意識においては,自分の精神活動の矛先が,「内在他者」を介して自分に戻ってくるという構造があります。つまり,図6-3において,公的自己意識は (S1 → O′ → S2) と表せますが,これは (S1 → O′) と (O′ → S2) とに分解できます。前者は,自分が「内在他者」に働きかける能動的な段階であり,後者は,「内在他者」から働きかけられる受動的な段階です。つまり,自分がするという能動的行為は,「内在他者」から何かされるという受動的な形式に変換されているわけです。これは,鏡を見つめるほど鏡映像から見つめられるのと似ています。こうして,「内在他者」が自己所属性を失えば,本来は自分が何かをしているのに (S1 → O′),この能動感が薄れ,「(内在他者から)……されている」「……されているのは私だ」という受動感 (O′ → S2) が生じるでしょう。

認知・評価の機能では,自分を他者の目で見ようとすると,主観的には「他者から見られている」ように感じることになります。行

為の意図の機能について言えば、何かの行動を意図しようとすると、主観的には「他者から何かをされる」ように感じることになります。たとえば、他者を攻撃しようとすれば、自分が攻撃されるといった被害感が伴うでしょう。思考・内言の機能では、自分が考えようとすれば、「他者から考えられる」とか「他者からテレパシーで話しかけられる」などと体験されるでしょう。

次に、自我障害は図6-3の右側のように表すことができます。内在他者から見られるというプロセスは、図6-3の左側では、(O′→S2)として表されていたのに対し、図6-3の右側では、(O′→S1→S2)と表されています。これは、私的自己の内面が内在他者によって侵入され、つつぬけになる生々しい体験を表しています。つまり、ここでは内在他者によって外から「見られる」だけでなく、内側から「見透かされ」たり「操られたり」するのです。

認知・評価の機能については、「他者から自分の内面がわかられている」「他者から自分が見透かされている」「自分の内面が漏れて他者につつぬけになっている」などといった自我漏洩体験(つつぬけ体験)となります。行為の意図の機能については、「自分が他者からある行為をさせられる」「自分が誰かに操られる」「自分の内部が誰かに支配される」といった作為体験となります。思考・内言の機能については、「他者から考えさせられる」「他者から考えを吹き込まれる(思考吹入)」などが生じ、「他者から(幻聴で)自分の行為に口出しされ、命令される」といった作為体験(させられ体験)となります。

自我障害においては、「内在他者」の自己所属性は完全に失われ、主観的には、実在する他者と同等になっています。もともと「内在他者」は自己の内部にあるから、主観的にはいくら実在する他者のように感じられても、それはやはり自分自身にほかなりません。つ

第6章 「自分」が脅かされる

まり，自分で自分を見ているわけですから，「内在他者」に対しては，自分の内面はつつぬけになって当然といえるでしょう。この体験においては，その見透かされ方は強制的であり，内在他者に対して，心がいわば開きっぱなしになります。

　以上の仮説は，統合失調症の多彩な症状を統一的に理解できるという利点があります。「他者から自分が……される」という形式をとる妄想・自我障害・幻聴などの症状が，この仮説で説明できます。ここでは述べませんでしたが，陰性症状や病識欠如についても，この仮説から考えることもできます（丹野・町山, 1990）。

3　恐怖感の原因は何だろう——妄想の帰属理論

3.1　妄想と帰属理論

　妄想を説明するのに，フロイトは「投影」というメカニズムを考えました。投影というのは，本当は自分のなかにある感情や欲求なのに，それを外界の対象のせいにしてしまうことです。たとえば，自分が攻撃的な感情をもっている時に，それを自分では認めたくないので，他の人に投影して，他人が自分のことを攻撃しようとしていると考えるようなことです。自分の内部にとどめておくことが不快なものを，外に出してしまう機制なのです。

　その後，フロイトの考えを受け継いだシュワーツ (Schwartz, 1963) は，図6-4のように，投影説をもとにして，抑うつと妄想を対比させて考えています。うつ病者も妄想者も劣等感・自信のな

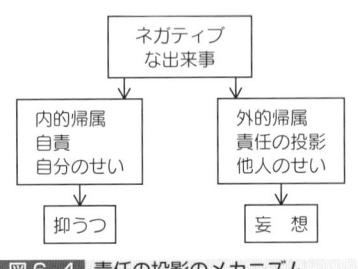

図6-4　責任の投影のメカニズム

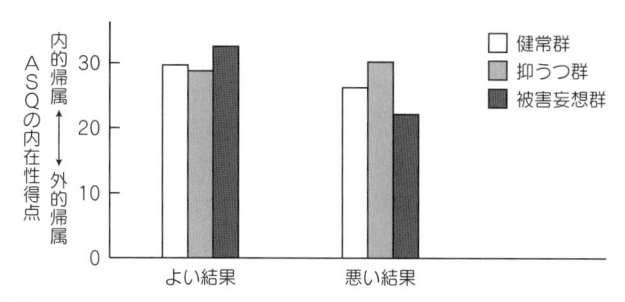

図6-5 投影的帰属バイアス（カニーとベンタルの実験結果）

出典：Kaney & Bentall, 1989.

さ・無価値感をもっています。そして，それを「自分の責任だ」と考える（内的帰属）と，抑うつ症状となります。これに対し，「他人の責任だ」と投影（外的帰属）されると妄想症状となります。つまり，「私は劣っている。それは私に欠点があるからだ」と考えるのがうつ病であり，「私は劣っている。それは誰かが私に何かをしたからだ」と考えるのが妄想であると定式化できます。こう考えることによって，妄想者は，第1に自尊心が傷つかずにすみますし，第2に「自分は人から何かをされるほど重要なのだ」と自分の価値を高めることもできます。こうした考え方は，「投影的帰属バイアス」と呼ばれるようになりました。投影的帰属バイアスとは，ネガティブな出来事の責任を他者に投影する原因帰属のバイアスのことです。

こうした臨床観察を支持する実験もあります。たとえば，カニーとベンタル（Kaney & Bentall, 1989）の実験を見てみましょう。彼らは，被害妄想の患者，抑うつ症状の強い精神科の患者，健常者の3群を対象として，帰属スタイル質問紙（ASQ）を行いました。ASQは，「あなたは友達に外見をほめられました」といったよい結果と，「あなたは仕事を探していますが，なかなか見つかりません」といった悪い結果を例示して，「その原因は自分にあるか他者にあるか」

（内在性）などについて聞いていくものです。

その結果を図6-5に示します。まず，抑うつ群の結果を見てみましょう。抑うつ群は，健常群に比べ，よい結果に対しては外的に帰属し，悪い結果に対しては内的に帰属しています。つまり，よいことがあると自分のせいではないと考え，悪いことが起こると自分のせいだと考えます。こうした結果は，コラム②で述べた改訂学習性無力感理論と一致します。

これに対し，被害妄想群は，抑うつ群や健常群に比べ，よい結果に対しては内的に帰属し，悪い結果に対しては外的に帰属しています。つまり，よいことがあると自分のせいだと考え，悪いことが起こると自分のせいではないと考えます。こうした結果は，投影的帰属バイアスの仮説と一致するものといえます。

3.2 帰属のパラドクス

そうなると，ちょっと奇妙なことが起こります。前述の自己標的バイアス質問紙において，「①その人は，あなたと話したくなかったから通り過ぎた」のような自己標的反応は，帰属の点でいえば，自分のせいでこうなったと認知しているわけであり，内的帰属ということになります。一方，「②その人は，別のことに気をとられていてあなたに気がつかなかったので通り過ぎた」のような非自己標的反応は，他者のせいでこうなったと認知しているわけであり，外的帰属ということになります。自己標的バイアスと妄想的思考が関係が深いということは，妄想は内的帰属であるということになります。

こう考えると，ここで述べた投影的帰属とは逆の関係になってしまいます。投影的帰属バイアスとは，悪い結果に対しては外的に帰属することを示します。これに対し，自己標的バイアスとは，悪い

```
       第2段階：自己標的バイアス
         (他者の意図が自分
          に向けられている)
   ┌──┐ ←──────────────── ┌──┐
   │自己│                    │他者│
   └──┘ ──────────────────→ └──┘
       第1段階：投影的帰属バイアス
          (責任は他者にある)
```

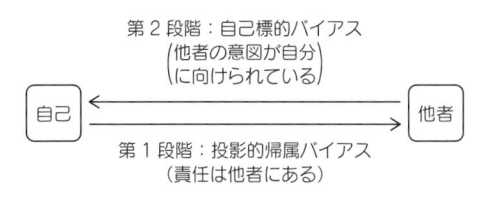

図6-6 投影的帰属バイアスと自己標的バイアスの関係

結果を内的に帰属することを示しています。かたや外的帰属，かたや内的帰属というように，正反対の予測をすることになります。これは妄想的帰属のパラドクスと呼んでもよいでしょう。

このパラドクスを解決する1つの方法は，図6-6のように，自己と他者の方向性によって，2段階として考えることです。すなわち，第1段階では，投影的帰属バイアスが働いて，責任は他者にある（自分に責任はない）と認知します。そして，第2段階で，自己標的バイアスが働いて，他者の意図が自分に向けられている（別の第三者に向けられているのではない）と認知されます。このように，2つのバイアスを方向の違うものと考えればよいのです。

4 恐怖感をどう克服するか──妄想・自我障害の臨床

4.1 妄想の認知療法

近年は，妄想に対する**認知療法**が行われるようになっています。最初の報告はワッツら（Watts et al., 1973）によるものです。彼らは，妄想内容そのものを話題にするのではなく，その考えの根拠は何か，別の解釈はないのか，考えに反する事実をどう解釈するか，といったことについて，患者さんと話し合いました。あなたの考えは間違っているなどと指摘するようなことはしませんでした。その際，あまり強く確信していない考えから始めて，しだいに強い考えに移る

といった段階的方法をとっています。ワッツらは，3名の統合失調症の患者に対して，こうした治療を進めました。たとえば，35歳の患者さんは，「まわりの人が自分を困らせている」と固く信じ込み，この妄想のために外出することができなくなっていました。認知療法を行ったところ，このような妄想を信じる程度はかなり弱まりました。他の2人も，妄想の確信度は減少しました。

現在では，妄想や幻聴に対する認知療法の試みがさかんに行われるようになりました（Chadwick et al., 1996；丹野, 2002）。

4.2 自我障害と自閉療法

自我障害に対して，神田橋と荒木（1976）は「**自閉療法**」を提案しています。これは一般的な方法というわけではありませんが，前述の公的自己意識理論と関係がある治療法ですので，ここで紹介したいと思います。

神田橋と荒木によると，統合失調症の患者は，他者と接すると，自分の秘密を「見抜かれる」ように感じ，内面的には不安定になります。しかし，そのことを自覚しておらず，むしろ自分から進んで心を他者に開き，告白し，それによって不安定さを強めていくことが多いのです。したがって，治療的には，他者に心を開く訓練をするよりは，むしろ逆に，他者を拒んだり，自閉を強めることの方がより重要である場合が多いのです。実際に，以前から，統合失調症においては，他者との接触を減らすことがむしろ自己保護的な意義をもつことが指摘されてきました。そこで，神田橋と荒木は，以下のような治療を行いました。①安易に誰にでも心を開くことは有害であることを，体験から洞察させます。②個室に閉じこもったり，現実の人間との情緒的接触を最小限に抑える，いわゆる自閉療法を行います。③他者に話して有害な内容とそうでない内容とを弁別し，

また患者にとって心を許してもよい人と有害な人とを弁別する訓練を行います。④患者にとって有害な人に対しては，拒否で応ずる能力をつけるように働きかけます。こうした方法をとったところ，患者が他者に心を閉じる能力がつくに従って，すなわち内面で「自閉能力」が育つに従って，外から見ると，逆に自閉的ではない柔らかで親しみやすい態度に変化しました。

自閉療法は，他者とのつきあい方を学ぶ対人認知の訓練という側面があります。それと同時に，前述の公的自己意識理論から見ると，「内在他者」に対して心を閉じる自己認知の訓練ではないだろうかと考えられます。

▷さらに勉学を深めたい人のための文献案内

丹野義彦・坂本真士，2001『自分のこころからよむ臨床心理学入門』東京大学出版会。

> 大学前期課程レベルの教科書。心理テストの実習や臨床社会心理学の理論によって，自分の心の中にある「異常」の芽を見つめるところから始まります。抑うつ・対人不安・妄想という3つのテーマを扱っています。

石垣琢麿，2001『幻聴と妄想の認知臨床心理学——精神疾患への症状別アプローチ』東京大学出版会。

> 幻聴と妄想という精神病の症状について，新しい角度からアプローチしたスリリングな本。大学院や臨床現場での研究の進め方のモデルともなる本です。

丹野義彦（編），2002『認知行動療法の臨床ワークショップ——サルコフスキスとバーチウッドの面接技法』金子書房。

> 不安障害と統合失調症の認知行動療法について，イギリスの臨床心理学者が，その治療技法を具体的にくわしく述べた解説書です。

▷本章のキーワード

妄想，自我障害，パラノイア傾向，自己標的バイアス，投影的帰属バイアス，認知療法，自閉療法

コラム④　統合失調症

統合失調症は，これまで「精神分裂病」と呼ばれてきましたが，2002年からこのように呼称が変更になりました。統合失調症は，人口の約0.7％の人に生じる精神疾患です。大部分が30歳以前に発病します。大きく陽性症状と陰性症状からなります。

(1) **陽性症状**　陽性症状は，幻覚，妄想，自我障害などが含まれ，病気の初期（急性期）に見られます。

幻覚のなかでは，対話性幻聴（幻聴が自分に話しかけたり，自分のことを噂し合っている人の声が聞こえる）や，自分の行為に口出しする幻聴などが，統合失調症に特徴的です。

妄想とは，合理的根拠なしに生じ，他人に説得されても訂正されない誤った確信のことです。統合失調症では，「人が自分を見張り，追いかけ，迫害する」といった，外界の出来事を自分に被害的に関係づける内容が多く見られます。

また，作為体験や自我漏洩体験などの自我障害も見られます。

(2) **陰性症状**　一方，陰性症状は，連合弛緩，自閉，感情障害などをさし，病気の慢性期に目立ちます。

連合弛緩についていうと，ブロイラーによれば，統合失調症では，個々の要素的機能（感覚，観念，運動など）は正常ですが，それらを統合し人格をまとめている連合機能が緩みます。これが連合弛緩です。このため，人格の統一を失い，個々の機能は分裂します。そこで，ブロイラーはこの病気を統合失調症（schizophrenia）と命名したのです。

自閉とは，内面の主観的世界に閉じこもり，外の現実と生きた接触を失うことです。このため人を避け，学校や勤めを休み，家に引きこもったりします。

その他，喜怒哀楽の感情が乏しくなる感情鈍麻，意欲低下，会話の貧困などの症状のため，生活が無為になったりします。

(3) **二症候群仮説**　統合失調症の原因については，遺伝学，脳の生化学や組織学，心理学，社会学など，多くの面から研究されていますが，唯一の決定的な原因はまだ証明されていません。

表コラム❹-1　統合失調症の2つの症候群

	タイプⅠ	タイプⅡ
症　状	陽性症状 （幻覚・妄想・自我障害）	陰性症状 （連合弛緩・自閉・感情障害）
病　型	急性分裂病	慢性分裂病
神経遮断剤	作用大	作用小
転　帰	可逆的	非可逆的
知的障害	なし	ときにある
病理過程（想定）	ドーパミン受容体の増加	脳細胞の減少と構造的変化

出典：Crow, 1980.

クロウ（Crow, 1980）は，表に示すような，二症候群仮説を提唱し，症状・原因・治療を幅広く統合しようとしています。クロウによれば，統合失調症は，陽性症状を主とするⅠ型と，陰性症状を主とするⅡ型に分けられます。両者が併存することも多いとします。

クロウによると，Ⅰ型の陽性症状は，脳の生化学的異常によります。人間の脳神経は，無数の神経細胞のネットワークによってできています。その神経細胞と神経細胞がつながる接点をシナプスと呼びます。シナプスにおいては，細胞の末端と，次の細胞の先端の間に，10万分の2ミリほどのすきまがあります。前の細胞が興奮すると，細胞の末端から神経伝達物質がすきまに放出され，それが次の細胞のところに流れて興奮を伝える仕組みとなっています。神経伝達物質の種類には，ドーパミン，セロトニン，ノルアドレナリンなどがありますが，このうちドーパミン系の活動が過剰となり，脳の神経細胞の興奮が伝わりやすくなった状態が，統合失調症の陽性症状であるという説が有力になっています。これがドーパミン仮説です。その根拠は，陽性症状を抑える薬物は，選択的にドーパミン系の活動を抑えるものであること，またドーパミン系を過剰に活動させる覚醒剤を乱用し中毒になると，統合失調症と似た症状が出ることなどです。だから，薬物でドーパミン系の活動を抑えれば，陽性症状は抑えられるわけです。

一方，Ⅱ型の陰性症状は，クロウによれば，脳における細胞の減少と構造的変化によって生じるとされます。この仮説の根拠は，CTスキャン（X線断層撮影）などで調べると，陰性症状をもつ統合失調症患者の脳に

は萎縮が見られることなどです。一度減少した細胞は再生しませんから，陰性症状は，なかなか元に戻りにくいと説明されます。

(4) **治療**　アメリカ精神医学会の治療ガイドライン（American Psychiatric Association, 1997）を見ると，統合失調症に対しては，生物学的，心理学的，社会学的な治療を総合することが大切であるとされています。こうした考え方は，生物・心理・社会の統合モデルと呼ばれます。①生物学的治療としては，薬物療法，電気けいれん療法が挙げられています。②心理社会の介入としては，個人療法，家族介入，集団療法，早期介入プログラムが挙げられています。③社会的・地域的介入として，ケースマネジメント，コミュニティ療法，生活技能訓練，職業リハビリテーション，認知療法，自助グループなどが挙げられています。

第III部

他者に関わる心と臨床社会心理学
—— 対人行動とその応用 ——

第Ⅲ部では社会心理学のなかでも，対人行動の研究成果，その臨床心理学への応用が説明されます。

　まず第7章では「自己開示」「自己呈示」に関する社会心理学分野における研究成果が説明されます。自己開示とは，自分自身に関する情報，とりわけ，めったに人に打ち明けないような個人的な情報を他者に伝えることを指します。自己呈示とは，印象操作とも呼ばれていますが，他人から見た自分の姿を，自分自身にとって望ましいものにしようとすることを指します。ついで第8章では，自己開示することが開示する人の健康に及ぼす影響を検討していきます。とくに，トラウマを開示することが身体的健康を増進させるのか，といったことが中心的なテーマとなります。第9章では，自己呈示と対人不安の関係を検討します。誰でも，多かれ少なかれ他人によい印象をもってもらいたいと思いますが，その程度が強いこと，あるいは，よい印象をもってもらえないと思うことと対人不安がどのように関係しているのかを説明します。

　第10章では，援助行動とソーシャル・サポートについて扱います。困っている人を援助したりしなかったりは，どのような要因によって影響されるのでしょうか。また，ソーシャル・サポートがストレスを緩和していることが知られています。個人を取り巻く重要な他者から得られるさまざまな形のサポートが，どのようにストレスを軽減しているのかについて説明します。

　第11章では攻撃行動と怒り・自己の関係を説明します。攻撃行動や怒りの概念や機能の説明とともに，人はなぜ攻撃をするのか，という根本的な疑問に対する最新の研究成果からの回答も説明されています。これまでおもに臨床心理学で使われていた「自己愛」という言葉によって攻撃行動が説明されます。

　コラムでは，非言語的行動を扱います。私たちの行動は，それが言葉を使うか否かという点で，言語的行動と非言語的行動とに分けることができます。人が他人の態度を評価する際には，じつに85％の情報を非言語的行動から得ていることが研究によって示されており，いかに非言語的行動が対人関係において重要であるかを物語っています。コラム⑤では身体を中心とした「なわばり」ともいえるパーソナル・スペースや視線，身体接触に関する研究とその臨床実践への応用が説明されます。コラム⑥ではカウンセラーとクライエントとの良好な人間関係（ラポール）と無意図的な模倣との関連を検討します。

第7章

本当の自分・仮面の自分
[自己開示と自己呈示]

自分を相手に表現する仕方は多様です。日常生活で，また，カウンセリング場面で，私たちは，「本当の自分」を知ってもらいたく思い，自分の秘密を打ち明けることがあります。一方で，私たちは，他者がどのような印象をもつかを考慮して，相手や状況にあわせて「仮面の自分」を示すことがあります。このように，自分を表現するという意味では同じでありながら，その意図が大きく違う2つのタイプを，それぞれ自己開示と自己呈示と呼びます。

1　自分のことを打ち明ける──自己開示という概念

> **Case 7-1**
> 　大学新入生のA子さん。まわりには，自分と同じ高校の出身者は誰もいません。さびしい新学期を送っています。そこで，英語のクラスで，隣に座ったB子さんに，勇気を出して話しかけてみました。その授業の難しさについて話してみると，B子さんも，自分もついていけるかどうかわからない，不安だ，と話してくれました。その後，2人はしだいに，お互いの好きな音楽の話，将来の夢といったことを話しあうようになりました。今では，お互いを信頼しあい，自分の性格や容姿に関する悩みを打ち明ける間柄になりました。A子さんのさびしさは，だいぶ解消されました。

1.1　自己開示という概念の誕生

　自己開示という概念を最初に提起したのは臨床心理学者のジュラードです。ジュラードは，心理療法家としての経験から，自分自身のことを他の人に知らせないようにしていることが心身の不健康と関連していることを直感しました。逆に言えば，自分のことを他の人に知らせるようにしている人は，心身が健康であるということを洞察したのです。そして彼は，「開示」という概念を提唱しました

(Jourard, 1971)。彼は開示を「ベールを取ること,あらわにすること,あるいは示すこと」と,そして,**自己開示**を「自分自身をあらわにする行為であり,他人たちが知覚しうるように自身を示す行為」と定義しました。

1.2 自己開示という概念の変化

ジュラードによって自己開示という概念が提唱された後,社会心理学者たちが,この概念の重要性に着目しました。彼らは,Case 7-1におけるA子さんとB子さんの関係のような,二者間における親密性の発展に,自己開示が欠かせない役割を果たしている点に注目したのです。しかし,その際に,従来のジュラードの定義では,誰にどのように伝えるのかといったコミュニケーション行動としての自己開示の特性に言及していないことが問題となりました。そこで,社会心理学者たちは,自己開示を社会心理学的に再定義して(たとえば,Cozby, 1973),現在では「特定の他者に対して,自分自身に関する情報を言語を介して伝達すること」(小口・安藤,1989)と考えています。

1.3 自己開示の内容をどのように分類するか

榎本(1997)は,自己開示内容を分類する次元として,先行研究に基づいて,「広がり」と「深さ」を提唱しています。ここで,「広がり」とは,開示内容がどのくらいのカテゴリーをカバーしているかを意味します。たとえば,Case7-1の2人のように,学校生活から,趣味や将来の夢,性格や容姿の悩みなど,多彩なカテゴリーにわたる話題を自己開示していれば,それは「広がり」のある自己開示と言えるでしょう。一方,「深さ」はintimacyと英語で表記されることが多いのですが,日本語にした場合,「内面性」あるいは

「親密性」と訳されます。その意味するところは「ある開示内容が開示する人の人格の私的で特殊な領域を表す程度にかかわる概念」であるとされます（中村, 1999）。Case 7-1の2人で言うならば、お互いの性格や容姿の悩みなどは、きわめて私的であり、その人固有の特殊な領域であると言えるでしょう。

2 自己開示は対人関係の発展においてどのような役割を果たすか

Case 7-1で見たように、自己開示をすることによって、対人関係が発展することがあります（自己開示の個人間機能）。ここでは、こうした自己開示の個人間機能に関する理論や概念を見ていきます。

2.1 対人関係の発展を説明する――社会的浸透理論

アルトマンとテイラー（Altman & Taylor, 1973）は対人関係の親密化のプロセスを説明する理論として社会的浸透理論を提案しています。社会的浸透理論によれば、人間関係がより親密な深さに進むにつれて、人はより多くの情報を開示するようになるとされます。

このような傾向は、いわば、パーソナリティのなかに打ち込まれた「くさび」で表すことができます。図7-1は、自己開示が、くさび形の性質をもっていることを表したものです。2人の間の関係が進むにつれて、自己開示は「広がり」と「深さ」の2つの次元上で拡張してきます。こうした社会的浸透理論の妥当性は、寄宿舎のルームメイト同士に関する研究（Taylor, 1968）などからも、実証されています。

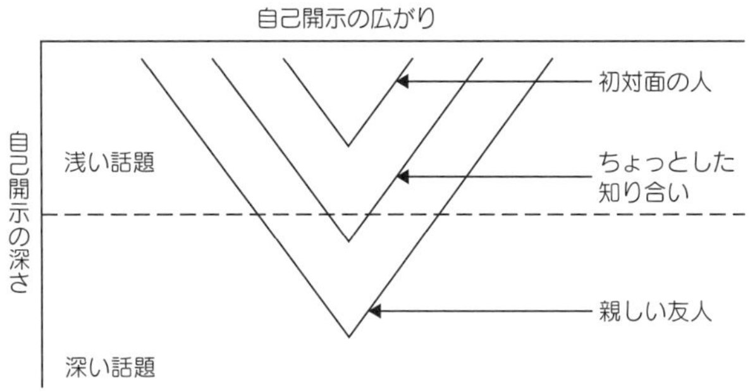
自己開示の広がり
自己開示の深さ
浅い話題
深い話題
初対面の人
ちょっとした
知り合い
親しい友人

図 7-1 人間関係の進展の３つの段階に対応する自己開示の広がりと深さ

出典：Derlega & Chaikin, 1975 が Altman & Haythorn, 1965 を修正したもの。

2.2 相手を知りたいと思ったら――自己開示の返報性とその変化

相手を知りたいと思ったら，まず，自分が心を開く必要があります。Case7-1 では，まず，A 子さんが，B 子さんに授業の感想について話しかけました。すると，B 子さんも授業について，自分の感想を述べてきました。このように，一方が，自己の内面を打ち明けてみせると，相手もそのレベルに応じた自己開示を返してきます。このような現象は，自己開示の**返報性**または相互性と言われています。自己開示の個人間機能は，こうした自己開示の返報性に支えられています。

ただし，自己開示の返報性は対人関係の親密性の段階によって，異なる様相を見せるとアルトマンは考えています（Altman, 1973）。彼は，自己開示の返報性を表面的な開示と内面的な開示とに分け，関係の進展に伴う変化を考えています（図 7-2 参照）。表面的な開示の返報性は，関係の初期に最も頻繁に見られ，しだいに減少していきます。一方，内面的な開示の返報性は，しだいに増していき，関係の中期で最も多くなり，その後，減少するという仮説を述べています。

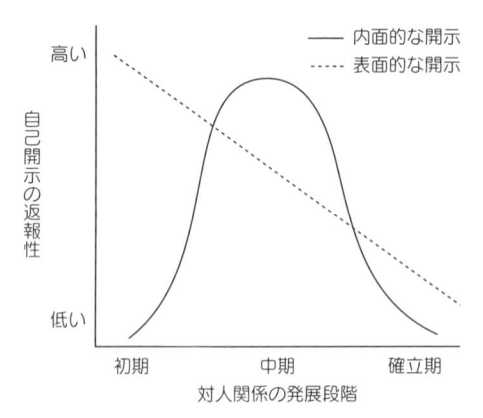

図7-2 自己開示の返報性に関するモデル

出典：Altman, 1973.

　対人関係が発展する過渡期では互いの信頼を高めあう必要から，内面的な自己開示を返報する傾向が強くなるのです。それに比べて，非常に親密になり，対人関係が確立された段階では，自己開示が返報されることは少なくなると考えられています。友人同士の間では，信頼関係が築かれているので，自己開示のたびにお返しをすることでその信頼を証明する必要はないのです（このことに関連する研究を実験例7-1として挙げてあります）。

　ここから，すでに親しい間柄にある夫婦間では自己開示の返報性に対する要求は低いと予想されます。実際，ローゼンフェルドとボーウェン（Rosenfeld & Bowen, 1991）は，夫の自己開示と妻の自己開示との間に，かなり低い相関しか見られないことを見出しています。また，結婚に対する満足感は，開示を交換しあうことよりも，相手が理解あるよい聞き手となってくれ，自由に自己開示ができることと関連があることが示唆されています。

実験例 7-1　親しくなると返報性はなくなるか？

デルレガら（Derlega et al., 1976）は，自己開示の相手が友人かどうかによって自己開示が返報される程度の異なることを，女子大学生を対象に調べています。

この研究はコミュニケーション過程に関する実験という名目で行われ，被験者は同性の友人とともに，実験に参加しました。被験者は一緒に来た友人か，あるいは，まったく初対面の人のいずれかとペアを組みました。まず，パートナーが自己開示を行いました。パートナーの自己開示はあらかじめ設定した話題を用いることによって，開示の内面性に2つのレベルが設けられていました。内面的な自己開示の条件では「盗みをしたくなるような時のこと」「自分の容姿を変えることができたらと思う時のこと」など3つの話題のなかから1つを選び，表面的な自己開示の条件では「退屈な状況について」「学校での好きな科目のこと」など3つの話題のなかから1つを選びました。被験者は，パートナーからの自己開示を受け取ったあと，パートナーに対し，自己開示を行いました。この時，被験者が，どの程度，内面的な自己開示を行うかが第三者によって評定されました。この評定は「自己に関することをほとんど述べていない」から「非常に内面的な情報である」まで9段階でなされました。

結果は図7-3に示すように，初対面の相手の場合は，相手が内面的な情報を開示すると，それに応じて，被験者も内面的な開示を行うのですが，相手が友人の場合は，そのような返報性は見られませんでした。この実験結果は，関係が初期の段階では，自己開示の返報は関係を発展させるために重要な意味をもつのですが，いったん親しい関係ができあがってしまうと関係を進展させる必要がないので，返報の重要性が低まって生じたと考察されています。

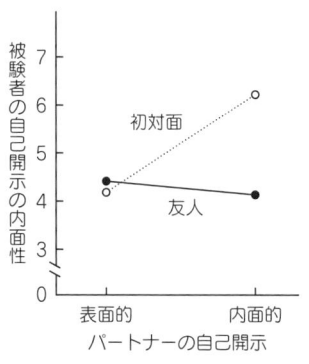

図7-3　パートナーに対してなされた自己開示

出典：Derlega et al., 1976.

3 自分をよく見せる――自己呈示とは

> **Case 7-2**
> B君は大学3年生。勉学における優秀さ，女性からの人気の高さを，つねにアピールしています。たとえば，ある科目で優秀な成績を収めたことや，自分がいかに先生に気に入られているかを，ことあるごとに周囲に話しています。また，自分がいかに多くの女性と恋愛を経験してきたか，また，その恋愛経験でのエピソードがどのようなものであったかについても，何とはなしに話しています。こうした彼の態度については，周囲の男子学生の間でも，B君に対して尊敬の念をもつ者もいれば，自慢げに話す点に不快感をもつ者もいます。

　自己開示の場合，自己に関する情報を他者に対して偽りなく表現する点が強調されます。しかしながら，私たちは，時として，自分にとって望ましい印象を他者に与えるために意図的に振る舞うこともあります。このように，他者から見られる自分を意識しながら，「他者から見た自分の姿」を自分にとって望ましいものにしようとする行為は，**自己呈示**あるいは**印象操作**と呼ばれます（安藤, 1994）。

3.1 自己呈示の分類

　自己呈示の基盤には，対人関係における社会的勢力の獲得・維持があると考えると，自己呈示は，①戦術的か戦略的か，②防衛的か主張的かの2次元によって分類することができます（Tedeschi & Norman, 1985；表7-1）。

　戦術的とは，特定の対人場面において一時的に生じるものという意味であり，戦略的とは，多くの場面において，こうした戦術を組み合わせ，長期にわたって特定の印象を与えようとするものという意味です。また，防衛的とは，他者が自分に対して否定的な印象を

抱く可能性を低減し、肯定的な印象を抱くようにすることであり、主張的とは、行為者自身が積極的に特定の印象を与えるようにすることです。

3.2 主張的で戦術的な自己呈示形態

自己呈示は、すでに述べた2つの次元から、4つに分類されます。ここでは、そのうち、主張的戦術的自己呈示について述べます。ジョーンズ

表7-1　自己呈示行動の分類

	戦術的	戦略的
防衛的	弁解 正当化 セルフ・ハンディキャッピング 謝罪 社会志向的行動	アルコール依存 薬物乱用 恐怖症 心気症 精神病 学習性無力感
主張的	取り入り 威嚇 自己宣伝 示範 哀願 称賛付与 価値高揚	魅力 尊敬 威信 地位 信憑性 信頼性

出典：Tedeschi & Norman, 1985.

とピットマン（Jones & Pittman, 1982）は主張的戦術的自己呈示を5つに分類しています。すなわち、①取り入り、②自己宣伝、③示範、④威嚇、⑤哀願です。表7-2は、それぞれの方略に関して、特定の他者からどのような印象で見られることを目的とするか、自己呈示が失敗に終わった時どのように見られるか、どのような感情を相手に喚起させることでその目的が達成されるか、典型的な行為はどのようなものかをまとめたものです。

まず、肯定的なイメージを与えるものとして、取り入り、自己宣伝、示範があります。取り入りは、「他者から好意をもたれたい」というものであり、お世辞を言う、相手の意見に同調する、「親切な」行為を行うなどの方略が含まれます。自己宣伝は自分の能力の高さを示すものです。Case7-2で示されたB君の行動は、自己宣伝に分類されるでしょう。示範は道徳的に高い価値をもつことを示そうとするものです。

表7-2 主張的な自己呈示の形態

自己呈示の戦術	求められる帰属	失敗した場合の帰属	相手に喚起される感情	典型的な行為
取り入り	好感がもてる	追従者 卑屈・同調者	好意	自己描写・意見同調・親切な行為・お世辞
自己宣伝	能力のある	自惚れた 不誠実	尊敬	業績の説明・主張
示 範	価値のある 立派な	偽善者 信心ぶった	罪悪感・恥	自己否定・援助献身的努力
威 嚇	危険な	うるさい・無能・迫力なし	恐怖	脅し・怒り
哀 願	かわいそう 不幸	なまけ者 要求者	養育・介護	自己非難 援助の懇願

出典:Jones & Pittman, 1982.

　一方,否定的なイメージを与えるものとして,威嚇,哀願があります。威嚇によって「自分の命令に従わない人間に対して罰を与える能力と意図をもっている」ということを相手に見せつけることができます。哀願は,他者からの援助・養育・介護を引き出すために,自分が弱い存在であることを印象づけようとする場合を言います。

　このように,肯定的・否定的いずれの場合にせよ,主張的戦術的自己呈示の目的は,たんに相手から好かれることではなく,特定の印象を相手に与えることによって,相手の行動をコントロールしようとすることにあると言えます。

　自己呈示に関する実験を実験例7-2に紹介します。

3.3　自己呈示の個人差――自己モニタリング

　自己呈示を効果的に行えるかどうかは,人によって大きく異なります。スナイダー(Snyder, 1974)が提唱する「**自己モニタリング**」という概念は,こうした個人差を,①自己呈示の適切さに対する関心,

実験例 7-2　食事における女性の自己呈示

　プライナーとS. チェイキンは,「食べる」という行動を自己呈示の1つととらえ,「女性は好ましい印象を与えたい状況では小食になる」という現象を明らかにしました (Pliner & Chaiken, 1990)。「空腹が課題遂行に及ぼす効果を調べる実験」という名目で女子大学生が食事をとらずに実験に参加しました。そして,「あなたは満腹条件に割り当てられました。このクラッカーを満腹になるまで適当に食べてください」と告げられます。その場には, 実験協力者 (サクラ) である男性か女性がもう1人同席し, トッピング付きクラッカーを15枚食べます。その後, 名目上の課題を遂行してもらい, 最後に同席者に対する好意度を質問します。

　結果は, 図7-4に示されたように, 同席者が女性の場合は, 同席者への好意にほとんど関係なく, 被験者は同席者とほぼ同数のクラッカーを食べます。しかし同席者が男性の場合には, 同席者への好意度が低い被験者 (平均12.1枚) に比べ, 同席者への好意度が高い被験者 (平均8.8枚) は, 明らかに少ししかクラッカーを食べなかったのです。

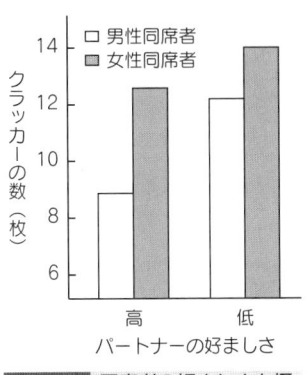

図7-4 同席者の好ましさと摂取量

出典：Pliner & Chaiken, 1990.

②社会的比較情報への注目, ③自己呈示の仕方を統制・変容する能力, ④その能力を使用する意図などの側面からとらえようとするものです。

　自己モニタリングの個人差は, 25項目からなる尺度によって測定されます。自己モニタリング傾向の強い人とは,「場面や相手が変われば, 別人のように振る舞うことがある」「私は, 必ずしも見かけどおりの人間ではない」といった項目に賛成する人々です。一方, 自己モニタリング傾向の弱い人とは,「相手や場面によって自

分の振る舞いを変えることはない」「誰かを喜ばそうとして自分の意見を変えることはない」などの質問項目に賛成する人々です。いわば，自己モニタリング傾向の強い人とは，場面の要求にこだわり，「どうしたらそれに合致した人間になれるか」を追求する人々であり，自己モニタリング傾向の弱い人とは，自分の本性にこだわり，「どうすれば自分自身になりきれるか」を追求する人々であると言えます（Snyder, 1987）。

4 自己開示および自己呈示研究の臨床への応用

　自己開示に関する社会心理学的研究の諸成果は，臨床心理学に対して大きな貢献を提供しています。それは，第2節でも示したような自己開示の個人間機能と，個人内機能（自己開示が開示者自身に及ぼす影響）とに分かれます。

　自己開示の個人間機能については，さらに2つに分けることができます。1つには，上記でも述べたような，日常場面における親密化を促進し，孤独感を低減する点です。心理療法では，孤独感を高くもつ個人に対して，社会的スキルの1つとしての自己開示を学習することを援助します。

　また，もう1つの貢献は，カウンセリング場面においてクライエントの自己開示を促進する点です。臨床場面においては，クライエントが自己の問題を率直にカウンセラーやセラピストに述べることが重要です。クライエントが抱えている問題を正確に把握することなく，適切なカウンセリングや治療計画は立てられないからです。では，カウンセラーがどのようにクライエントに接すれば率直な自己開示が生じるのか，そうした問題に自己開示研究は示唆を提供しています。

自己開示の個人内機能に関しても，社会心理学的研究の成果が臨床心理学ひいては健康心理学にも貢献を及ぼしています。自己開示，とりわけ，トラウマの自己開示が開示者の心身の健康に大きな影響を与えることがここ15年の間に実証されてきたのです。その詳細については，第8章で見ていきましょう。

　自己呈示に関する社会心理学的研究の諸成果は，きわめて広範囲に臨床の問題の説明可能性をもっています。すでに上記テデスキーとノーマン（Tedeschi & Norman, 1985）による表7-1に示されたように，防衛的戦略的自己呈示は，アルコール依存，薬物乱用，恐怖症，心気症，精神病，学習性無力感を説明する可能性をもっています。それらについては，リアリーとミラー（Leary & Miller, 1986）もその本の第5章でまとめていますので，参照してください。このように，自己呈示はさまざまな臨床的問題を説明する可能性をもっていますが，臨床家にも大きな影響を与えたのは，リアリーによる社会不安の説明でしょう（Leary, 1983）。なぜなら，社会不安とは，リアリーがまさに指摘するように，自分にとって望ましい印象を他者に対して与えたいが，それができるかどうか，という自己呈示の問題として理解できるからです。その詳細については，第9章をご覧ください。

▷さらに勉学を深めたい人のための文献案内

安藤清志，1994『見せる自分／見せない自分——自己呈示の社会心理学（セレクション社会心理学1）』サイエンス社。
　自己呈示に関する国内外の研究が集約されており，有用です。
デルレガ，V. J.・チェイキン，A. L.，福屋武人（監訳），1983『ふれあいの心理学——孤独からの脱出』有斐閣。
　1970年代当時のアメリカの社会的背景を踏まえ，いかにして孤独感を低減し，親密な関係を築くかについて，個々の実証的研究をもとに考察している名著です。

ダーレガ, V. J.・メッツ, S.・ペトロニオ, S.・マーグリス, S. T., 齊藤勇（監訳），1999『人が心を開くとき・閉ざすとき――自己開示の心理学』金子書房。
　1990年代初頭までに欧米で行われた社会心理学的な自己開示研究が，豊富な事例や尺度の紹介とともに平易に概括されていて有用です。
榎本博明，1997『自己開示の心理学的研究』北大路書房。
　国内外における自己開示研究について，とくに，パーソナリティ特性としての自己開示に関して，古典的研究から近年の成果までが網羅されており有用です。
中村雅彦，1999「関係深化とコミュニケーション」諸井克英・中村雅彦・和田実『親しさが伝わるコミュニケーション――出会い・深まり・別れ』金子書房。
　わが国における社会心理学的自己開示研究について，また，社会的浸透理論などについてくわしく有用です。
スナイダー, M., 齊藤勇（監訳），1998『カメレオン人間の性格――セルフ・モニタリングの心理学』川島書店。
　本書の価値は，たんに自己モニタリングに関する研究動向を集大成した点に留まらず，パーソナリティと状況とを統合的にとらえる研究の必要性を指摘し，臨床社会心理学の方向性にも示唆を提供している点にもあります。

▷ **本章のキーワード**
　自己開示，内面性，社会的浸透理論，返報性，自己呈示，自己モニタリング

コラム⑤　臨床場面における非言語的行動①
　　――対人空間・視線行動・身体接触

(1) **対人空間**　　私たちの身体のまわりには，身体を中心とした「なわばり」のような空間があります。これを，パーソナル・スペース（personal space）といいます。パーソナル・スペースは前方に長い楕円形をしています（図コラム⑤-1）。文化人類学者のソマー（Sommer, 1959）は，「パーソナル・スペースは，他人が侵入することがないような，個人の身体を取り巻く目に見えない境界線に囲まれた領域であり，この領域に侵入しようとする者があると，強い情動反応が引き起こされる」と定義しています。このようにパーソナル・スペースは，「自我の防衛」といった意味合いが強い概念です。つまり相手と距離を置くことによって，自分に脅威を及ぼすものから自我を防衛するという機能があるのです。ソマーは統合失調症者との臨床経験からこの概念を導き出しました。臨床場面での具体的な実験を2つ紹介しましょう。

ソマー（Sommer, 1959）は，矩形のテーブルのまわりに8つの椅子が配置された場面で，統合失調症者のペアは健常者のペアよりも互いに遠く離れて着席することを見出しました。それは，統合失調症者は空間認知にゆがみがあるから，あるいは自我の防衛が高いからであると考えられています。また，山口と石川（1997）は対人不安の高い人と低い人で着席行動の違いがあるかについて，検討しました。用いた座席の配置は図コラム⑤-2のようにソマーと同様の配置です。調査の結果，対人不安の高いグループは相手の正面の座席を避け，斜めの座席Cや，相手の視野に入らない座席Fに座

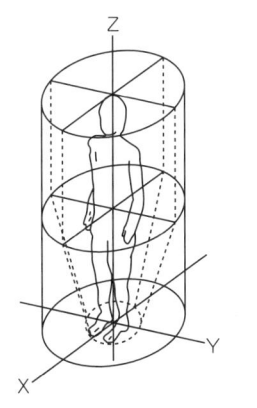

図コラム⑤-1　パーソナル・スペースの形状

出典：Hayduk, 1978.

る傾向があることがわかりました。対人不安の高い人は，他人から自分の内面を暴かれるのを避ける，といった自我防衛の程度が強いために，このような結果になったのだと考えられます。

　実際に臨床場面ではクライエントはどのような座席配置を好むのでしょうか。カウンセリングに最も適している座席配置について最初に言及し

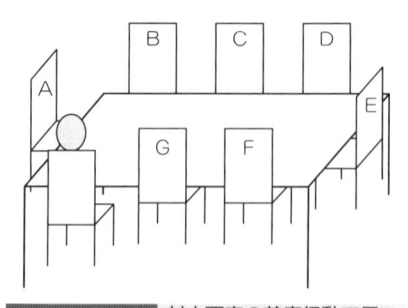

図コラム❺-2 対人不安の着席行動で用いた座席の配置

出典：山口・石川, 1997。

たのは，精神分析家のサリヴァン（Sullivan, 1954）です。サリヴァンは，従来の精神分析による治療が，診察台に横たわって行われていたのに反対し，クライエントとカウンセラーが直角になる配置で行うのが最もよいと考えました。実際にデータをとって調査をしてみると，カウンセラーとクライエントに最も好まれた座席配置はやはり直角であり，正面は両者に最も嫌われることがわかりました（Haase & Dimattia, 1970）。クライエントにとって正面は，カウンセラーの視線が自分に突き刺さるように感じてしまうようです。それに対して直角では視線を合わせたければ簡単に合わせられるし，合わせようと思わなければ自然にそれている状態なので話しやすいのです。ただし，対人不安の人などのように，人と話をすることに不安や恐怖心を感じてしまうクライエントに対しては，直角の配置が好まれるといっても，距離が近い直角は適していないようです。距離が近いと，たとえ直角の配置に座ったとしても，緊張してしまうのです。そこで，このようなクライエントに対しては，最初は距離を離した直角あるいは斜めになるような配置を用いて，徐々に距離を近づけていくことが大事であることもわかっています（山口・石川, 1997）。

　(2)　**視線行動**　　私たちは誰かと話をする時，相手と視線を合わせたりそらしたりします。視線を合わせることを**アイコンタクト**（eye contact）といいます。人のアイコンタクトの量は相手との距離の大きさによって決まってきます。これは社会心理学者のアージャイルとディーン（Argyle

& Dean, 1965）の実験によって明らかにされたもので，**親密葛藤理論**（affiliative conflict theory）と呼ばれています。それによると，相手との距離が近い場合にはアイコンタクトを減らし，逆に距離が離れている場合にはアイコンタクトを増やす，というものです。相手と近い距離では親密感が高まっているためにアイコンタクトを避けるのに対して，距離が離れていると，親密感を高めるためにアイコンタクトを多くとろうとするのです。このようにして，相手との間で親密さを一定に保とうという心の働きが生じているのです。

さて，視線には大きく2つの機能があります。それは「親愛」と「攻撃」です。これらはお互い相反する性質をあわせもっているともいえます。「親愛」の機能は恋人同士や母子の見つめ合いのように，相手への愛情や親しみを伝達します。それに対して「攻撃」は，相手をにらみつけたり蔑視したりといったように，敵意や嫌悪感を伝達します。

さて，視線の異常には，次のようなものがあります。ラターとスティブンソン（Rutter & Stephenson, 1972）は，統合失調症や躁うつ病の入院患者と面接を行い，彼らの視線行動を健常者と比較しました。その結果，統合失調症の患者も躁うつ病の患者も，健常者に比べて面接者を見つめる時間は有意に少なかったのです。その理由として考えられるのは，「対人空間」でも説明したように，自我を防衛するためであると考えられます。

同様の傾向は，対人不安にも見られます。対人不安にはいくつかのタイプがありますが，その1つに視線恐怖があります。視線恐怖の患者は，視線を通じて自己の内面があらわにされるのではないかと恐れて，他人と視線を合わせることを避けようとします。これは他者からの視線を恐れているため，「他者視線恐怖」ともいいます（笠原，1972）。一方，視線恐怖の人のなかには，自分の目つきが異様で，他人に不快感を与えていると感じて対人関係を避けようとする人もいます。これは「自己視線恐怖」と呼ばれています（笠原，1972）。実際に視線について実験を行った横山ら（1992）は，他者を見る視線と，他者に見られる視線が不安に及ぼす影響について研究しました。実験の結果，他者を一方的に見ることができる場面では，不安は低下するけれど，他者に見つめられる場面では不安は高まることを明らかにしました。それは，他者に見つめられると，自分の外見や言動などの，他者の目にさらされている自分の姿に注意が向けられた状

態になるからです。これは**公的自覚**（public self awareness）が高まった状態といいます。この状態では，相手からの自分の評価が気になり，不安が高まるのです。

ただし，実際に誰かから見られているわけではないのに，他人から「見られている」というイメージを自分のなかで作り出している場合もあります。このようなタイプは，自分を他人からよく思われたい，という欲求（自己呈示欲求）が普通の人よりも強いのにもかかわらず，そのようによく思われる自信がない，といった葛藤が対人不安を引き起こしているのだと考えられます。

このような，対人不安の視線のあり方を応用した治療法として「ミラーリング」があります。対人不安の人は，つねに人からの視線や評価を気にしているために，公的自覚が高まった状態にあります。そこで鏡を見つめてもらうのです。この時，小さな鏡を用いるようにします。鏡を見つめていると，人は自分の性格特性などの内面に注意が向けられるようになります。すると結果的に公的自覚が低下して，対人不安が低くなるといわれています。

(3) **身体接触**　　人が他者の身体に触れることを**身体接触**といいます。人の五感のなかで触覚には独特の機能があります。松尾（1994）は人が出会う時に，視覚だけの出会い（相手を見るだけ）と，触覚だけの出会い（目隠しをして握手をする）とで，与える印象を比べました。その結果，視覚だけの出会いは「冷たい，こっけいだ」などと評価されるのに対して，触覚だけの出会いは「信頼できる，温かい」と評定されました。触覚は親愛的な感覚であることがわかります。

しかしたんに触ればよいというものではありません。原口（1990）は，「さわる」は相手をモノとして扱うのに対して，「触れる」は人格をもった相手への働きかけであると述べています。実際のカウンセリング場面で触れることを重視したボディ・ワークでは，カウンセラーがクライエントの肩にしっかりと触れることで，クライエントの緊張感が緩和され，不安や恐怖の症状が改善されます（今野, 1995）。

このようにクライエントとの肌を通した接触は，カウンセラーと直接心を通わせることにつながり，ラポールを作るためにも積極的に役立てることができるのです。

第8章

自己開示をすると健康になるか？
[自己開示と心身の健康]

第7章では,自己表現の2タイプとして,自己開示と自己呈示を学びました。本章では,**自己開示**が心身の健康とどのような関連をもっているのかについて学びます。自己開示という概念をはじめて提案したジュラードは,当初から,自分のことを他の人に知らせるようにしている人は,心身が健康であると主張していました(Jourard, 1971)。実際のところ,自己開示は,**精神的健康**や**身体的健康**にどのような影響を与えているのでしょうか。そして,自己開示は心理臨床の実践において有効な技法となりうるのでしょうか。

1　自己開示をすると精神的健康が増進するか？

> **Case 8-1**
> 　さやかさんは,とってもオープンな性格です。自分の失敗談から,好きな異性のこと,性の悩みまで,自分のことを率直に語ります。とは言うものの,誰にでもオープンなわけではありません。また,時と場合をわきまえています。初対面の人には,何もかもを話すわけではありません。親しい人に限って,プライベートなことを話しています。一方,あすかさんは,同じようにオープンな人ですが,誰彼構わず,自分の個人的なことを話しています。まだ,あまり親しくなっていない間柄なのに,自分の妊娠中絶の話をしたり。まわりの人たちは,引き気味にあすかさんに接しています。さて,同じようにオープンな2人ですが,どちらが精神的に健康と言えるのでしょうか。オープンでありさえすれば,精神的健康が増進するのでしょうか？

1.1　自己開示すればするほど精神的に健康になるか？
　　　　——直線的モデル

　自己開示という概念を創始したジュラードは,自分にとって重要な他者に対して十分に自己開示できる能力は健康なパーソナリティにとって重要な条件となると述べました (Jourard, 1971)。これは,

自己開示と精神的健康の指標との間には直線的な正の相関関係が認められるということです。すなわち，自己開示のレベルが高い人は精神的健康のレベルも高く，自己開示のレベルが低い人は精神的健康のレベルも低いということを示唆していました（**直線的モデル**）。

このようなアイデアを実証するために，いくつかの研究がなされました。多くの研究では，日常の自己開示のレベルと精神的健康のレベルとの相関が検討されました。自己開示のレベルは，ジュラードによって作成された「自己開示質問紙」（JSDQ；Jourard & Lasakow, 1958）によって測定されました。

研究結果は一貫したものではありませんでした。すなわち，ある研究では自己開示と精神的健康の間に正の相関関係を示していましたが，また別の研究では負の相関関係，さらにまた別の研究では何の関連性も認められませんでした（これらのさまざまな研究に関しては，榎本, 1997 や Derlega & Chaikin, 1975 を参照）。

1.2 多すぎる，または少なすぎる自己開示が精神的不健康と関連するか？──逆U字モデル

直線的モデルの研究結果が一貫しなかった理由は3つの観点から考えられています。第1には，過去の自己開示量を正確に評価することができないというものです。第2には，精神的健康の概念が曖昧であるというものです。精神的健康が神経症的徴候の少なさを意味するのか，それとも自己実現を意味するのか，明らかではない点です。そして，第3には，自己開示と精神的健康の関連が直線的ではなく，曲線的なものであるからではないかというものです。

曲線的関係について，さらにくわしく述べましょう。この考え方では，一般に，高い自己開示レベルと低い自己開示レベルがそれぞれ精神的健康の低さと関連性をもち，中程度の自己開示レベルが精

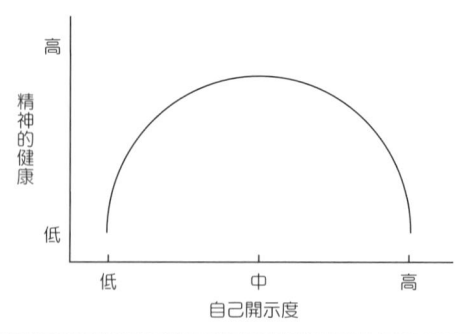

図 8-1 自己開示と精神的健康との仮説的関係

出典：Derlega & Chaikin, 1975 を一部改変。

神的健康の高さと関係していると考えます。図 8-1 は，そのような仮説的関係の性質を示したものですが，いわば逆Ｕ字モデルともいうべきものです。コズビィは，もしそのような曲線的関係が成立するならば「自己開示と精神的健康の関係は，高開示者を含まないサンプルでは正となり，低開示者を含まないサンプルでは負となる」と記しています (Cozby, 1973)。

1.3 適切な自己開示は精神的健康と関連する
――状況を理解する能力が決め手？

コズビィは，さらに「精神的に健康な人は，社会的環境のなかで限られた重要な相手に対してはよく自己開示するが，適応のよくない人は，誰に対しても無差別によく自己開示するか，もしくはほとんど開示しようとしないという特徴がある」という仮説も立てています (Cozby, 1973)。

この考え方からは，自己開示そのもののレベルではなく，開示する対象を選ぶ能力，その開示内容に適当な状況かどうかを判断する能力，相手の開示量に応じて自分の開示量を調整する能力（返報性

実験例8-1　神経症者は相手に合わせて自己開示しているか？

　A. L. チェイキンら（Chaikin et al., 1975）は，神経症傾向者が相手に合わせて自己開示しているかどうかを検討しています。すなわち，精神的不健康と自己開示の返報性の規範に従う傾向の関連を検討しています。彼らは約1000名の大学生にモーズレイ性格検査（MPI）を施行しました。この尺度によって，神経症傾向を測定することができます。実験に呼ばれた被験者の半数は神経症傾向が高い群であり，残りの半数は正常の値を示す群でした。両群とも「印象形成」の実験という名目で実験協力者（サクラ）と電話で，お互いについて話すよう求められました。「たまたま」サクラからの話しかけでつねに会話が始まるのですが，その話しかけの内容はあらかじめ決められており，内面性の程度が高い（深い）話題と低い（浅い）話題でした。深い話題とは性的感情，大人になってから泣いた経験などでした。浅い話題とは，通っている教会，自分の部屋のことなどでした。「2人は今後，けっして出会うことはないでしょう」という教示が付け加えられており，率直な自己開示がなされるよう配慮されていました。

　被験者の自己開示はテープに録音され，実験の仮説やどの群に所属しているのかを知らされていない2人の評定者によって，その自己開示の（内面性の）レベルが評価されました。実験結果は図8-2の通りです。神経症傾向者に比べて，正常者は，返報性の規範に従っていました。すなわち，サクラが深く自分に関わる情報を開示した際には，彼らもまた深い情報を返す傾向が見られました。逆に，サクラの開示が浅い場合は，彼らの開示も浅いレベルでした。しかし，神経症傾向者は，正常者と比べると，自分に関する情報を開示する際に，サクラの自己開示の深さの程度を考慮していないように見えました。図

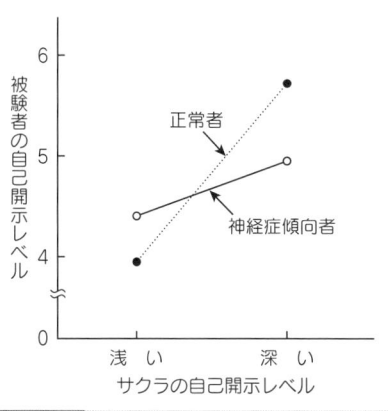

図8-2　相手の自己開示の深さと神経症傾向の関数としての自己開示の深さ

出典：Chaiken, et al., 1975.

> 8-2 からは，神経症傾向者の自己開示の深さの程度はサクラの自己開示レベルがどうであってもつねに中程度でした。
> ここから A. L. チェイキンらは，神経症傾向というのは，自己開示が高すぎることや低すぎることと関係しているというよりも，不適切な，言い換えれば規範に従わない自己開示と関連しているのかもしれないと示唆しています。本研究例のその後の発展は，榎本（1997, pp.150-152）をご参照ください。

の規範，第 7 章 2.2 参照）といった，状況に応じて自己開示を適切に行える能力が精神的健康と関連することが示唆されます。逆に言えば，状況に応じて自己開示を適切に行えないことと精神的不健康とが関連することになります。

実際，神経症者は返報性の規範に従うことが少ないという結果が報告されています。メイヨーによれば，神経症入院患者は神経症的徴候の見られる者や正常者と比べて，自己開示の返報性を保っていないことが示されました（Mayo, 1968）。メイヨーの研究は質問紙調査でしたが，実験室場面でも，神経症傾向者は返報性を保っていないことが明らかにされました（実験例 8-1）。そして，遠藤（1989）は，状況を的確に判断して，それにふさわしい水準の開示を行おうとする意志（これを「自己開示の意向」と呼びます）と孤独感，神経症傾向との間に負の相関を見出し，適切な自己開示を行おうとする人ほど精神的健康度が高いことを示しています。

2 トラウマを開示すると身体的健康が増進するか？

― Case 8-2 ―
さとる君とまさる君は，高校 1 年で同じクラスになって以来の親友でした。しかし，高校 3 年生の時，まさる君は突然，住んでいた高層

マンションから飛び降りて自殺してしまいました。さとる君は大学生になった今も、なぜ、彼は死んでしまったのか、自分は親友として、彼を救えたのではないか、ともんもんと考える一方、彼を失った悲しみに浸り、何もできなかった自分を責め続け、うつうつとした気分の毎日を送っています。

そして、親友を自殺させた自分は、この社会では生きるに値しない人間だ、と決め込み、この出来事を誰にも話さずにいます。さとる君は、夜もだんだん眠れなくなり、しだいに心身ともに、調子が悪くなってきました。しかし、最近、さとる君は、はるき君という同級生と親しくなってきました。はるき君を信頼のおける人物と考えたさとる君は、思い切って、はるき君に、自殺したまさる君の話をしてみました。さとる君の心身の健康状態はどうなるでしょうか？

2.1 トラウマを抑制すると健康が悪化するか？

すでに1971年の時点でジュラードは、自己開示をせず、むしろ隠蔽することと身体的不健康の間に関連性があることを主張しています。「すべての不適応者は、自分自身を他の人に知らせないようにしており、その結果、自分自身を知らないのである。彼は自分自身を知ることが出来ない。そのこと以上に、他の人に知られるようになるのを避けるために、一生懸命たたかっているのである。彼は休むことなく、一日二十四時間そのためにはたらき、そしてそれが仕事なのだ！ 知られるようになるのを回避する努力のなかで、とらえがたく、認識されにくいが、それにもかかわらず精神医学が取り扱う各種の不健康パーソナリティだけでなく、精神身体医学の分野として認められるようになった広い範囲の身体疾患をもまた、事実上つくりだしている癌のような、ストレスを自分自身に与えているのである」(Jourard, 1971)。

このように、1971年の時点で、自分のことを他人に知られない

ようにすることと身体的不健康との関連性が予想されていました。しかし，このアイデアに実証的基盤が与えられるようになるには，1980年代に入って，ペネベーカーの登場を待つことになります。ただし，正確には，自己開示全般ではなく，トラウマ（その時と同じ苦痛を，その本人にもたらし続ける体験。強い衝撃を与えるような出来事によって引き起こされる）に関する考えたことや感じたことを開示するのを抑制することと不健康の関連性を，逆にいえば，トラウマの開示と健康の関連性をペネベーカーは検討しました。

まず，ペネベーカーは，トラウマやその抑制に関する諸研究を展望して，トラウマそのものが心身の健康に影響を及ぼすというより，その経験によって生じた情動や思考を他者に開示することを抑えた（これを「制止」と呼びます）場合に心身の健康が悪化し，逆に，制止していた情動や思考を開示した場合に健康が増進するという理論（「制止－直面理論」；theory of inhibition and confrontation）を提唱したのです。

この理論に関しては，遺族を対象とした研究において，まず実証的検討が加えられました（Pennebaker & O'Heeron, 1984）。交通事故または自殺によって配偶者を亡くした遺族が調査対象者でした。まず，配偶者の死の前の1年間および後の1年間それぞれにおいて，調査対象者が経験した健康上の問題（肺炎や頭痛など）の数が合計されました。死の前年から翌年にかけて健康問題は増大していました。そして，その健康上の問題の変化量（死後1年間における健康上の問題数から死の前年の健康上の問題数を引いたもの）と配偶者を亡くしたことに関する開示量の間には負の相関が認められました。すなわち，開示をすればするほど，変化量は少なくなっていたのです。つまり，開示をした人ほど，健康上の問題数の増加が少なかったのです。

さらに，ペネベーカーは，大学生や成人を対象として，トラウマ

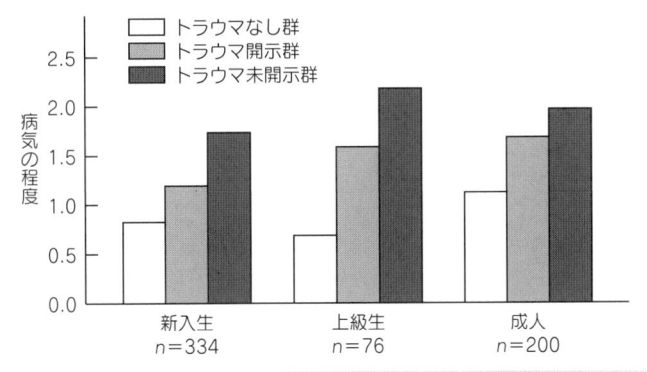

図 8-3 トラウマの有無ならびにその開示の有無と病気の程度

注：トラウマなし群，すべてのトラウマを話した群，トラウマを話していない群での病気の程度の比較。新入生ではトラウマを尋ねる質問紙に回答した後4カ月間で実際に健康センターを訪ねた回数。上級生では，トラウマを尋ねる質問紙に回答する前の6カ月間に何回医師にかかったかを自己報告した回数，成人では，自己報告による前年の病気の数を尋ねた。

出典：Pennebaker, 1989.

を開示することと身体的健康の関連を質問紙調査によって検討しました（Pennebaker, 1989）。すなわち，調査対象者を，まずトラウマを経験した個人と経験していない個人とに分けました。ついで，トラウマを経験した個人に関して，そのトラウマを開示した個人と開示していない個人とに分けました。そして，これらの3群について，身体的健康の指標である健康センター訪問回数あるいは自己報告による病気の経験数に関して比較しました（図8-3）。その結果，仮説通り，トラウマを開示した群の方が開示しなかった群よりも健康センターを訪問した回数が少ないことが，おおよそ示されました。なお，こうした結果は，わが国においても，不十分ながら再現されています（佐藤・坂野，2001）。

2.2 筆記や発話によるトラウマの開示が心身の健康に及ぼす効果

2.1で見てきたように，トラウマを開示することが身体的健康に及ぼす影響が相関研究からは明らかにされてきました。しかし，実際に，開示が身体的健康を増大させる原因となるかどうかは，明らかにされていませんでした。そこで，こうした因果関係を明らかにするために，トラウマの開示を操作する（トラウマを開示するか，瑣末なことについて感情を交えずに開示するか）ことが身体的健康に及ぼす影響を検討する実験が実施されることになりました。

この実験が行われる段階から，開示の方法が問題となってきました。社会心理学では，自己開示は「特定の他者に対して，自分自身に関する情報を言語を介して伝達すること」（小口・安藤，1989）と定義されています。このように自己開示をとらえた場合，開示の効果はどのような要素に求められるでしょうか。トラウマに関する思考や感情を言語化して開示することそのものの効果と，その開示内容に関する，開示相手からのフィードバックの効果の両方が入り交じることになるでしょう。そこで，ペネベーカーは，開示そのものの効果を検討するために，他者を置かない，筆記による開示を実験手続きとしては選んだのです。

また，開示の効果は，開示直後にどのような変化を引き起こすのかを検討する即時的効果，開示が長期的にどのような変化を与えるのかを検討する長期的効果という2つの観点から測定されることになりました。即時的効果については，気分状態と血圧などの自律神経系指標が測定されました。また，長期的効果に関しては，すでに，調査研究でも用いられているように，健康センター訪問回数などが用いられました。

1986年に発表された最初の実験では，たんに開示の効果を検討するだけではなく，どのような開示が健康に寄与するのかを明らか

にすることも検討されました。その結果,たんに感情を開示するだけではなく,感情と事実の両方を開示することが身体的健康に寄与することが明らかにされました(実験例8-2を参照)。

実験例8-2からトラウマの開示が身体的症状や疾患に及ぼす影響は示されましたが,その媒介過程の検討が不十分でした。トラウマの開示によって発症が抑えられたりしているということは,トラウマの開示に引き続いて,免疫機能がより向上しているはずです。その免疫機能の向上の結果として,発症が抑えられているはずなのです。この仮説を,ペネベーカーは1988年に,心と身体の関係を検討している研究者たちと共に検討しました(Pennebaker et al., 1988)。被験者は,筆記する前日と筆記最終日,そしてその6週間後に,採血されました。この研究の結果,開示をした群は,統制群と比べて免疫機能が向上していることが示されました。

上記のペネベーカーの研究は世界中の研究者や医療関係者にインパクトを与え,続々と追試研究が生み出されました。結果は,効果がある場合もあれば,ない場合もありました。しかし,1986年から1996年までの筆記法の効果をJ. M. スミス(Smyth, 1998)がメタアナリシス(同一の研究課題に関して,独立に行われた研究の結果を統計的手法によって統合する方法)した結果,健常者を対象とした諸研究に関しては,医師訪問回数や免疫機能などで改善が認められていることが確証されました。

このメタアナリシスの後にも,ポジティブな効果はいくつか報告されました。たとえば,精神疾患を有する囚人を対象とした研究では,性犯罪者の医務室訪問回数の低減などでした(Richards et al., 2000)。しかし,臨床群を対象として効果を上げたという点で最も衝撃を与えたのは,J. M. スミスら(Smyth et al., 1999)によって実施された,喘息と関節リウマチの症状の低減を報告する論文だった

実験例 8-2　トラウマの開示は身体的健康を増進させるか？

ペネベーカーとビオール（Pennebaker & Beall, 1986）は，トラウマを開示することが身体的健康を増進させるかどうか，また，どのような内容を開示することが健康増進に寄与するのかを検討しています。

被験者は健康な 46 名の大学生でした。被験者は 1 日 15 分間，4 日連続で筆記することを求められました。被験者は無作為に 4 つの群に振り分けられました。①統制群：自宅のリビングルームや履いている靴，自室の様子など日常の些細な事柄をできる限り客観的に筆記する群，②トラウマ感情群：自分の人生のなかで最もトラウマティックなあるいはストレスに満ちた出来事について，事実ではなく感情を筆記するよう求められる群，③トラウマ事実群：そのトラウマティックな出来事について，事実のみを筆記するよう求められる群，④トラウマ連合群：そのトラウマティックな出来事について，感情と事実の両方を筆記するよう求められる群です。

開示の即時的効果に関しては，筆記の前後において，血圧，身体徴候（頭痛，胃の痛みなど），気分（悲しみ，罪悪感など）について，7 件法（1「まったくない」〜 7「非常にある」）で自己評定することを求められました。長期的効果に関しては，実験の 2 カ月半前から実験開始前まで，実験終了から実験の 5 カ月半後までにおける健康センター訪問回数のデータが

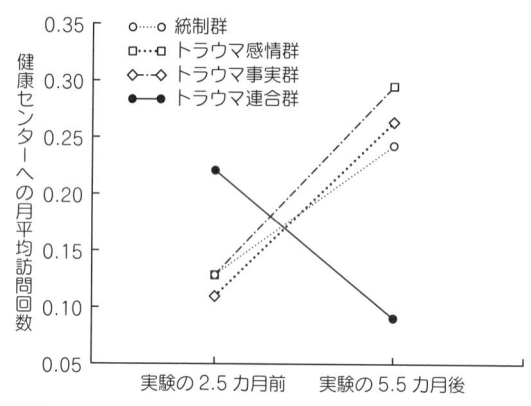

図 8-4　トラウマの筆記が疾病による健康センターへの月平均訪問回数に及ぼす効果

出典：Pennebaker, 1989.

入手され，1カ月当たりの健康センター訪問回数として用いられました。
　この長期的効果については，図8-4をご覧ください。トラウマ連合群では実験前から後にかけて健康センター訪問回数が減っていました。しかし，他の群では健康センター訪問回数がむしろ増大していました。感情と事実の両方を開示することが，身体的健康に寄与していることがわかりました。

といえるでしょう。筆記法は，たんに健常者の健康を増進するだけではなく，心身症の症状を低減する技法としての可能性を示したのです。

2.3　なぜトラウマを開示すると心身の健康が増進するのか？

すでに見てきたように，開示の効果については，欧米を中心として実証されてきました。しかし，トラウマを開示することがどのような経路を経て心身の健康に影響を及ぼすのか，その過程については，まだ十分に明らかにされていません。

ペネベーカー自身の検討によれば，彼が認知語と呼ぶ言葉（理解した，わかったといった洞察に関連した言葉や因果に関連した言葉）が増大することと身体的健康の増進の間に関連が認められています（Pennebaker, 1997）。たとえば，Case 8-2 に示されたように，開示前においては，親友に自殺されたさとる君は，親友の苦しみを救えず，すべての責任が自分にあるように思っており，そんな自分はこの社会で生きるに値しない人間だと評価していたとします。それが，トラウマに関連した感情や思考を開示するにつれて，必ずしもすべての責任が自分にあるわけではないこと，親友に自殺されたことが，そのまま，自分の人間性のすべてを否定するわけではないことなどを理解するようになることがあります（このように，自分など特定の対象に対する評価が以前と比べて変化する過程を「認知的再評価」と呼び

ます)。

　結果として，開示後にはトラウマについて何度も考えること，またトラウマを思い出したり，考えるなかで感じた自律神経系の覚醒亢進や内分泌系の機能不全，免疫系の抑制なども低減し，これらが最終的に症状の低減に寄与したと考えられています。

3　自己開示と心身の健康の関連に関する研究が臨床に示唆するもの

　ここまで，自己開示と心身の健康に関して，日常的な自己開示と精神的健康の関連，そしてトラウマの開示と身体的健康・精神的健康の関連を検討してきました。前者は，開示をすればするほど精神的健康が増進するということではなく，自己開示を適切に行う傾向と精神的健康が関連していることを示しています。そして，後者は，トラウマの開示に関して，ただたんに感情を開示すればよいわけではなく，また，開示すればするほど心身の健康が増進するわけでもなく，開示を通じて，そのトラウマに関する理解を深めることと（認知的再評価）と心身の健康が関連していることを明らかにしています。結果として，どちらの開示研究も，自己開示すればするほど心身の健康が増進するといった単純な関係にはないことを示しています。

　一方，抑うつ傾向者（吉田・大平，2001）やPTSD患者（Gidron et al., 1996）を対象にした研究からは，開示がむしろ悪化を引き起こす場合があることが示唆されてきています。抑うつ傾向者が開示した場合，抑うつを生み出すとされる自動思考や非機能的態度といったものが増加していたのです。またPTSD患者に開示を適用した場合，健康センター訪問回数やトラウマに関連するものを回避する傾

向が増大していたのです。

開示が心身の健康をもたらす場合と,不健康をもたらす場合,その違いを生み出す要因を検討し,心理臨床実践に生かしていくことが今後の課題です。

▷さらに勉学を深めたい人のための文献案内

ペネベーカー,J. W., 余語真夫(監訳),2000『オープニングアップ——秘密の告白と心身の健康』北大路書房。

1990年代後半までに行われたトラウマの開示と心身の健康に関する諸研究が,その着想や実施の経緯まで含めて,平易な語り口で概説されている好著。

コワルスキ,R. M.・リアリー,M. R.(編),安藤清志・丹野義彦(監訳),2001『臨床社会心理学の進歩——実りあるインターフェイスをめざして』北大路書房。

社会心理学の立場からペネベーカーの一連の研究や関連領域の研究結果が第8章「言い出しがたいことを口にする」でまとめられています。本章ではあまり触れられなかった,自己開示が否定的影響をもたらす場合についても検討がなされています。

船津衛・安藤清志(編),2002『自我・自己の社会心理学(ニューセンチュリー社会心理学1)』北樹出版。

第9章「自己開示」において,自己開示研究において,エポックメイキングな研究者(ジュラード,デルレガ,ペネベーカーなど)とその業績が展望されています。また,自己開示研究の今後の課題について,身体・文化との関連から検討されています。

▷本章のキーワード

自己開示,精神的健康,身体的健康,直線的モデル,逆U字モデル,トラウマ,トラウマの開示,認知的再評価

第9章

対人場面での不安
[自己呈示と社会不安・対人恐怖]

第7章では,自己表現の2タイプとして,自己開示と自己呈示を学びました。本章では,対人場面での不安について,自己呈示と認知モデルの観点から検討していきます。

1 対人場面での不安とは──社会不安と対人恐怖

― Case 9-1 ─────────────────────────
まもる君は,みんなが自分をどのように思っているのかが気になって仕方がありません。また,自分の目つきや不自然な姿勢が他人に不快感を与え,そのために,他人が自分を避けているようにも思えます。先日も,電車で自分の前の席に座っていた女子高校生2人組が「気持ち悪い」と話しながら立ち去っていった時,自分の目つきが彼女たちに不快感を与えたに違いないと確信しました。

1.1 社会不安とその障害──社会恐怖

社会不安とは,「現実の,あるいは想像上の対人場面において,他者からの評価に直面したり,もしくはそれを予測したりすることから生じる不安状態」(Schlenker & Leary, 1982) です(この定義の詳細は Leary, 1983 を参照してください)。

社会不安が著しいために,社会生活に支障を来す状態を**社会不安障害**と呼びます。社会恐怖とも呼ばれますが,これらは精神疾患の名称でもあります。そして,社会不安が高いながらも,一応は社会生活を営んでいる人を社会恐怖傾向者あるいは社会不安障害傾向者と呼びます。つまり,「社会不安」という言葉を総称として,その程度が重く,社会生活に支障を来す人を社会恐怖者,社会不安障害者と呼ぶことができます。

社会不安障害が診断分類に取り上げられたのは,アメリカ精神医学会(APA)の『DSM-Ⅲ 精神障害の診断・統計マニュアル』が

最初です (American Psychiatric Association, 1980)。より新しいDSM-Ⅳ (American Psychiatric Association, 1994) における診断基準を，大野 (2000) に基づいてまとめると以下のようになります。

① 対人関係状況に対する恐怖と否定的認知：社会恐怖者は，自分が人前で恥ずかしい思いをするのではないかと心配しています。

② 不安症状：社会恐怖者は，恐れている状況では，ほとんどいつも不安症状を経験します。すなわち，紅潮，動悸，声の震え，発汗，胃腸の不快感等です。

③ 恐怖の不合理性の認識：社会恐怖者は，その恐怖が強すぎること，また，不合理的であることを認識しています。

④ 恐怖状況の回避：社会恐怖者は自分が恐怖を感じている場面を避けようとします。

⑤ 著しい機能障害：社会恐怖者は，強い恐怖や回避のため，日常生活に支障を来しています。

1.2 対人恐怖

社会恐怖がDSMに登場したのは，すでに述べたように，1980年でした。ところが，わが国では，森田療法で知られる森田正馬が1921年頃から，すでに「対人恐怖」という言葉を使っていました。精神疾患としての**対人恐怖症**の定義は，「ある個人が対人関係状況に極度に過敏であったり不合理な恐怖を持つために，著しい苦悩を感じていたり社会適応上の障害が現れたりしている精神医学的障害」(大野，2002) とされています。その種類は，山下 (2000) にわかりやすく説明されています。

社会恐怖と対人恐怖の異同については，いくつかの議論があります (大野，2000；丹野・坂本，2001；山下，2000など)。本章では，そ

うした議論を踏まえて、両者の違いを、あえて単純に、自分と他者との関係性から区別していくことにします。すなわち、他者の（自己に対する）否定的評価への懸念が社会不安とその障害の中核とするなら、対人恐怖症は、そうした他者からの否定的評価への懸念に加えて、自分が他者に対して害を与えている（加害性）という確信が強いことが、その中核にあると考えられます。具体的には、自分の目つきや臭いによって、他者に不快感を与えている、その結果として、相手から嫌われている（被害性）といった状態なのです。

対人恐怖症と社会恐怖を区別するもう1つの観点は、対人恐怖症における妄想的傾向の強さです。Case 9-1のまもる君の様子をもう一度、見てみてください。女子高校生2人組が立ち去った理由を、彼女らが発した「気持ち悪い」という言葉を聞いて、自分の目つきが気持ち悪いからだと推論していますが、まもる君の推論の正しさを絶対的に保証する証拠はありません。何か別の事柄について「気持ち悪い」と言っている可能性があります。もちろん、まもる君の推論が当たっている可能性もあります。

このように、妄想的とはいっても、理解が可能な点に、統合失調症（コラム④参照）との違いがあります（詳細は、丹野・坂本、2001参照）。統合失調症の場合は、テレパシーのような非物理的な手段によって自分の考えが他人に知られてしまうと感じる（これを自我漏洩感と呼びます）といった自我障害があるのですが、対人恐怖症には、そうしたものはなく、あるのは、自分の身体から悪臭が出ているといった物理的漏洩感なのです。

なお、欧米では、対人恐怖症は、日本における文化固有の社会恐怖として taijin kyoufusho とアルファベット表記されており、その頭文字を取って TKS と呼ばれることが多くなってきました。近年では、この TKS の概念の整理、測定法の考案、メカニズムの研究

が報告されるようになってきました。治療法に関しては，古くから，森田療法，あるいは行動療法，最近では認知療法などによる事例報告が散見するのですが，体系化がなされている印象は薄く，今後の課題となっています。

2 よい自分を見せたいが，そう見せる自信がない
―― 社会不安の自己呈示理論

対人場面での不安のうち，社会不安に関しては，欧米において，さまざまな研究，仮説や理論が提唱されてきました。ここでは，それらのうち，自己呈示理論によって社会不安をとらえたリアリー（Leary, 1983）の考えを見ていきましょう。

第7章で紹介されたように，自己呈示とは「他者から見られる自分を意識しながら，他者から見た自分の姿を自分にとって望ましいものにしようとする行為」のことでした。このアイデアは，まさに社会不安が生じる状況をよく説明します。すでに述べたように，社会不安は，まず，特定の印象を他者に与えたいということから始まります。まさしく社会不安場面とは，自己呈示場面なのです。そして，そうした自己呈示が成功する可能性が低い，と思った時に，社会不安は生じるのです。したがって，この自己呈示理論からは，「他者に特別な印象を与えたいと動機づけられているが，そうできるかどうか疑問をもち，他者から自分の印象に関連した不満足な対応を受ける可能性があると予想した時に，社会不安は生じる」（Schlenker & Leary, 1982 など）と考えられています。

この社会不安の自己呈示理論は，丹野（2001）によれば，図解すると以下のようになります（図9-1）。まず，「自己」というものを「主我」と「自己イメージ」とに分けて考えます。前者は，主体と

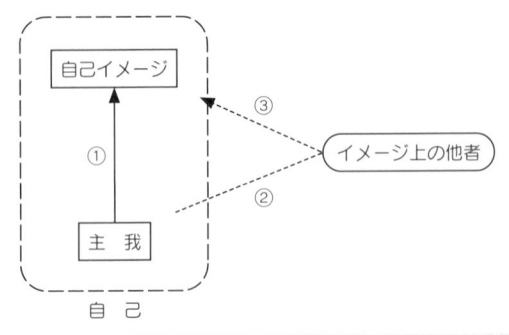

```
        ┌ ─ ─ ─ ─ ─ ─ ─ ─ ─ ─ ─ ┐
        │   ┌──────────┐        │
        │   │ 自己イメージ │ ◄╌╌╌╌╌╌╮ ③
        │   └──────────┘        │  ╲
        │         ▲             │   ╲
        │         │ ①           │    ○ イメージ上の他者
        │         │             │   ╱
        │         │             │ ╱ ②
        │   ┌──────────┐  ╌╌╌╌╌╯
        │   │  主  我   │        │
        │   └──────────┘        │
        └ ─ ─ ─ ─ ─ ─ ─ ─ ─ ─ ─ ┘
                 自 己
```

図 9-1　リアリーの社会不安理論

注：①は自己呈示欲求（よい自己イメージを呈示したい欲求），②と③は自己呈示の効力感（他者からよい評価を受ける自信）。
出典：丹野，2001。

しての自己，すなわち，対象を「見る」側のことであり，後者は，客体としての自己，すなわち，対象として「見られる」側のことです。人は，よい自己イメージを呈示したいという欲求（自己呈示欲求）を，多かれ少なかれ誰しももっています。たとえば，「有能な社会人」「誰からも優秀であると評価される人物」「カッコイイ男の子」「カワイイ女の子」などなどです。こうした自己呈示の過程を，図 9-1 では①の矢印で示すことにします。

次に，人は自己イメージが他者からどのように評価されているかを予想します。これを図 9-1 では②と③で示すことにしましょう。リアリーは，このことを，自己呈示の効力感と呼びます。簡単に言えば，自分が他者からよい評価を受けられる自信のことです。人は，呈示したい自己イメージ①と，自己呈示の効力感②③を比較しています。そして，よい自己イメージを呈示したいのに，「他者はそのように評価してくれないだろう」と予期することによって社会不安は生じると考えられるのです。

リアリーは社会不安の強さについて，シンプルな式で表していま

す。

$$\text{社会不安の強さ} = f[M \times (1-p)]$$

この式で，M は自己呈示欲求の強さを表しています。つまり，特定の自己イメージを与えたいという欲求です。p は自己呈示の効力感です。つまり，他者からよい評価を受ける自信ないし自分が望む自己イメージを作れるかどうかの主観的確率です。p は確率なので 0 から 1 の間の値をとります。M が高いほど，そして p が低いほど，社会不安は強くなります。一方，自分をよく見せたいという欲求が低かったり，自分をよく見せる自信が強ければ社会不安は起こらないのです。

3 社会心理学のアイデアを生かして社会不安障害を考える
——社会不安障害の認知行動療法

― Case 9-2 ―

あきら君は，人と話す時，とりわけ，女子学生と話す時は，いつも，非常に不安を感じています。女子学生に対して，カッコイイところを見せたいと思っているのですが，そうできている自信はからっきしありません。

今日は，学生食堂で，語学が同じクラスの女子学生さくらさんと同席して食事することになりました。あきら君は，どんどん心臓の鼓動が速くなってくるのがわかります。頬が熱くなってくるのにも気がつきました。そうした身体の感覚から「落ち着き払っていて，カッコイイ印象を与えたいのに，むしろ，落ち着きがない様子をさくらさんに見せてしまっている。さくらさんは，自分のことを不安げで頼りない人と思っているに違いない」とあきら君は思います。あきら君は，このように，身体の感覚に注意を向け続け，否定的なことばかりを考え続け，さくらさんの言うこともロクロク耳に入ってきません。実際には，さくらさんは，あきら君と一緒に参加した飲み会が楽しかったという話を笑顔でしているのですが……。

3.1 社会不安障害の認知行動モデル

リアリーが提案した社会不安の自己呈示理論は，社会不安が一時的に生じる「状況」の説明としては有力ですが，なぜ，その社会不安が高いレベルで長く続くのか，すなわち，「社会不安障害」の「維持」を説明するモデルとしては不十分に思えます。言い換えれば，なぜ，社会不安障害者は，自分をよく見せたいという欲求が高く，自分をよく見せる自信が低いのかに関する説明が不足しているのです。

そこで，この自己呈示理論を活かしながら，かつ，「維持」を説明するモデルとして，クラークとウェルズ（Clark & Wells, 1995）による「社会不安障害の認知行動モデル」を紹介しましょう。このモデルはその名の通り，基本的には，ベックの認知モデルに基づいています（第2章2.1参照）。認知モデルとは，出来事そのものが感情，行動，身体の変化に影響を及ぼすのではなく，出来事をどのように認知（解釈）したかが感情，行動，身体の変化に影響を及ぼすとするものです。つまり，社会不安障害の認知行動モデルでは，社会不安障害者は，社会的状況における出来事をネガティブに解釈することによって，社会不安を経験していると考えられるのです。では，なぜ，彼らは出来事をネガティブに解釈するのでしょうか？

クラークとウェルズのモデルは図9-2に示してあります（Clark & Wells, 1995）。以下，彼らの説明に従って，このモデルを説明していきましょう。

恐れている社会的状況に遭遇すると（図9-2における「社会的状況」），社会不安障害者の心の中では，自分自身と社会的状況に関する一群の仮定が活性化するのです（図9-2における「仮定を活性化」）。こうした仮定は「スキーマ」（第2章2.1参照）と呼ばれます。

社会不安障害におけるスキーマは3つの種類に分かれると考えら

```
                    ┌─────────────┐
                    │  社会的状況  │
                    └─────────────┘
                           ↓
                    ┌─────────────┐
                    │ 仮定を活性化 │
                    └─────────────┘
                           ↓
              ┌──────────────────────────┐
              │    知覚された社会的危険    │
              └──────────────────────────┘
              ┌──────────────────────────┐
              │ 自己を社会的対象として処理する │
              └──────────────────────────┘
        ┌──────────┐              ┌──────────────┐
        │ 安全行動  │              │ 身体的・認知的症状 │
        └──────────┘              └──────────────┘
```

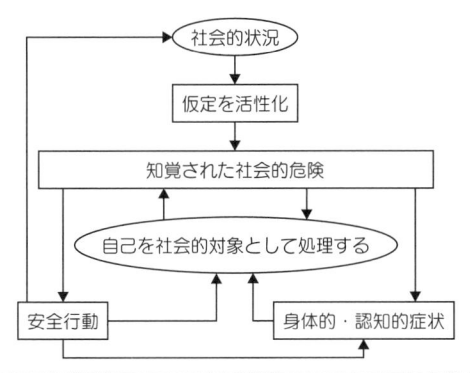

図9-2 社会不安障害者が恐怖状況に突入した時に起こると仮定されるプロセス

出典：Clark & Wells, 1995.

れています（Clark & Wells, 1995）。「社会的パフォーマンスに関する過度に高い基準」「社会的評価に関する条件づけられた信念」，そして「自分自身に関する無条件の信念」です。

「社会的パフォーマンスに関する過度に高い基準」とは，「私は誰からも認められなければならない」「私は，自分が弱い人間である徴候を一切見せてはいけない」といったものです。過度に高い基準は，達成することが難しいので，必然的に，望ましい自分の印象を見せることに失敗するのではないかという懸念を生じさせます。

「社会的評価に関する条件づけられた信念」とは，「もしAならばBである」という条件つきのスキーマです。たとえば「もし私がミスをしたら，他人は私を拒絶するだろう」「もし誰かが私を嫌ったら，それは私の失敗に違いない」といったものです。

「自分自身に関する無条件の信念」とは，「私はおかしい」「私は愚かだ」といったものです。

こうしたスキーマがあると考えることによって，「なぜ，社会不安障害者は，自分をよく見せたいという欲求が高く，自分をよく見

せる自信が低いのか」という疑問が説明可能となります。社会的状況において，過度に高いパフォーマンスを発揮しないと，人から認められないと社会不安障害者は考え，そのために，彼らは自分をよく見せたいという欲求が高いと考えられます。そして，高い基準を設定している一方で，彼らは，自分が無能であると思っており，結果として自分をよく見せる自信が低くなるのです。

さて，こうしたスキーマが活性化されてしまうと，社会的状況における普通の出来事がネガティブに解釈されてしまうのです（図9-2における「知覚された社会的危険」）。たとえば，もし，社会不安障害者が，パーティーで誰かと話していて，その人が窓の外をチラリと見たならば「私は退屈させている」と思うかもしれません。この解釈が引き金となって「不安プログラム」が動き出すのですが，それは3つの相互に関連する構成要素に分けることが有用です。

第1の要素は「身体的・認知的症状」（図9-2参照）です。社会的危険を知覚することによって身体的・認知的不安の症状が反射的に引き起こされるのです。赤面，身震い，鼓動の高鳴り，動悸，集中困難，何も考えられない状態などです。これらの症状はまた「知覚された社会的危険」のさらなる原因となります。たとえば，赤面は，他人が自分をバカにする印となる可能性があり，さらなる困惑と赤面を導くのです。

第2の要素は「安全行動」（図9-2参照）です。これは，社会的脅威を減らし，恐れている結果が起きるのを防ぐよう社会不安障害者によってなされる行動のことです。たとえば，注意を引かないように努める，視線を合わせないようにする，自分の発言を頭の中でチェックするといったことです。こうした安全行動は，しばしば，社会不安障害者の非現実的なスキーマが妥当なものであるのかを検証することを妨げ，場合によっては，彼らが恐れている症状を増強す

ることさえあります。たとえば，グラスで飲む時に手が震えてしまうのではないかと恐れている女性患者は，ワイングラスを半分だけ満たし，飲む間は，グラスをとてもきつく握りしめていたのですが，治療中に，そうした安全行動がむしろ手の震えを増強していたことを発見するのです。

　第3の要素は「注意の移動」です（図9-2では「自己を社会的対象として処理する」）。社会不安障害者は，他者から否定的に評価される可能性を察知すると，自分を社会的対象として，すなわち，他者の視点から自分自身を詳細に観察するよう注意を移動させると考えられています。そして，そうした観察によって気づいた内部感覚的情報を使って，社会不安障害者は，自分が人にどう見られているのかを考えるのです（内部感覚的情報とは，筋肉の緊張など身体内部の刺激による感覚に関する情報のことです）。たとえば，赤面に気づいた場合，その感覚に基づいて，他人は自分をおかしいと思っているに違いないと推論するのです。実際に，他人が自分のことをどう思っているかといった情報には基づいていないのです（実験例9参照）。

　こうした注意の移動は，結果としては，社会不安障害者の非現実的なスキーマを強めてしまい，一方，他者に注意が向かわなくなることによって，その非現実的なスキーマの妥当性を検証することを妨げることになります。

3.2　社会不安障害の認知行動療法

　クラークとウェルズによる社会不安障害の認知行動モデルに基づくと，実際の治療手続きは，どのようなものが考えられているのでしょうか。ここでは，クラークの考え方に基づいてごく簡単に概観します。治療的手続きは多岐にわたっており，その詳細はクラーク（Clark, 1997）を参考にしてください。

実験例9　社会不安障害者が感じる他者からの否定的な評価

　ストーパとクラーク（Stopa & Clark, 1993）は，認知モデルの観点から，社会不安障害者の特徴を実験的に観察しました。実験参加者は，社会不安障害者群，不安障害者統制群（社会不安障害以外の不安障害の患者），非患者統制群（いかなる不安障害でもない健常者）でした。以下，不安障害者統制群と非患者統制群をあわせて統制群と呼びます。

　実験の課題は，この3群が，実験協力者の女性と短い会話を行うというものです。その会話中の思考，行動，そして注意がアセスメントされました。

　実験の結果，社会不安障害者は，統制群と比べて，実験協力者との会話中の否定的な自己評価思考（たとえば「私は退屈な人間だ」）を報告しました（図9-3参照）。一方，その実験協力者による自分への評価に明白に言及する否定的思考（たとえば「彼女は私を退屈な人間だと思っている」）に関する報告では統制群と差がないことが明らかにされました。

　この研究から，「自分が他者から否定的に評価されている」という社会不安障害者の信念が，自分に対して他者が実際に示す反応を注意深く観察した結果に基づいていないことが示唆されました。この研究結果を1つの根拠として，クラークとウェルズは社会不安障害の認知行動モデルを構築したのです。

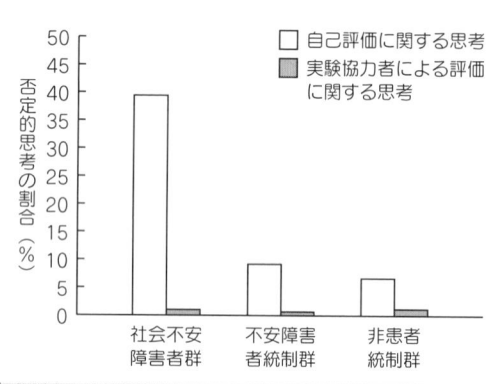

図9-3　会話中の自己評価に関する思考と実験協力者による評価に関する思考

出典：Stopa & Clark, 1993.

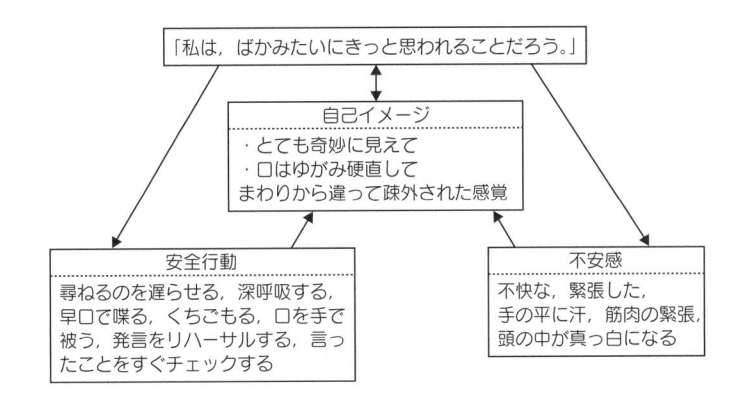

```
            ┌─────────────────────────────────────┐
            │「私は，ばかみたいにきっと思われることだろう。」│
            └─────────────────────────────────────┘
                           │
            ┌──────────────────────────────┐
            │          自己イメージ          │
            │ ・とても奇妙に見えて            │
            │ ・口はゆがみ硬直して            │
            │ まわりから違って疎外された感覚   │
            └──────────────────────────────┘
           ↙                              ↘
┌──────────────────────┐         ┌──────────────────────┐
│      安全行動         │         │       不安感         │
│ 尋ねるのを遅らせる，深呼吸する， │         │ 不快な，緊張した，    │
│ 早口で喋る，くちごもる，口を手で │         │ 手の平に汗，筋肉の緊張，│
│ 被う，発言をリハーサルする，言っ │         │ 頭の中が真っ白になる  │
│ たことをすぐチェックする      │         │                    │
└──────────────────────┘         └──────────────────────┘
```

図9-4 社会不安障害者の認知モデルの要素

出典：Clark, 1997.

治療は，まず，社会不安に関する最近のエピソードをくわしく聞くことから始まります。そして，認知行動モデルの一般モデルを用いて，その患者個人の認知行動モデルが形作られます。その一例は図9-4を見てください。

患者と治療者が，こうした認知行動モデルに同意したならば，このモデルのカギとなる要素が操作されます。一連の治療手続きが目指すことは，具体的な行動を操作することによって，患者がもつ認知の妥当性を検証していくことです。たとえば，3.1で「もし私がミスをしたら，他人は私を拒絶するだろう」といった「社会的評価に関する条件づけられた信念」を取り上げました。この信念の具体的なものとして「もしバーで酒をこぼしたら，他人からアルコール症患者と思われ，拒絶されるだろう」があります。この信念を検証するために，意図的に，実際にバーで酒をこぼしてもらうのです。実際には，店員だけが彼女をチラッと見て，そのまま会話を続けていたのです。こうした実験を通じて，患者は，自分の信念が妥当で

ないことを確信していき，認知の変容とともに，行動的，身体的，認知的側面にわたる症状が低減していくことになるのです。

▷さらに勉学を深めたい人のための文献案内
リアリィ，M. R.，生和秀敏（監訳），1990『対人不安』北大路書房。
　自己呈示理論を用いて社会不安を説明した意欲作。
丹野義彦・坂本真士，2001『自分のこころからよむ臨床心理学入門』東京大学出版会。
　抑うつ，対人不安，精神分裂病（統合失調症）など臨床心理学的問題を，社会心理学の知見を大幅に導入して，しかも，初学者が理解できるように，興味をもって読み進められるよう工夫された好著。
坂野雄二・不安・抑うつ臨床研究会（編），2000『人はなぜ人を恐れるか──対人恐怖と社会恐怖』日本評論社。
　社会恐怖，対人恐怖に関する理論と治療法，事例がわかりやすく書かれていて，社会恐怖や対人恐怖の理論や治療の入門書として最適。
丹野義彦，2001『エビデンス臨床心理学──認知行動理論の最前線』日本評論社。
　社会恐怖などの不安障害，抑うつ，精神分裂病（統合失調症）に関する認知行動理論が，わかりやすく紹介されています。
クラーク，D. M.・フェアバーン，C. G.（編），伊豫雅臣（監訳），2003『認知行動療法の科学と実践』星和書店。
　自己呈示理論を導入して作られた社会恐怖の認知モデル（第4章）のほか，パニック障害，強迫性障害などさまざまな障害に関する認知行動療法の諸研究，理論，治療の実際が収録されています。

▷本章のキーワード
社会不安，対人恐怖症，自己呈示，認知モデル，スキーマ

第 10 章

人を助け,支えること
[援助行動とソーシャル・サポート]

この章では,「援助行動」と「ソーシャル・サポート」という,2つの内容を取り扱います。従来,援助行動はもっぱら社会心理学の枠内で研究が進められ,ソーシャル・サポートはコミュニティ・メンタルヘルスの分野から出発し,健康心理学,社会心理学などの境界領域で取り扱われてきたという違いがあります。しかしながら,どちらも「人が,人を助け,支える」という問題に真正面から向き合うものであり,臨床的関わりにとっても大きな意味をもつテーマでもあります。この章では,それぞれのトピックのもとでどのような問題が取り上げられてきたのかを紹介し,今後の方向性についても考えてみたいと思います。

1 助けること,助けられること——援助行動と対人関係

1.1 援助行動への視点

(1) 援助行動とは　援助行動とは,一言でいえば「人を助ける行動」ということですが,何を「援助」と考えるかというのは意外に難しい問題です。たとえば,以下のような行動はどうでしょうか。

① 友だちがカンニングをたくらんでいたので,止めろと叱った。
② 彼女の気を引きたいので,重い荷物を持ってあげた。
③ 失恋した友だちを1人にしたくないので,一緒に過ごした。

　社会心理学では,**援助行動**とは一般に「相手が困っている,あるいは困りそうであると認知した時に,多少の犠牲は覚悟のうえで,相手がその状況から抜け出すために力を貸す行為」とされています(中村, 1987 を参照)。類似の概念に「**愛他的行動**」がありますが,これは他者の利益のみを願い,外的な報酬を期待することなく行われる自発的な行動で,いたわりや愛情表現を含みます。なお,これらを包括するより広い概念として「**向社会的行動**」(prosocial behavior)

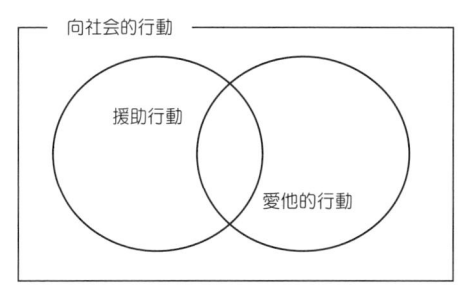

図10-1 援助行動，愛他的行動と向社会的行動の関係

があります。これは，社会的価値の認められた行動全般を指しており，協同や寛容，同情，分与などを含みます（対立する概念が「反社会的行動」であり，第11章の「攻撃行動」はその典型です）。援助行動，愛他的行動と向社会的行動の関係は，図10-1のようになっています。

先の例でいうと，①は行為としては「叱る」ということですが，社会的には正しい行動と考えられますので「向社会的行動」といえます。②は何やら隠れた意図があるという感じで愛他的とはとうていいえませんが，もしもその時に彼女が重い荷物のために困っていたとしたら，その軽減には役立っているので援助行動に含められます。③は典型的な愛他的行動であり，一緒にいて何をするかによって，援助行動にもなりうると考えることができます。

(2) **援助行動の研究理由**　この章の最初にも述べたように，援助行動は，社会心理学の重要な研究テーマの1つとなってきました。その理由は，大きく2つあると考えられます。

1つの理由は，援助行動は「対人行動」の典型であるということです。援助には，必ず「助ける人」と「助けられる人」，つまり行動の送り手と受け手がいます。そして，ある時には一方が送り手になり別の時には受け手にもなるというように，対人関係のなかで送

> 1964年3月13日の朝3時30分頃、ニューヨークに住む1人の若い女性が、仕事を終えて自宅に戻ろうとしていた。駐車場からアパートに向かう途中、彼女は1人の男がものかげに潜んでいることに気づいた。気味悪くなった彼女は近くの電話ボックスに急いだ。しかし、電話をかけるよりも前に、ナイフを持ったその男性が襲ってきた。彼女は悲鳴を上げ、大声で助けを求めた。
> 後の調べによれば、その時彼女に気づいた付近の住人は、全部で38人いた。1人は「その女性を放せ」と叫び、男は近くの暗闇に身を隠した。しかし、彼女を助けようと外に出た人はいなかった。男は再び姿を現し、またも彼女にナイフで切りつけた。彼女は先と同じく悲鳴を上げた。いくつかの部屋に明かりがともったが、やはり誰も外には出ず、警察にも通報しなかった。再び闇に身を隠した男は、アパートの階段までたどりついていた彼女に追いつき、その命を奪った。3時50分頃、ようやく警察に通報があり、2分後にはパトカーが到着した。しかし、時すでに遅く、彼女は死んでいた。

図10-2 キティ・ジェノビーズ嬢事件の概略

り手と受け手の役割が入れ替わったり、また行動とその結果が、送り手と受け手との関係性を変化させていくこともあります。社会心理学は人と人との関わりについての心理学ですので、援助行動はその格好のテーマになる、というわけです。

もう1つの、そして重要な理由は、「人を助ける」ということについては強力な社会的規範が存在する、ということです。要するに「援助を必要とする人には、手をさしのべるべきだ（放っておくべきではない）」ということです。この規範はあらゆる社会政策の根本であり、身近なところでは、お年寄りのためのシルバーシートなどもこの規範があってこそ受け入れられる、ということになります。

ところが、社会的規範は時に守られないこともあります。社会心理学における援助行動の研究は、じつはこの「助けるべきなのに、しない」という現実をめぐって始められたと言ってもよいくらいです。図10-2は、アメリカにおける援助行動研究のきっかけになったとされるキティ・ジェノビーズ嬢事件についての記述です（高木、

1998)。

　この事件は当時,「なぜ,多くの人が気づいていたのに助けることができなかったのか」について多くの論争を引き起こしたと言われています。そして,援助に関わる心理的要因の解明に向けて,さまざまな研究が行われるようになりました。

1.2　援助者の心理

(1) **援助者の意思決定過程**　人を助けるというのは,いざやろうとするとけっこう難しい場合があります。たとえばあなたは,Case 10-1 のような体験をしたことがないでしょうか。

―― Case 10-1 ――
〔援助行動をしそこなったF君の事例〕
　学校の帰り,F君は,いつものように電車に乗っていました。
　端っこの席に座ってぼんやり外を見ていると,途中の駅で,白髪まじりのおじさんが乗ってきました。出張帰りなのか,大きな荷物を持ってかなり疲れているようです。――①
　「席をゆずろうかなぁ」とF君は考えました。でも,ほかにも座っている人はたくさんいます。――②
　F君は迷いました。
　"ぼくも疲れてるし……ゆずっても,断られちゃうかなぁ"――③
　"どう言えばいいんだろう。いっそのこと,黙って別の車両に行っちゃおうかなぁ"――④
　そうこうしているうちに,向かいの座席に座っていた男の子が,不意に立ち上がりました。「おじさん,どうぞ」。
　F君は,結局席をゆずることができませんでした。

　助けようか助けまいか……。F君のこのような心の動きは,援助行動の実行に至るまでの「意思決定過程」として,以下のように理解することができます。

　① 必要性の認知:援助を必要とする人がいるか?

第10章　人を助け,支えること

② 責任性の認知：自分が援助すべきか？
③ コストと報酬の査定：援助が自分に見合っているか？
④ 方法の決定：どうやって援助するか？

このような過程を経て，⑤実行の決定，つまり「助けよう」と決める段階に至ります。F君の場合は，この意思決定過程の途中で時間がかかりすぎ，実行の決定までたどりつけなかった，ということになります。

なお，援助行動の意思決定過程についてはより複雑なモデルがいくつも提案されています。くわしくは松井（1991, 1998）などを参照してください。

(2) **援助者にとっての援助の意義**　「情けは人のためならず」とよく言われますが，人を助けることは，助けられる側ではなく，助ける側にとっても意義があると考えられます（Midlarsky, 1991）。困っている人をうまく助けることができれば，たとえば感謝されるといった好ましい反応が相手から得られ，気分がよくなるかもしれません。また，援助という社会的に意義のあることができたということで，長期的に見ても，そのようなことができる自分自身を高く評価でき，また時には生きがいにもつながるような有意義感を得ることができる場合もあるでしょう。そして，このような援助者にとっての効果は，「人を助けたい」という意欲を高めるという動機づけへの効果ももたらすと考えられます。

なお，高木ら（たとえば高木, 1998；妹尾・高木, 2002）は，援助者にとっての援助効果を「援助成果」と呼んで被援助者側の「援助効果」と区別し，実証研究を進めています。

1.3 援助行動のおもな影響要因

援助行動の研究は，キティ・ジェノビーズ嬢事件のような事例を

踏まえ，人を助ける行動を促進したり抑制したりする要因をめぐって展開されてきました。そのおもなものを紹介しましょう。

(1) **他者存在の影響──状況的要因**　まず，状況的要因があります。援助を必要とする人と自分以外にも，誰か他の人がその場にいるかどうか，ということです。とくに抑制方向に働く場合は「**傍観者効果**」と呼ばれています。

この問題については，ラタネとダーリー (Latané & Darley, 1970) が数多くの有名な実験を報告しています。たとえば，そのなかの1つの実験 (Darley & Latané, 1968) によれば，「個人的な問題を話し合う」という名目で集められた人たちのグループが，インターホン越しに会話している間に1人が発作を起こした場合，自分とその人以外の他者が多くいればいるほど，実験者に事態を知らせるまでにかかる時間が長く，また最終的に知らせた人も少なかったことが明らかになりました（手続きは図10-3参照）。また，この傾向は被験者の性格特徴とは関係ありませんでした。

このような傍観者効果の背景には，その場での注意が援助を必要とする人以外の他者にも向けられるという「**注意の散逸**」に加え，"自分が助けなくても，誰かが助けるだろう"という「**責任の分散**」が関わっているとされています。さらに，その場に居合わせる他者が見知らぬ人であれば，援助が必要であるかどうかの判断の誤りや援助の失敗によって他者からのネガティブな評価を懸念する「**聴衆抑制**」が生じたり (Latané & Rodin, 1969)，その場での他者の行動がその状況の意味や自分がすべき行動についての解釈（援助が本当に必要なのか，援助すべきなのか）に影響を与えることも指摘されています。

なお，最後に指摘した他者の影響は，もしも適切な「**援助モデル**」（どんな援助をすればよいかの手本になる人）がいれば，援助行動は促

```
┌─────────────────────────────────────────────────┐
│「大学生活における個人的問題を話し合う」名目で，実験室に来室│
└─────────────────────────────────────────────────┘
                      ↓
            ┌──────────────────┐
            │  メンバー顔合わせ  │
            └──────────────────┘
                      ↓
┌─────────────────────────────────────────────────┐
│ "匿名性確保のためインターホンで討論"と説明され，個室へ │
└─────────────────────────────────────────────────┘
                      ↓
    ※メンバー構成
     ● ◎     ● ○ ◎     ● ○ ○ ○ ○ ◎
     ●＝本物の被験者  ○＝何もしない  ◎＝後で発作を起こす
                              実験協力者
                      ↓
┌─────────────────────────────────────────────────┐
│ 討論開始（※被験者〔●〕が聞くのは，あらかじめ録音されたもの）│
└─────────────────────────────────────────────────┘
┌─────────────────────────────────────────────────┐
│ 数分後，1人（◎）が突然発作を起こす（※実際には録音されたもの）│
└─────────────────────────────────────────────────┘
                      ↓
┌─────────────────────────────────────────────────┐
│ 被験者（●）は，個室を出て実験者に事態を知らせるか？│
│ 〔6分間知らせに来なければ，実験打ち切り〕         │
│ （※インターホンは同時通話不可能）                │
└─────────────────────────────────────────────────┘
                      ↓
┌─────────────────────────────────────────────────┐
│ 実験内容を説明（デブリーフィング）した後，性格検査などを実施│
└─────────────────────────────────────────────────┘
```

図10-3 他者存在と援助の抑制についての実験手続き

出典：Darley & Latané, 1968.

進されることを示しています。援助モデルは，援助が必要なまさにその場面だけでなく，日常生活のいたるところに存在し，社会的学習のプロセスを通じて援助場面での行動に影響を与えます。たとえばスプラフキンら（Sprafkin et al., 1975）は，子どもたちにTVドラマ「名犬ラッシー」の援助シーンを見せたところ，そうでないシーンや他の番組を見せた子どもよりも援助行動をする傾向が高まった，という実験結果を報告しています。

(2) 原因帰属──援助者の要因　　他者の存在に代表される状況的

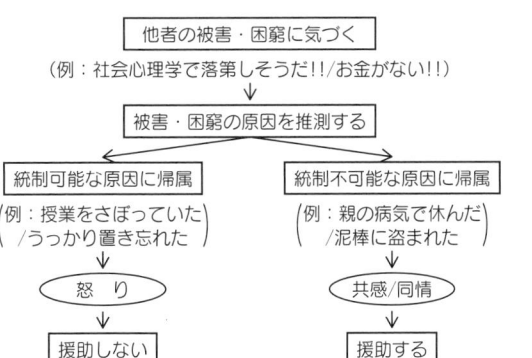

```
           ┌──────────────────────────┐
           │ 他者の被害・困窮に気づく │
           └──────────────────────────┘
    (例：社会心理学で落第しそうだ!!/お金がない!!)
            ┌────────────────────────┐
            │ 被害・困窮の原因を推測する │
            └────────────────────────┘
              ↙                    ↘
   ┌──────────────────┐      ┌──────────────────────┐
   │ 統制可能な原因に帰属 │    │ 統制不可能な原因に帰属 │
   └──────────────────┘      └──────────────────────┘
   (例：授業をさぼっていた)    (例：親の病気で休んだ)
   (/うっかり置き忘れた   )    (/泥棒に盗まれた      )
            ↓                         ↓
        ( 怒 り )                ( 共感/同情 )
            ↓                         ↓
      ┌──────────┐              ┌──────────┐
      │ 援助しない │              │ 援助する │
      └──────────┘              └──────────┘
      (例：あんたが悪いんだ)     (例：教える/貸してあげる)
```

図 10-4 原因帰属と援助行動の生起についての模式図

出典：竹村，1994 をもとに作成。

要因以外にも、援助者側の要因によって援助行動は左右されます。ここではその1つとして原因帰属を取り上げましょう。

原因帰属とは「なぜ困っているのか？」という事態についての認知です（第1章参照）。たとえば、顔見知りの学生にノートを貸してほしいと頼まれた時、「さぼっていて授業に出ていない」場合と「病気で休んでいた」場合とでは、貸す気になるかどうかは違ってくるでしょう。さぼっていたのは自分が悪いのだから、そんなことで困っているからといって助けたいとは思いませんね。ここでは、原因がその困っている人にとって「統制可能」であったかどうか、が問題です。たとえば「病気で休んでいた」としても、それが明らかに本人の不摂生によるものであれば、あまり助けたいとは思わないでしょう（図10-4）。

なお、阪神・淡路大震災を契機として自然災害に対するボランティア活動がさかんになってきましたが、自然災害による被害は、明らかに統制不可能な原因によってもたらされたものです。その点で、

困窮に対する共感が得られやすく,援助行動が起こりやすい事態であるということができます。

1.4 被援助者の心理

「被援助者」とは,援助を受ける側のことです。援助行動は対人行動の典型であり,送り手がいればつねに受け手がいます。援助を受ける側にどのような心理過程があるかということは,臨床心理学的な「援助者」としての行動を考えるうえでも,また,日常生活のなかでの援助を考えるうえでも,ともに重要なことだと思います。

(1) **援助要請の意思決定過程**　援助をする側と同じく,援助を求める側にも,意思決定の過程があります。相川 (1989) は,この過程を図 10-5 に示す流れにまとめています。

このモデルでは,自分が何か問題を抱え,解決の必要がある時でも,まず自分で解決できるかどうかが吟味されること,そして自分で解決できない場合でも,「頼める相手」がおり「頼む方法」がわからないと援助を求めることはできない,ということが指摘されています。つまり,問題があるからといって援助要請が行われるとは限らず,とくに要請者側に適切な社会的スキル(援助が得られるような対人関係を築き,実際に援助を求めるスキル)がないと援助を求めることは難しい,ということです。

(2) **援助を受けることに伴う否定的な反応**　人を助けようとする時,誰も「悪いことをしている」とは思わないでしょう。自分の時間や労力を使って困っている人を助けるのは,それがよいことだと思えばこそです。しかし一方,「助けられる側」はどうでしょう。つねに必ず,助けられることはうれしいものなのでしょうか。

援助は,つねに相手に喜んで受け入れられるわけではありません。別に援助者が悪人だというのではなく,助けることが「よい」こと

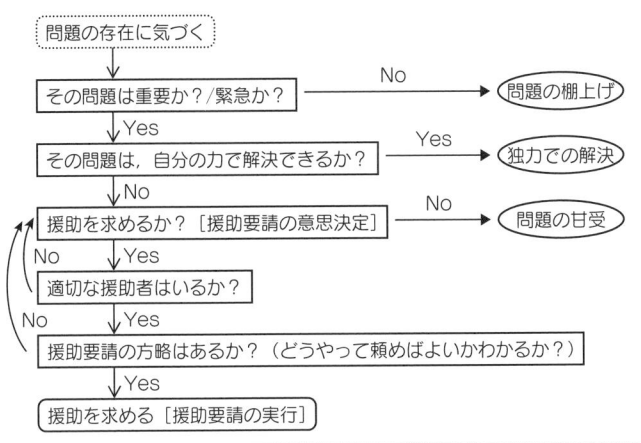

```
┌─────────────────┐
│ 問題の存在に気づく │
└────────┬────────┘
         ↓
┌─────────────────────┐      No
│ その問題は重要か？/緊急か？ │──────→ 問題の棚上げ
└────────┬────────────┘
       Yes↓
┌──────────────────────────┐  Yes
│ その問題は、自分の力で解決できるか？ │──→ 独力での解決
└────────┬─────────────────┘
       No↓
┌────────────────────────────┐  No
│ 援助を求めるか？［援助要請の意思決定］│──→ 問題の甘受
└────────┬───────────────────┘
    No  Yes↓
   ┌──────────────────┐
   │ 適切な援助者はいるか？│
   └────────┬─────────┘
      No  Yes↓
   ┌────────────────────────────────────┐
   │ 援助要請の方略はあるか？（どうやって頼めばよいかわかるか？）│
   └────────┬───────────────────────────┘
          Yes↓
   ┌─────────────────────────┐
   │ 援助を求める［援助要請の実行］│
   └─────────────────────────┘
```

図10-5 援助要請の意思決定過程についてのモデル

出典：相川，1989 を参考に作成。

であるがゆえに，かえって「助けられる側」にとって受け入れがたいこともあるのです。

被援助者に起こりうる否定的な反応には，大きく分けて2つがあるとされています。それは，「自尊心への脅威」と「心理的負債感」です（Greenberg & Westcott, 1983；Nadler & Fisher, 1986）。

自尊心への脅威とは，助けられることによって，自分は人を助けるという「よいこと」をする能力がない，自立できていない人間であると感じ，自尊心が傷つくことをいいます。"自分はなんて情けないヤツなんだ……"というわけです。

心理的負債感とは，助けてもらうことに対して，自分も何かお返しをしなくてはならない，という気持ちになることをいいます。対人関係には互恵性あるいは返報性の規範（相手がしたことを自分もやろうとする，自分がしたことを相手にもしてほしいと思う）がありますので，助けてもらうばかりでは，"申し訳ない""自分も何かしなくて

は"という気持ちになるわけです。

 自尊心の脅威や心理的負債感が起こりそうな場合，つまり「してもらってばかり」「お返しができそうにない」と思うような場合には，人は援助を受けることを躊躇します。たとえ周囲から見ると，援助を受けることが必要だと思えるような場合でもです。高木と福岡（1996）は，阪神・淡路大震災で避難所での長期間の生活を余儀なくされた人たちへの面接調査から，援助を受けることへの否定的な感情があることを報告しています。

2 人が人を支える──ソーシャル・サポート

2.1 ソーシャル・サポートの研究者が考えていること

 「ソーシャル・サポート」は，1970年代の後半ないしは80年代のはじめ頃から使われるようになった言葉です。アメリカ心理学会発行の抄録誌として知られる『*Psychological Abstracts*』にキーフレーズとして「social support networks」が登場したのは1982年のことです。たとえば「援助行動」(helping behavior) など日常語としても使われる言葉と比べると，比較的新しい用語であるということができます。そして，ソーシャル・サポートとは何か，というと，実のところ現在までさまざまな議論があり，研究者の間で確定した定義はないとされています（浦，1999）。

 とはいえ，ソーシャル・サポートという言葉を使っている研究者，とりわけ臨床心理学あるいは臨床心理学と社会心理学の境界領域で仕事をしている人たちは，多かれ少なかれ一定の考え方を共有しているように思われます。それは「ある人を取りまく重要な他者から得られるさまざまな形の援助 (support) は，その人の健康の維持・増進に重大な役割を果たす」（久田，1987）というものです。ソーシ

表 10-1 ソーシャル・サポート研究のおもな背景要因

①生活出来事研究（Holmes & Rahe, 1967；Rabkin & Struening, 1976 など）
 ＝生活上の大きな変化（転勤，入学，離別など）が積み重なると，病気にかかる率が高くなるが，誰もが病気になるわけではない。
②社会的ネットワーク研究（Mitchel, 1969；Wellman, 1981 など）
 ＝社会学・人類学における人々の人間関係の「構造面」への注目。
  例：弱い結びつきの方が，新たな情報を得て変化に対応しやすい。
③疫学的研究（Berkman & Syme, 1979 など）
 ＝社会的なつながりの多さや親しい人との結びつきが，罹患率や死亡率と関連することを実証。
④地域精神衛生（コミュニティ・メンタルヘルス；Caplan, 1974 など）
 ＝予防的な観点からの"普通の（専門家でない）人々"への注目。

ャル・サポート研究では，人と人との日常的な結びつきが「人を支え助ける」という意味でどんな意義をもち，またどんな限界があるのか，といったことが問われています。

2.2 ソーシャル・サポート研究とは

(1) ソーシャル・サポート研究の背景と契機　ソーシャル・サポートという言葉が登場した1970年代後半までに，いくつかその背景になる動きがありました。それらはおおよそ，表10-1のようにまとめることができます。

これらのうちで，とくに4つ目の地域精神衛生の立場は，ソーシャル・サポートという概念を生み出す直接の母体となりました。精神医学者のキャプランは次のように述べています。

「重要な他者は，人がみずからの心理的な資源を動員して，情緒的な負担を乗り越える助けとなる。重要な他者は，一緒になって問題に取り組んでくれたり，お金や物や道具や技術を提供してくれたり，どのように考えればよいかアドバイスしてくれたりする。それらは，その人が状況に対してうまく対処できるようにするのに役立

つのである」(Caplan, 1974)。

　ここには，人々のメンタルヘルスの促進のために，専門家ではない"普通の人々"がいかにお互いを支え合い，困難を乗り越えていくことができるのか，ということについての考え方が述べられています。キャプランはこのような意味での人々のつながりを比喩的に「ソーシャル・サポート・システム」と表現しました。

　(2) ソーシャル・サポートの内容　　上述のキャプランのような考え方は，サポートの内容面への言及へとつながりました。たとえばコッブ (Cobb, 1976) は，ソーシャル・サポートとは，①気にかけられ，愛されている，②尊敬され，価値ある存在として認められている，③互いに義務を分かち合うネットワークの一員である，ということをその人に信じさせてくれるような情報であると述べています。またハウス (House, 1981) は，対人相互作用において，①共感したり，愛情を注いだり，信じてあげたりすること（情緒的），②仕事を手伝ったり，お金や物を貸してあげたりすること（道具的），③問題への対処に必要な情報や知識を提供すること（情報的），④人の行動や業績に最もふさわしい評価を与えること（評価的），が含まれる時がソーシャル・サポートであるとしています。このようなサポート内容への言及はさまざまな研究者によって行われており，ヴォー (Vaux, 1988) は表10-2のようにまとめています。

　(3) ソーシャル・サポートへのアプローチ　　前述のようなソーシャル・サポートは，ではどのような方法で把握することができるのでしょうか。ソーシャル・サポート研究ではさまざまなアプローチがとられてきましたが，バレラ (Barrera, 1986) は3つに分類しています。表10-3は，それらをわかりやすく示したものです。

　これらはそれぞれ独自の意味をもっているので，「ソーシャル・サポート」とたんに呼ぶだけでは不十分です。たとえば，実行され

表10-2　ソーシャル・サポートの内容

論者	サポート機能						
リンら	道具的					表出的	
バティソン	道具的					感情的	
ワイス	社会的統合	指導	愛着	価値の統合		所属	社会的統合
コッブ		情報的(環境的)	情緒的	評価(自己評価)			
ハウス	道具的						
ウィルズ	道具的	情報的	動機づけ支持	評価			社会的比較
キャプラン	具体的援助 実践的サービス	問題解決的情報	情緒の統制	フィードバック			休息と回復
フォア	品物 サービス	情報	愛	地位			
トルスドルフ	実体的援助	アドバイス	非実体的援助	フィードバック			
ハーシュ	実体的援助	認知的指導	情緒的サポート	社会的強化			社会化
コットリーブ	問題解決		情緒的支持				
バレラ	物質的助力	行動的援助	指導	親密な相互作用 フィードバック	ポジティブな相互作用		社会化
ヴォー	金銭的援助 実践的援助	アドバイス・指導	情緒的サポート				社会化

出典：Vaux, 1988.

表10-3　ソーシャル・サポートの測定——3つのアプローチ

①(ソーシャル・)サポート・ネットワーク(support network)
　＝サポート提供者の存在ないし人数を問う。
　「○○をしてくれる人」の存在
②知覚されたサポート(perceived support)
　＝サポートの入手可能性ないし予期(期待)の程度を問う。
　「必要なら，○○してくれる」
③実行されたサポート(enacted support)
　＝実際のサポートのやりとり(一定期間内で他者からサポートを受けた経験あるいは実績)を問う。
　「実際に，○○してくれた」

たサポートはその人が何か問題を抱えた時に提供されるものですが(たとえば，先生に叱られて落ち込んだ友だちを励ます)，**サポート・ネットワークや知覚されたサポート**はそのような問題が起こっていなくても存在します。ですから，実証研究においては，どのようなアプローチで測定する(されている)のかをはっきり区別する必要があります。

2.3　ソーシャル・サポートの効果とそのメカニズム

(1) ソーシャル・サポートと心の健康　　まずは，表10-4，表10-5の質問例に答えてみてください。

かりに多くの人がこれらの質問に答えてそれぞれの得点を算出すると，図10-6のような図にプロットすることができます(友人などに試してみましょう)。そうすると，多くの場合，サポートの得点が高い人は抑うつの得点が低く，逆にサポートの得点が低い人は抑うつの得点が高い，という傾向が見られます。つまり，サポートが豊富な人ほど心理的に健康である，ということです。

図10-6のような散布図が得られた場合，サポートと抑うつとの間には負の相関があることになります。サポート・ネットワークや

表 10-4 サポート・ネットワークの質問例

> あなたの周囲の人たちとの関係について、おたずねします。
> 　現在、あなたの友人や近隣、職場の人など、家族や親戚以外の人たちのなかには、あなたに以下のことをしてくれる人、あるいは必要ならしてくれると思う人はいますか？（それぞれ○印は1つ）

1　あなたの気分をなごませたり、くつろがせてくれる人は……
　　［1. いない　2. 一応いる　3. 確かにいる］
2　あなたがふだんやらなくてはならない用事を手伝ってくれる人は……
　　［1. いない　2. 一応いる　3. 確かにいる］
3　あなたの不満や悩みやつらい気持ちを受けとめ、耳を傾けてくれる人は……
　　［1. いない　2. 一応いる　3. 確かにいる］
4　あなたが日中に外出するとき、必要なことを代わりにやってくれる人は……
　　［1. いない　2. 一応いる　3. 確かにいる］
5　困ったことやわからないことがあるとき、相談にのってくれる人は……
　　［1. いない　2. 一応いる　3. 確かにいる］
6　あなたが1日以上家を留守にしなくてはならないとき、その間の世話をしてくれる人は……
　　［1. いない　2. 一応いる　3. 確かにいる］
7　物事を決めなくてはいけないとき、あなたの参考になる意見を言ってくれる人は……
　　［1. いない　2. 一応いる　3. 確かにいる］
8　身体の具合が思わしくないとき、面倒をみてくれる人は……
　　［1. いない　2. 一応いる　3. 確かにいる］

注：40〜59歳の社会人 159 名；平均 15.2、標準偏差 4.3／18〜24 歳の大学生 384 名；平均 17.1、標準偏差 3.9。なお「家族・親戚」については別途質問している。
出典：福岡、2002b より。

知覚されたサポートと抑うつに代表される心理的な不健康の指標との間には、このような相関関係が従来の多くの研究で見出されており、心の健康に対するサポートの効果を示唆しています。

(2)　ソーシャル・サポートが有効になる仕組み　　では、どのようなメカニズムでソーシャル・サポートは効果を発揮すると考えられるのでしょうか。

まず第1に、サポートが得られるような対人関係をもっているこ

表10-5 抑うつの質問例

下の10個の質問について，自分が最も当てはまる答えに○をつけてください。

1 近ごろ元気がないですか？
  [3. はい　2. どちらでもない　1. いいえ]
2 人生が悲しく希望がもてないですか？
  [3. はい　2. どちらでもない　1. いいえ]
3 いつもおもしろくなく気がふさぎますか？
  [3. はい　2. どちらでもない　1. いいえ]
4 会合に出席してもいつも孤独を感じますか？
  [3. はい　2. どちらでもない　1. いいえ]
5 ひとりぼっちだと感じることがありますか？
  [3. はい　2. どちらでもない　1. いいえ]
6 人に会いたくない時がありますか？
  [3. はい　2. どちらでもない　1. いいえ]
7 ひけ目を感じることがありますか？
  [3. はい　2. どちらでもない　1. いいえ]
8 ゆううつな時がありますか？
  [3. はい　2. どちらでもない　1. いいえ]
9 自分の生き方は間違っていたと思いますか？
  [3. はい　2. どちらでもない　1. いいえ]
10 近ごろ何かにつけて自信がなくなってきましたか？
  [3. はい　2. どちらでもない　1. いいえ]

注：勤労社会人6686名の結果。男性；平均14.1，標準偏差3.4／女性；平均16.0，標準偏差3.8。
出典：鈴木ら，1976より。

とは，その人の心の安定に寄与し，アイデンティティを支えることが考えられます（Thoits, 1985）。また，豊かなサポート・ネットワークに囲まれている人は，生活上の困難（ストレッサー）を体験することが少ない，という予防的な効果も起こる可能性があります（金沢，1995）。このような考え方は，ソーシャル・サポートの「**直接効果説**」と呼ばれています。サポートと健康指標との間にしばしば見られる有意な相関は，この直接効果として解釈することが可能です。

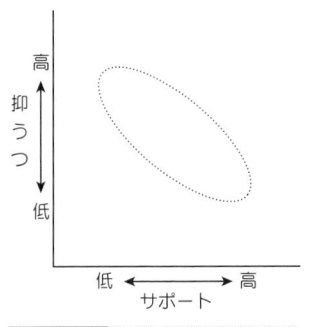

図 10-6 サポートと抑うつの関係（模式図）

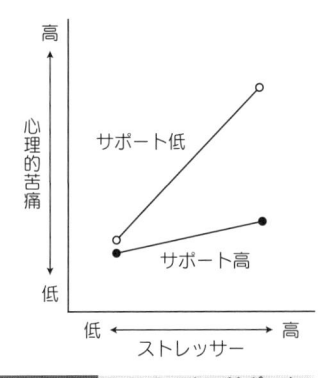

注：楕円は得点の分布を表す。

図 10-7 ソーシャル・サポートのストレス緩衝効果

　また，かりにストレッサーになりうるような出来事を体験しても，必要ならサポートが得られると思うことができれば（知覚されたサポート），出来事の影響を小さく見積もることができ，結果的に心身の健康を損なうことは少なくなります。この場合，サポートはストレッサーにさらされた人にとってとくに大きな効果をもつことになり，一般に「**ストレス緩衝効果**」と呼ばれます（図10-7）。

　また，サポートが得られると思えば，実際の**対処行動**にもプラスに働く可能性があります。たとえば三浦ら（1995）は，中学生を対象とした調査で，友人や教師からの知覚されたサポートが学業ストレスへの積極的な対処や思考の肯定的転換を促す，という結果を得ています。また福岡ら（2001）は，軽度痴呆老人の介護者が豊かなサポート・ネットワークをもっている場合には，被介護者への行動がより適切になるという結果を報告しています。

　さらに，ストレッサーにさらされた結果として心身に何らかのネガティブな状態が起こってしまった場合（たとえば気分が落ち込んだ，体調を崩したなど）には，実際に他者からサポートが得られること（実行されたサポート）によって，その軽減・回復が促進されると考

えられます。実行されたサポートを多く受けている人はストレッサーに苦しんでいる場合が多いので，実行されたサポートが健康に寄与するという実証研究は意外に少ないのですが，福岡（2002a）の調査では，特定のストレッサーに対して友人からサポートを多く得た人とそうでない人を比べると，サポートを得た人の方が気分状態がよいことを報告しています。同様の効果は，松崎ら（Matsuzaki et al., 1993），菅沼・浦（1997）をはじめとするいくつかの実験的研究においても明らかにされています。

2.4 サポート効果の限界

前項では，ソーシャル・サポートが有効になる仕組みについて説明しました。しかし，ソーシャル・サポートはけっして万能薬ではなく，その効果にはさまざまな意味で限界があります。

たとえば，ストレッサーが非常に重大である場合，知覚されたサポートが豊富でもその効果には限界があります（浦, 1992）。また，たとえば自然災害のようにその人の対人関係全般に広く影響を与えるようなストレッサーであれば，ストレッサー自体がサポート・ネットワークを傷つけてしまい，知覚されたサポートや実行されたサポートが減少してしまうこともあります（Kaniasty & Norris, 1993）。また，親密な人間関係においては一方が強いストレス状態に陥ると他方もその悪影響を受けてしまい（たとえば家族が病気になった時など），適切なサポートが提供できなくなることもあります（Dunkel-Schetter & Bennett, 1990）。また，一方的にサポートを受ける側になると，自尊心への脅威や心理的負債感から，知覚されたサポートが十分に機能せず，結果的に心の健康が損なわれることもありえます（福岡, 2003）。

3 おわりに

援助行動研究とソーシャル・サポート研究は，内容面の重なりをもちつつも，異なる起源をもち，別個に研究が行われてきました。松井・浦（1998）も，研究の対象や方法などから両者を対比させて説明しています。しかし，最近の動向として，家族や友人といった身近な対人関係のなかで人々が互いにどのようにして支え合っているのか，という問題に強い関心が向けられるようになり，援助行動研究とソーシャル・サポート研究は今まで以上に同じ問題意識を共有するようになってきました。西川（2000）は，両方の研究はともに「苦境に立ち，ストレスをいだいている人々に安寧をもたらす」行動を扱っている，と述べています。また松井・浦（1998）も，領域間の交流が深まってより包括的な視点が生まれることを期待する，と述べています。「人が，人を助け，支える」ことの大切さと難しさを前にして，双方の研究にはさらに意味ある知見を生み出すことが求められています。

▷さらに勉学を深めたい人のための文献案内
- 高木修，1998『人を助ける心——援助行動の社会心理学（セレクション社会心理学7）』サイエンス社。
  援助行動についてわかりやすく幅広く解説してあります。
- 浦光博，1992『支えあう人と人——ソーシャル・サポートの社会心理学（セレクション社会心理学8）』サイエンス社。
  ソーシャル・サポートの入門書です。研究の背景や問題点について丁寧に述べられています。
- 西川正之（編），2000『援助とサポートの社会心理学——助けあう人間のこころと行動（シリーズ21世紀の社会心理学4）』北大路書房。
  青年・高齢者，近隣・災害といった対象者や領域別の章からなり，

研究の現状をわかりやすく論じています。

松井豊・浦光博（編），1998『人を支える心の科学（対人行動学研究シリーズ7）』誠信書房。

援助行動の研究者とソーシャル・サポートの研究者が協同した専門書であり，研究の方向性が論じられています。

▷本章のキーワード

援助行動，傍観者効果，意思決定過程，自尊心への脅威，心理的負債感，ソーシャル・サポート，直接効果，ストレス緩衝効果

第11章

人はなぜ攻撃するのか？
[攻撃行動と怒り・自己]

1 何を攻撃とするか——攻撃行動の定義

「あの人はなんでいつもあんなに攻撃的なのかなぁ」「現在，阪神9回裏の攻撃，バッターは……」「アメリカの対イラク攻撃に対する各国の反応は……」など，私たちは普段，生活のなかで「攻撃」という言葉をいろいろな形でよく用います。ではそもそも，攻撃（行動）とはいったい何なのでしょうか。それを厳密にとらえて研究するためにはまず，**攻撃行動**というものを定義することから始めなければなりません。次の例を見てください。

― Case 11-1 ―
　ある日，Aさんはどうも歯の奥が痛いので歯医者に行った。親不知であることがわかったので，歯医者は歯茎を切開して抜歯した。その後1週間ほど，Aさんは歯の奥の痛みが続き，食事もままならなかった。

　この歯医者は，Aさんに1週間の痛みを与えたわけですが，はたしてこれは攻撃と言えるでしょうか。ここでは，歯医者はAさんを傷つけようとして，歯茎を切ったり歯を抜いたりしているわけではありません。あくまで治療という目的のもとに行動しています。では，次の例も見てみましょう。みなさんは，テレビで格闘技を見ますか。

― Case 11-2 ―
　K1戦士ミルコ・クロコップのミドル・キックが，野獣ボブ・サップの右脇腹に炸裂！　ひるんだところに，ミルコの左ストレートがサップの顔面を直撃！　サップは激痛のあまり，マットに倒れ込んだ。

　ミルコは明らかにサップを傷つけようとしています。その意味でははれっきとした攻撃かもしれません。しかし，これは格闘技という社会的に容認されたスポーツであり，2人は力を競い合うという目

的のもとに行動しています。言い換えれば,ミルコはけっしてサップが憎いとかサップをこらしめてやりたいと思っているわけではありません(2人がリング外の実生活で本当に仲が悪ければ話は別ですが)。

このように,心理学の研究対象となる攻撃行動は,行動の見た目の様子だけでなく,その**意図性**を問題とします(攻撃行動の意図性の問題についてくわしくは,湯川,2001を見てください)。この点を踏まえ,バロンとリチャードソン(Baron & Richardson, 1994)は,攻撃(行動)を,「そのように扱われることを避けたいと動機づけられた他の生活体を害したり傷つけたりするという目標へと向けられた,あらゆる形態の行動」と定義しています。つまり,治療を受けたAさんや,リングに上がったサップは,いやがり拒んでいるわけではないので(むしろ,そもそもみずから選択的にその状況を求めているので),歯医者やミルコの行動は攻撃ではないことになります。ただし,もう止めてくれと頼むAさんやサップの懇願を無視して行動を続けた場合は,即座に攻撃となります。では,次の場合はどうでしょうか。

― Case 11-3 ―――――――――
　Bさんのことを心底憎いと思っているCさんが,ある日,待ち伏せしてBさんに殴りかかったところ,武道の心得のあるBさんに見事にかわされた。

実際にBさんは傷ついておらず,Cさんの行動は未遂に終わっています。しかし,これは攻撃に相当します。Cさんに,Bさんを傷つけようとする意図があるからです。つまり,行動の結果は,攻撃行動かどうかの判断に関係ありません。未遂だろうと既遂だろうと,傷つけられたくないと思っている相手を傷つけようとした行動は,すべて攻撃となります。以上が,心理学で研究の対象とする際の「攻撃(行動)」の定義となります。

このように，私たちは時に，自分以外の人を攻撃することがあります。では，その時，どうして（何を目標として）私たちは攻撃するのでしょうか。それとも，何の意味もなく攻撃するのでしょうか。次の節では，攻撃の目標や意味について考えてみることにしましょう。

2　何のために攻撃するのか——攻撃行動の目標と機能

　まずは次の例を，D君の気持ちになって読んでみてください。

---Case 11-4---
　学芸会でのお芝居の練習中，D君は，一生懸命覚えたはずのセリフが出てこなくて，とても恥ずかしい思いをした。そのことを，E君がみんなの前で馬鹿にして笑いものにした。ムカッときたD君がE君をたたいたことで，取っ組み合いのケンカになった。

　D君の行動は明らかに攻撃です。では，はたしてD君は何のためにE君をたたいたのでしょうか。D君は純粋に腹が立ってE君を攻撃しています。つまり，強いて言えば，D君の目標はE君を傷つけ苦しめること（攻撃すること）そのものです。では，次の例はどうでしょうか。

---Case 11-5---
　明け方午前5時頃，24時間営業の都内のコンビニエンスストアに，ナイフを持った少年2人が押し入り，店員にナイフを突きつけて「金を出せ」と脅し，現金数万円を奪って逃走した。

　2人の少年の行動は，いやがる店員に対して（言うことを聞かなければ）ナイフで刺すという意図を示しているので，こうした脅迫行為も攻撃に含まれます。さて，彼らの目的は何でしょうか。彼らの目的はお金を奪うことです。けっして，店員が憎いからではありま

せん。逆らえば傷つけるぞ（攻撃するぞ）と脅すことで，お金という目標を手に入れています。

　このように，攻撃行動は一般的に，その「目標」から大きく2つに分類されます。つまり，1つは，攻撃して相手を苦しめることそのものが目標である**敵意的攻撃**（感情的攻撃，衝動的攻撃）であり，もう1つは，攻撃を手段として用いることで別の何かを手に入れることが目標である**道具的攻撃**（戦略的攻撃，制御的攻撃）です（Baron & Richardson, 1994）。どちらも，被害を受けたくない他者に危害を加えようとする意図的行動なので，攻撃行動であることには変わりません。ここでの両者の違いは，その目標をどこに置くかにあります。

　こうした「目標」とは少し異なるものとして，攻撃行動はそれぞれに「意味」をもっています。まったく何の意味や理由もなく唐突に攻撃することも，もしかしたらごくまれにあるかもしれません。しかし，たいていの場合，攻撃行動には何らかの意味や理由がある，違う言い方をすれば，攻撃行動には何らかの社会的な機能がある（から実行する）のです。これについて大渕（1993）は，攻撃行動の機能として，①防衛，②強制，③制裁，④印象操作，の4つを挙げています。まず，①**防衛**とは，危険に遭遇したり被害が予期された

りする場合，攻撃することで自分や他人の身を守ることです。次に，②**強制**とは，攻撃することで（または攻撃することをほのめかすことで）他人に対して判断・態度・行動などを無理やり強制することです。③**制裁**とは，攻撃することで他人の不正を矯正したり，社会的な公正を回復したりすることです。最後の④**印象操作**とは，攻撃することで男らしく強いイメージを印象づけたり，押しつけられた負のイメージを払拭しようとしたりすることです。一見，特別な意味や理由もなく攻撃するような場合でも，よくよく分析・検討してみれば，これらのうちのいずれかの機能を含んでいる場合が多いと考えられます。

では，こうした攻撃行動の「目標」と「機能」の関係はどうなっているのでしょうか。次節では，攻撃行動と関係の深い怒りの感情という要素を取り上げることで，目標と機能の関係について考えることにします。

3 怒りとは何か──攻撃と怒り

まず怒りとはどのような感情なのかを簡単に検討してみましょう。怒りという現象は，大きく4つのレベルに分けることができます（情動をこのように4つのレベルに分ける議論については，Cornelius, 1996が参考になります）。それは，①認知的，②生理的，③進化的，④社会的，の4つのレベルです。①認知的なレベルでは，怒りを「故意に不当な扱いを受けた時に生じる感情」であるととらえることができます。つまり，人はどのような場合に怒るのかといった認知的な原因に焦点を当てています。次に，②生理的なレベルから見れば，怒りは「緊急事態に対する交感神経系の活動亢進を中心とした身体の準備状態」であるとすることができます。ここでは，人は怒ると

どうなるかといった生理的な性質を見ています。③進化的なレベルからすれば、怒りは「侵害に対する防衛のために警告として喚起される心身の準備状態」と見なされます。すなわち、人はなぜ怒りをもつのかといった適応的な機能を指しています。最後に、④社会的（社会的構成主義的）なレベルでは、怒りとは「所属する特定の社会システムの範囲内で、社会的安定の維持（対人的社会的道徳的秩序の確認と調整）に貢献する、社会的に構成されたシンドローム」であると想定します。いわば、人が怒るとはどういうことなのかといった社会的な意味に注目しています。これらを大きくまとめると、怒りとは、「自己もしくは社会への、不当なもしくは故意による、物理的もしくは心理的な侵害に対する、自己防衛もしくは社会維持のために喚起された、心身の準備状態」と定義することができます。

では、こうした怒りの感情と攻撃行動とは、どのような関係にあるのでしょうか。次の例を考えてみてください。

Case 11-6

学校を卒業してからも定職に就かずにぶらぶらしていたFは、恐喝などを繰り返して食いつないでいた。ある日、とうとう財布も底をつき、遊ぶ金も食べる金もなくなってしまった。あてもなく街を歩いている時、通りすがりの見知らぬ人と肩がぶつかった。その人の目つきや態度は、まるで自分のことを馬鹿にしているかのようだった。カーッとなったFが胸ぐらをつかんですごむと、その人は持っていたお金を全部置いて逃げていった。

ここでのFは、ぶつかった相手を苦しめることが目標だったのでしょうか。それとも、遊んだり食べたりするためのお金を得ることが目標だったのでしょうか。また、この時のFが行った攻撃のもつ機能はどのようなものでしょうか。細かく見ていくことにしましょう。

まずは、自分を故意に馬鹿にした（とFが「認知的」に判断した）

相手に対して、「進化的」（適応的）な理由から警告としての怒りを感じ、「生理的」には交感神経系の活動が亢進します。次に、F個人から見た（あるいはF個人にとっての）「社会的」安定の維持という意味で、そのような不正な扱いを矯正するために（制裁）、もしくは、そのように押しつけられた負のイメージを払拭するために（印象操作）、さらには、そうした不正や負のイメージという危機的状況から自分の身を守るために（防衛）、怒りを直接的に表出した（攻撃した）と考えられます。

　このように、防衛・制裁・印象操作としての攻撃は怒りを伴うことがあり（防衛の場合は恐怖も伴うことがあります）、その場合は、相手を攻撃することそのものが目先の目標となっている「敵意的攻撃」と理解することができます。その結果として、または、そこでの攻撃を機能の面から再解釈すれば、防衛や制裁や印象操作などの意味をもつということになります。もちろん、防衛・制裁・印象操作としての攻撃には、とくに怒りや恐怖のような感情を伴わずに戦略的に選択・実行する場合、すなわち、はじめから安全・公正・イメージの獲得を目標とした「道具的攻撃」である場合も当然あります。

　一方、この時Fは、すごんだことで思いもかけずにお金を手にしました。つまり、この部分だけについていえば、攻撃をするとほのめかしたことで別のものを手に入れることができたわけです。これは、結果的に、攻撃の強制機能に相当します。かりにFが、いつもどおりに恐喝をしようと考えて、意図的に肩をぶつけて言いがかりをつけ、すごむことで相手からお金を奪ったとしたら、これは純粋な意味での「道具的攻撃」です。要するに、強制としての攻撃だけは、怒りを伴うことのない純粋な道具的攻撃だということです。

　このような攻撃の機能と目標の関係について、表11-1にまとめ

てみました。表 11-1 にあるように，防衛・制裁・印象操作の機能をもつ攻撃には，怒りが伴う場合とそうでない場合があり，目標という面からは，前者は敵意的攻撃に，後者は道具的攻撃に，それぞれ相当すると考えられます。これに対して，強制のための攻撃だけは怒りなどの感情を伴わないので，道具的攻撃のみとなります。

表 11-1 「怒り」の面から見た攻撃行動の機能と目標の関係

機能	怒りの有無	目標
防衛	○	敵意的
	×	道具的
強制	×	道具的
制裁	○	敵意的
	×	道具的
印象操作	○	敵意的
	×	道具的

なお，怒りと攻撃の関係についての重要な注意点として，怒りは必ずしも攻撃をもたらすわけではない，ということが挙げられます (Averill, 1983；湯川・日比野，2003)。逆にいうと，攻撃とは，怒りによって生じる（怒りに対処する）数ある行動のうちの 1 つにしかすぎないのです。ここでの話に沿っていえば，認知的・生理的・進化的それぞれのレベルで怒りの感情が成立したとしても，社会的（社会的構成主義的）なレベルで，怒りを直接的に表出する（攻撃する）ことが対人的社会的秩序の維持や調整に有効でない場合は，攻撃行動は選択されないということです。

それでは最後に，そもそも人はなぜ攻撃するのかという問いを，もう少し深めていきましょう。そのためには，自己との関係を考えることが役に立ちます。

4 人はなぜ攻撃するのか──攻撃と自己

次のような時,私たち人間は,本当のところいったい「誰」のために攻撃しているのかを考えてみてください。

— Case 11-7 ——
ある年の夏に,凄惨(せいさん)な連続殺人事件が起きた。地道な捜査の末に,ようやく容疑者が特定され逮捕へと至った。しかし,新聞報道などから,容疑者の男は犯行を全面的に認めているものの,まったく反省の色は見せていない様子であった。これに憤慨した地元市民が有志団体を結成し,この殺人犯に対する厳罰もしくは死刑を求める運動を展開した。この運動は全国規模のものとなり,今では,法制度そのものの改正を求める市民運動にまで成長した。

この例のような,社会正義としての怒りと攻撃は,一見すると,世のため人のために捧げられているように思われます。怒りや攻撃は,こうして行動を起こし持続するためのエネルギー源であり,改革や変化をもたらすためには必要不可欠です。しかし,世のため人のために改革や変化を実現しようとする利他的公共的な社会奉仕活動も,広い意味では,自分の生きる生活環境の改善や社会環境の安定につながります。つまり,一見,他人のため(他者利益のため)のような行動もすべて,根本的には自分のため(自己利益のため)だと考えられます。この市民運動の例は,攻撃の制裁機能に当たると思いますが,個人への不当な扱いに対する公正回復としての制裁はもちろん,他の機能はなおのこと,自己のためにあると考えられます。

このことをまとめると(表11-2),防衛は自己の安全を保ち利益を守るため,強制は自己の利益を拡張・拡大するため,制裁は犯された自己の公正を回復することで自己利益を確保するため,印象操作は自己のイメージを調整することで利益を確保または拡大するた

め，というようにそれぞれ読み替えることができます。つまり，世の中の攻撃はすべて，自己利益の確保もしくは拡大を，その究極的な目標としているといえるでしょう。

表11-2 「自己」の面から見た攻撃行動の機能

機能	自己	利益
防衛	自己保全	確保
強制	自己拡張	拡大
制裁	自己回復	確保
印象操作	自己呈示	確保・拡大

こうした自己利益の確保と拡大を絶えず強く求め続けているのが，いわゆる，自己愛だと考えられます。自己愛者は，自己評価が過剰に高いために，他人からの評価に敏感となり，かつ，それが脅威となるために，好ましい自己評価を維持しようと防衛的に反駁するような形で怒りの感情を抱き，攻撃行動を表出すると考えられます（自己本位性脅威モデル；Baumeister & Boden, 1998）。つまり，つねに自己が脅威にさらされているために，まさに「危機的緊急事態にあるぞ！」という怒り警報がいつも発令されているような状態なわけです。この事態で自己利益を何とか確保しようとして，すなわち，自己の安全を保ち（防衛），自己の公正を回復し（制裁），自己のイメージを調整しようとして（印象操作），攻撃行動を表出することになります。また，自己愛者は，自分のためならば方法は問いませんので，自己利益を拡大しようとして（本人にとっては，それは当然受けるべき自己利益の確保なのかもしれませんが），強制や印象操作のための攻撃行動を選択・実行することをそれほどいとわないでしょう。

このように，理論的に考えると，自己愛と攻撃行動はとても密接に結びついていることがわかります。自己愛と攻撃行動の関係については，これまでにも実証的な調査研究がいくつか報告されていますが，ブッシュマンとバウマイスター（Bushman & Baumeister, 1998）は，それを実験的に示そうと試みました。彼らは，自尊心

(自分を好ましいと思う思考・認知)ではなく自己愛(自分を好ましく思いたい動機・情動)こそが攻撃行動に結びついていることを実証し,自己本位性脅威モデルの妥当性を検証しています(実験例11)。

こうした自己愛は,不安定で脆弱な自己の防衛的な現れとして,誇大な自己像をもち,自己存在感を過剰に強く意識することで,自己を保っている場合と解釈することができます。逆に,不安定で脆弱な自己の病理性の直接的な現れとして,**自己存在感の希薄さ**を感じる場合があると考えられます(Yukawa, 2002;湯川, 2002)。なお,自己愛が攻撃行動の表出と結びつきやすいのに対して,自己存在感の希薄さは非表出性の怒りや敵意と結びつきやすいことがわかっています(Yukawa, 2002;湯川, 2002)。このように,自己の病理は,現象的な表現形態として,自己愛と自己存在感の希薄さというように,一見したところまったく相反する形で現れる可能性がある,ということは留意すべき点の1つです。

以上のように,私たち人間は,究極的には自己利益の確保と拡大のために攻撃をするということがわかりました。では,そもそも,なぜ私たちは自己利益の確保と拡大をする必要があるのでしょうか。こうして「人はなぜ攻撃するのか?」という問いは,どんどんと深まっていきます。本章の冒頭に書いたように,攻撃という言葉は,私たちの日常生活のなかで普通によく使われる言葉ですが,改めて「攻撃とは何か?」「なぜ攻撃するのか?」と問い直すことで,これだけ広く深い知識の世界が展開します。

本章で紹介した内容は,実は,攻撃研究のほんの入り口にすぎません。たとえば,攻撃の測定に関わる方法論的問題から,攻撃の生起過程についての説明理論,攻撃を促進・抑制する個人内要因もしくは状況要因,攻撃にまつわる社会問題,そして,攻撃を制御(コントロール)するための教育プログラムなどに至るまで,攻撃研究

実験例 11　攻撃行動をもたらすのは自尊心？ それとも自己愛？

　実験では，被験者となる大学生が1人ずつ実験室に呼ばれました。そこでまず被験者は，自尊心と自己愛の自己報告式尺度に回答するよう求められました。次に被験者は，妊娠中絶に関するエッセイを書くように言われ，その後，別に参加している同性の被験者（サクラ）のエッセイと自分の書いたエッセイを交換して，お互いに評価し合うように言われました。この時，被験者の半数はネガティブな評価を受け（脅威条件），半数はポジティブな評価を受けました（賞賛条件）。続いて被験者は，コンピュータ上で，相手とボタン押しの速さを競う課題を行いました（反応時間課題）。この課題では，競争に勝った場合に相手に与えるブザー音の強度0〜10と持続時間を，競争前に互いに設定し合うことになっています（負けた場合は相手からブザー音をもらうことになります。ただし，実際は，相手の設定するブザー音の強度と持続時間，および競争の勝敗は，事前にプログラムされています）。ここで被験者がどのくらいの強度と持続時間を設定するかが，攻撃行動の指標となりました（攻撃行動＝強度＋持続時間）。さらに，反応時間を競う対戦相手を，さきほどのエッセイの評価者（＝挑発者）にするか無関係な第三者にするかで，被験者を半数ずつに分けました。実験結果を分析したところ，評価者に対する攻撃（直接的攻撃）に関して，事前に脅威を受けた高自己愛者が攻撃行動を促進しました。その一方で，第三者に対する攻撃（転移的攻撃）に関しては，事前に脅威を受けるか賞賛を受けるかにかかわらず，自己愛は攻撃行動とは無関係でした。また，自尊心はいずれの場合も，攻撃行動に影響していませんでした。

　ちなみに，実験では，サクラによるエッセイの評価をどのくらい脅威に

```
自己愛 ──.33*──→ 知覚される脅威 ──.24*──→ 攻撃行動
```

図 11-1　共分散構造分析の結果──脅威条件において自己愛と直接的攻撃を媒介する脅威

注：自分の書いたエッセイについて他者からネガティブな評価を受ける条件（脅威条件）において，自己愛傾向が強いほど，他者による評価に脅威を知覚し，それが評価者に対する（直接的な）攻撃行動に結びつきやすい，ということを示しています。矢印上の数字はパス係数といって関係の向き（正負）と強さを，数字横の*（アスタリスク）はその数値が統計的に有意であることを意味します。

出典：Bushman & Baumeister, 1998 をもとに筆者が作成。

感じたかについて，被験者に10段階で評定させておきました。そこで，被験者の自己愛・知覚される脅威・攻撃行動の三者がどのように結びついているのかを，共分散構造分析という統計手法を用いて分析したところ，図11-1のようになりました。この結果から，自己愛傾向が強いほど，他者による評価に脅威を感じやすく，そのために攻撃行動を表出しやすいということ（＝自己本位性脅威モデル）が実証されたことになります。

の裾野は非常に広範囲に広がっています。このように，攻撃という現象は，人間存在の本質に迫る格好の材料であり，臨床的にもきわめて重要な問題であることから，まさに臨床社会心理学的な研究テーマといえるでしょう。

▷さらに勉学を深めたい人のための文献案内

大渕憲一，2000『攻撃と暴力——なぜ人は傷つけるのか』丸善。
攻撃研究を広くまとめた新書版の良書であり，入門書として最適です。まず攻撃研究とはどんなものかを知りたい方に，ぜひともお勧めします。

島井哲志・山崎勝之（編），2002『攻撃性の行動科学——健康編』ナカニシヤ出版。

山崎勝之・島井哲志（編），2002『攻撃性の行動科学——発達・教育編』ナカニシヤ出版。
攻撃に関する国内外の研究をわかりやすく集大成した，最新の網羅的専門書です。内容的には，どちらかというと，中級者以上のための専門書の部類に入ります。

クラーエ，B．，秦一士・湯川進太郎（編訳），2004『攻撃の心理学』北大路書房。
攻撃研究の世界的なスタンダードを知るうえで有益な入門的教科書です。ただ若干，専門的な部分もあるので，初級者から中級者向けといえます。

▷本章のキーワード

攻撃行動，敵意的－道具的，防衛，強制，制裁，印象操作，怒り，自己，自己愛，自己存在感

コラム⑥　臨床場面における非言語的行動②──無意図的模倣と共感

　対人場面において，相手が非常に緊張した状態でいると，知らず知らずのうちにその緊張があたかも「伝染」したかのように自分も緊張してしまう，という経験はけっして珍しいことではありません。とくに親密な二者の場合，会話が進むにつれ互いの行動が似通ったものへと変化していく傾向にあり（Morris, 1977），そしてこの現象の存在は古くから知られています。

　このような「行動や動作がしだいに一致・同調する」現象，つまり無意図的同調はこれまで「惹き込み」（entrainment）あるいは「協働」（co-ordination），「無意図的模倣」（mimicry），「同期」（synchrony），といった用語によって説明され，研究されてきました。これらの用語が示す内容は必ずしもまったく一致しているわけではありませんが，その用語が意味する中心部分については，ほぼ共通していると考えてよいでしょう。ここでは社会心理学，臨床心理学で用いられることの多い「**無意図的模倣**」を中心に共感との関連性について話を進めていくことにします。

　セラピストやカウンセラーのセッション中の非言語的行動の重要性について，臨床心理学領域では，心理療法あるいはカウンセリングにおけるセラピストやカウンセラーの非言語的行動が，クライエントの治療者に対する評価に影響を与えている可能性があることが報告されてきました。とくに，アイコンタクトや前傾姿勢，ほほえみ，うなずき，体をきちんとクライエントに向けている，といった非言語的行動が治療者を「暖かく，共感的で，自己一致している」と判断させることが明らかにされています。それと同時に，クライエントの非言語的行動に対してセラピストやカウンセラーのそれが一致する（すなわち無意図的模倣）ことがセラピストやカウンセラーのクライエントに対する共感性を高める，ということも指摘されています。

　セラピストやカウンセラーとクライエントの非言語的行動の一致の効果について，「神経言語プログラミング」（Neuro Linguistic Programming；NLP）では，クライエントの非言語的行動をセラピストやカウンセラーが模倣することによってセラピストやカウンセラーの共感を高め，クライ

エントと良好な関係（ラポール）が形成されるとしています（Bandler & Grinder, 1979）。また澤田（1998）はカウンセリングにおける共感のタイプを「感情的共感」「認知的共感」「感情−認知的共感」の3つに分類し，「感情的共感」を「同一化，感情的伝染，感情的共鳴（反響）といった感情的反応の側面が有意な共感」と定義しています。そして，感情的共感である感情的伝染・感情的共鳴（反響）を成立させるために欠くことのできない身体−心理過程として「動作模倣」（すなわち無意図的模倣）を取り上げています。その他にもリップス（Lipps, 1926）やティチナー（Titchener, 1909）は無意図的な同調や模倣を共感の中心的なメカニズムと考えており，ホフマン（Hoffman, 1987）は彼の共感モデルのなかで「共感的覚醒」の様式の1つ無意図的模倣を挙げています。このように，臨床心理学領域では無意図的模倣は共感（澤田の主張に従えば，とくに感情的共感）が生じるために必要なものであると考えられています。

社会心理学領域においても，臨床心理学領域に見られるような研究はいくつか見られます。しかし，社会心理学では無意図的模倣が共感の成立の条件であるという命題のもとに行われた研究はさほど多くなく，またそのような命題を正しいと考えている社会心理学者はあまり多くありません。無意図的模倣の研究を行っている社会心理学者の多くは，無意図的模倣と共感の関連については「無意図的模倣が生じた結果として共感が生じる」と考えるよりもむしろ，「共感が生じた結果として無意図的模倣が生じる」と考えていると推測されます。

たとえば，バヴェラスは無意図的模倣の研究における方法論を提起した研究者ですが，彼と彼の共同研究者（Bavelas et al., 1986）は無意図的模倣の機能は「共感の成立を助ける」（この命題には2つの同化行動に関する仮説が関与しており，バヴェラスらはそれらをそれぞれ役割取得理論および共感体験理論と呼びました）のではなく，「共感していることを伝達する」（バヴェラスらはそれをコミュニケーション理論と呼びました）ということである，としています。つまり，無意図的模倣は「相手の感情を理解することを目的として」生じるのではなく，「自分が相手の感情を理解した結果，そのことを伝達することを目的として」生じるとしています。このように，無意図的模倣と共感の関連については研究によってその関連の仕方が異なる，という状況が続いています。しかし，無意図的模倣が共

表コラム⑥-1 無意図的模倣尺度の因子分析結果

	ミラーリング	感情表出への同化
一緒にいる人のしぐさなどを見て、自分も同じようにしている。	.768	−.037
人と話しているとき、自分のしぐさや身振りが、相手のそれと同じようになっていた。	.668	.088
ふと気がつくと、親しい友だちの癖がうつっていた。	.661	.024
人のしぐさを知らないうちに真似していた。	.642	−.064
人が泣いているのを見て、もらい泣きしてしまう。	−.116	.635
緊張している人を見ていたら自分も肩に力が入っていた。	.054	.546
人が笑っていて、自分もつられて笑ってしまった。	.105	.507
人のあくびがすぐにうつる。	−.041	.502
人が苦痛にゆがんでいる顔を見ていて、つい自分も顔をしかめてしまった。	.121	.436
固有値	2.506	2.182

出典:岸,2002。

感の原因であるにせよ結果であるにせよ,共感と何らかの関連があることについてはどちらの領域の研究者も認めていることには違いがありません。

ところで,これまで無意図的模倣と共感性の関連については「鶏が先か卵が先か」という観点から,すなわち無意図的模倣が共感の先行要因なのか,共感の産物なのか,という観点からの研究が行われてきました。しかし,「どのような非言語的行動への無意図的模倣が共感と関連が見られるか」については,あまり検討が行われてきませんでした。

そこで,岸(2002)は無意図的模倣尺度を作成し,共感との関連について検討を行いました(表コラム⑥-1,⑥-2)。その結果,無意図的模倣尺度は2因子に分かれ,一方の因子(感情表出への同化)は共感性のなかでも「情緒的共感」あるいは「感情的共感」と呼ばれるタイプの共感との

表コラム⑥-2 無意図的模倣尺度と各共感性尺度との相関係数

		ミラーリング	感情表出への同化
共感経験尺度改訂版	感情共有	.231*	.424*
	共有不全	−.063*	−.279*
情動的共感性尺度日本語版	暖かさ	.252*	.486*
	冷淡さ	−.124*	−.371*
	被影響性	.272*	.397*
多面的共感測定尺度	空想	.204*	.247*
	配慮	.101*	.358*
	視点取得	.054*	.152*
	苦悩	.146*	.285*

注：すべて有意確率1％水準で有意。各共感尺度の出典は「共感経験尺度改訂版」が角田（1994），「情動的共感性尺度日本語版」が加藤・高木（1980），「多面的共感測定尺度」が桜井（1988）です。
出典：岸，2002。

相関が認められました。しかし，他方の因子（ミラーリング）はそのような共感との相関は認められませんでした。このことから考えると，どのような非言語的行動が生じるかによって無意図的模倣が異なる可能性が考えられます。また，従来ラポールの指標と考えられていた姿勢やしぐさの一致（ミラーリング）などに関する因子については共感との関連性があまり見られませんでした。このことは非常に興味深い結果です。

これまで，臨床心理学領域では姿勢やしぐさへの無意図的模倣はラポールやクライエントのカウンセラーに対する評価（信頼できる，共感しているなど）と非常に大きな関連があるとされてきました。しかし，この結果だけで考えた場合，もしかすると，姿勢やしぐさへの無意図的模倣は模倣された相手（クライエント）にとっては非常に重要な意味をもちますが，模倣した自分（セラピストやカウンセラー）側からすると，相手の気持ちを自分も感じたり，相手と気持ちを分かち合うといったこととはあまり関係がないのかもしれません。

終 章

これからの臨床社会心理学

この本では，原因帰属，自己意識，対人行動という社会心理学の概念や理論から，抑うつ，不安，妄想，攻撃，援助，学業行動のような身近な現象について考えてきました。本書の目的の1つは，これまで臨床心理学で扱う問題と考えられてきた現象に対して，社会心理学からの説明を与えることです。このことによって，難解だとか，自分とは無縁とか考えていた現象が，私たちが理解可能な，普通の心理過程から理解できることを知ってもらいたいのです。このことで，これらの不適応の問題へ偏った見方がいくぶんでも修正されればよいと願っています。

　ところで，本書で取り上げた内容は，臨床心理学と社会心理学との協力を考える「臨床社会心理学」の可能性の一部にすぎません。臨床心理学の定義は，序章第2節で見たように「心理・行動面の障害の治療・援助，およびこれらの障害の予防」です。本章で扱った内容は「治療・援助」に関連したものであり「**予防**」の内容を扱っていません。予防には，一次予防，二次予防，三次予防が考えられています。一次予防とは疾病あるいは不健康な状態が起こらないようにすることです。二次予防とは疾病や健康問題の早期発見と早期治療のことです。そして，三次予防とはすでに罹患している疾病の悪化防止とリハビリテーション（疾患や障害によって機能に障害をもった個人に訓練を行って社会復帰を促進すること）を行うことです。

　こうした予防を行う心理学としては**健康心理学**が知られています。健康心理学とはアメリカ心理学会では「健康の維持・増進，疾病の予防・治療，健康・疾病・機能不全に関する原因・診断の究明，およびヘルスケア・システム（健康管理組織）・健康政策策定の分析と改善などに対する心理学領域の特定の教育的・科学的・専門的貢献のすべてをいう」とされています（本明，2002）。したがって，予防の内容を扱う社会心理学は，いわば「健康社会心理学」と呼ぶこと

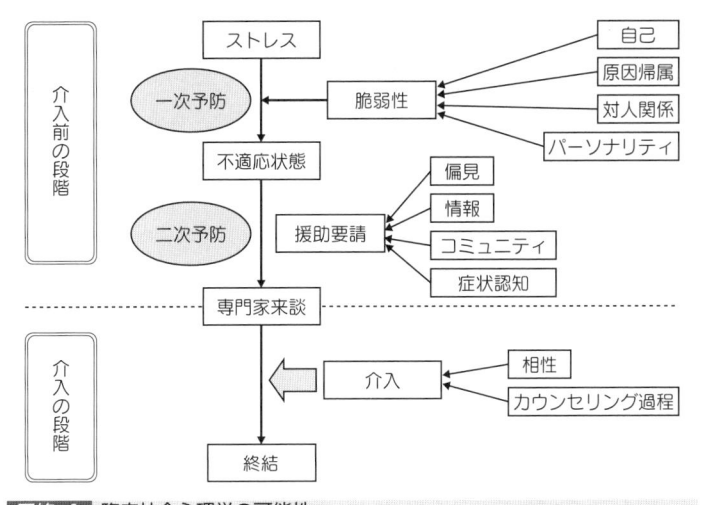

```
介入前の段階
  ストレス
    ↓
  一次予防 ← 脆弱性 ← 自己
                  ← 原因帰属
                  ← 対人関係
                  ← パーソナリティ
    ↓
  不適応状態
    ↓
  二次予防 ← 援助要請 ← 偏見
                    ← 情報
                    ← コミュニティ
                    ← 症状認知
    ↓
  専門家来談
----------------------------------
介入の段階
    ← 介入 ← 相性
           ← カウンセリング過程
    ↓
  終結
```

図終-1 臨床社会心理学の可能性

もできるでしょう。そして健康社会心理学の確立が，健康増進という観点からは，今後の課題といえるでしょう。

「健康社会心理学」という表現は用いていませんが，社会心理学，臨床心理学，健康心理学の三者の関係について興味深い議論を田中・上野（2003）が行っています。そこでは，対象者を健康，困惑，病気の3種類に分け，それぞれに対して，おもに臨床心理学が扱ってきた個人内要因，おもに社会心理学が扱ってきた個人外要因が対応した6分割モデルを提唱しています。

予防的観点とは別に，序章第3節で述べた臨床社会心理学の目的からいっても，臨床社会心理学には課題が残されています。臨床社会心理学の目的として，①不適応状態の発生・維持に関するメカニズムの解明，②不適応状態（症状）の認知・評価のされ方の解明，③よりよい介入法の提案，④介入を効果的に進めるための技法の提案（社会心理学における「対人行動」などの分野の成果を取り入れる）を

挙げました。しかし，本書で取り上げた内容は，これらのうち，研究が非常に進んでいる①と③が中心的であったといえるでしょう。つまり，研究がまだ進んでいない②と④については十分に説明することができませんでした。

このように，臨床社会心理学の今後の課題として，大きく，予防，症状認知・評価のされ方の解明，介入を効果的に進めるための技法の提案の3つが挙げられます。これらの関係を図示したものが図終-1です。そこで本書の最後の章として，今後の臨床社会心理学に関する以上の研究課題についてお話ししたいと思います。

1 健康増進のために臨床社会心理学はどのような貢献ができるのか？

1.1 カウンセラーの限界
――援助を求めない人に対しては援助ができない

不適応状態やそれを専門的に扱うカウンセラーに対する社会的な関心が高まっています。カウンセラーの資格として「臨床心理士」がクローズアップされていますし，「臨床心理士」がドラマやマンガにも主人公として登場する機会もあります。しかし，カウンセラーの活躍だけで私たちのメンタルヘルスの問題が解決したりよくなったりするでしょうか。そのおもな職務内容を考えると，「ノー」という答えになってしまいます。つまり，カウンセラーはカウンセリングに来た人に対しては，その人の問題を解決するための手助けをすることができますが，カウンセリングに来ない人に対してはほとんどの場合無力です。不適応状態になっていても，何らかの事情で専門家のもとに来ない（あるいは来られない）のであれば，その人はメンタルヘルスに関して専門家による援助を受けられないことに

なります。

　援助を求めることをめぐって，社会心理学では**援助要請行動**（援助希求行動）という研究分野があります。すなわち，自力だけでは解決できない問題に直面した個人が，問題を解決しようと他者に援助を求めることです。援助要請行動はいくつかの意思決定の後に行われると考えられています（くわしくは，相川，1989を参照）。この援助要請行動という概念やその研究結果を用いて，不適応状態にある人が援助を求めない現象を明らかにできるかもしれません。

1.2　なぜ，不適応状態になっても援助を求めないのか？
　　　　──援助要請の臨床社会心理学

> **Case 終-1**
> もし，あなたが，悲しくなったり落ち込んだり，いつも楽しんでいることも楽しめなくなったりして，非常につらく感じたり，いつも通りの生活に支障が出たりするような状態になったとしたら，その時あなたはどうしますか。とくに変だと思わず，何もしませんか？　変だと思うけれど，とくに何もしませんか？　家族や友人などに相談しますか？　あるいは医師やカウンセラーなどの専門家に相談しますか？

　⑴　**症状認知**　　Case 終-1で示したのは，うつ病が疑われる状態です。あなたはどう回答しましたか。また，もしあなたの家族がこのような状態だったら，あなたはどう対処しますか。ある地域の高齢者を対象にした調査では，7割近い人が「家族や友人に相談する」と回答し，専門家に相談すると回答した人は15%程度でした（Sakamoto et al., 2004）。また，過去に実際にうつ病の状態になった人で，その時に専門家に相談した人は約1割でした（藤原，1995）。どうやらうつ病のようなよくある不適応状態になった時でさえも，多くの人は専門家に相談に行くわけではなさそうです。国全体でメ

ンタルヘルスの問題に取り組むには，相談しに来るのを待つという臨床心理学だけでは限界があることがおわかりいただけるでしょう。

ちなみに，うつ病は国民の7人に1人がかかるといわれていますが（藤原, 1995），どのような症状が現れるのかについては知らない人もかなりいるように思います。うつ病では，悲しい，沈んだ気分のほかにも，疲れやすい，注意が集中できない，ふだん楽しんでやっていることが楽しめない，寝つけなかったり逆に寝過ぎたりする，食欲がなくなったり逆に過食になったりするなどの症状も現れます。うつ病についてよく知らないと，これらの症状を当人の気力の問題に原因帰属してしまい，うつ状態の人を「もっとしっかりがんばれ」と不用意にはげましてしまいかねません。本当のうつ病には休養が欠かせませんから，このようなはげましはかえって状態を悪化させかねません。Case 終-1 の調査のような，**症状認知や対処の仕方に関する調査**も，メンタルヘルスの問題を考えるためには必要なのです。援助要請行動の第1の段階は「問題の存在に気づく」というものです（相川, 1989）。症状を問題として認知しなければ，援助要請行動は始まらないでしょう。

(2) **情報不足と偏見**　　Case 終-1 の調査では，多くの人が専門家への相談を考えていませんでした。ではどうして専門家に相談しないのでしょうか。いくつか理由があるでしょうが，大きな理由は，「どこに相談に行ったらよいかわからない」という相談先に関する**情報不足**と，不適応状態で相談に行くこと（すなわち，精神科やカウンセリングルームに相談に行くこと）への**偏見**でしょう。精神科やカウンセリングルームを受診することの偏見については，以前よりは少なくなっていると思います。しかし，マスコミによる偏った報道のせいもあり，依然として偏見は根強く残っていると思われます（坂本, 1999）。地域や組織でオープンに話すことが必要なのかもしれま

せん。偏見やステレオタイプの問題については，社会心理学で多くの研究がなされています。それらの知見や方法論を用いて，現実問題の解決に応用することが期待されます（たとえば山内, 1996）。

援助要請行動の分野では，援助要請のある段階で，援助要請する時としない時のコストと利益の大きさの査定が行われるとされます（相川, 1989）。この観点からは「精神科やカウンセリングルームに相談に行くことによってコストが生じる」と不適応状態になった人が考えるために，そうした受診行為が行われないのかもしれません。

「どこに行ったらよいか」という情報の伝達については，日本はアメリカに比べるとだいぶ遅れています。アメリカでは「どういった心の問題にはどういった心理療法が効く」という「実証に基づいた臨床心理学」の考え方が広まっています。一般の人でも，インターネットを使えば，自分の心理的問題に効果的とされる心理療法が何かを知ることができます（たとえばアメリカ心理学会臨床心理学部会のホームページを参照すれば，このようなことを知ることができます）。この点において，日本はまだまだ遅れています。日本も，アメリカ同様に，実証性を重んじる行動療法や認知行動療法の研究と実践が行われてきましたが，「実証に基づいた臨床心理学」という視点に立った著作物の刊行は，ごく最近のことといえるでしょう（丹野, 2001）。日本においてもこのような考え方が広まり，研究が蓄積して，どのような状態にはどのような心理療法が効果的かわかるようになれば，私たちはより主体的にメンタルヘルス・サービスを選択し，利用できることでしょう。

(3) **コミュニティ**　不適応状態が生じた時に，それを個人や家庭で隠してしまおうという風土が日本では強いのかもしれません。たとえば，日本（東京）とバリ島の住民で，精神疾患に対するイメージを調査した研究では（坂本ら, 1998），家族に精神疾患をもつ人

がいた場合，それを隠すだろうと回答していた人は，日本人の方が有意に多かったのです。統合失調症や妄想性障害については，日本人はバリ島の人よりも，すべての項目で好ましくないイメージをもっていましたが，うつ病については日本人の方が好ましいイメージをもつ項目もありました。しかし，そのようなうつ病であっても，家族にうつ病の人がいた場合，それを隠そうと考えていたのです。

精神疾患に対する偏見が，疾患にかかった人を苦しめることは容易に想像できます。最近では，過労自殺が社会問題になっています。企業も過労自殺を防ぐために，メンタルヘルスへの取組みを強めつつあります。また，自殺の予防に，自治体単位で取り組んでいる地域もあります。いずれの場合も，コミュニティにおけるメンタルヘルスの向上を目指しています。このような取組みが成功して，住民のメンタルヘルスが改善するとともに精神疾患に対する偏見がなくなることを願っています。

1.3 不適応状態を起こす人，起こさない人の違いは何か？

1.2では，不適応状態が発生した時に，それに早く気づき，早めに専門家に相談するために，臨床社会心理学という領域が使える可能性を示してきました。問題が発生した後に，それに早く気づいてもらい，早目に専門家を受診してもらうことによって問題を悪化させない取組みは，すでに本章冒頭部で述べたように二次予防といいます。

これに対して，問題そのものを発生させないようにすることを一次予防といいます。問題の発生を予防するためには，その問題がどのようにして生じてくるのかを知っておく必要があります。この際に，臨床社会心理学が役に立ちます。

現在，不適応状態は，ストレスによって引き起こされると考えら

れています。しかし、ストレスがどんな人にも等しく心の問題を引き起こさせるのではなく、ストレスによって問題を発生させやすい人とそうでない人がいると考えられています。この個人差を**脆弱性**といいます。どのような脆弱性が、どのようなストレスにあって、どのような問題を発生させるかについては、臨床社会心理学の分野でさかんに研究が進められており、本書でそのいくつかを紹介しました（自己意識や原因帰属など）。もし、脆弱性が特定できれば、そのような脆弱性をもつ人に対し、ストレスに対する効果的な対処法を伝えるなどすることで、問題が発生することを未然に防ぐことができると期待されています。

1.4 臨床場面で介入を効果的に進めるために有用な社会心理学的知見

これまでは、臨床場面での介入に至る前の過程で、私たちのメンタルヘルスを考える際に臨床社会心理学が役立つことを述べてきましたが、心理療法やカウンセリングで効果的に介入を進めるために、社会心理学的知見は、どのように役立つのでしょうか。

(1) **カウンセリング過程**　カウンセリングは、カウンセラーとクライエントという人と人との関わりによって築かれている場面、つまり対人場面なのです。この対人場面で、社会心理学で見出された知見や理論が使えないはずがありません。たとえば、カウンセリングがうまくいくというクライエントの期待を高めることは、カウンセリングを実際に成功に導くために有効な手段の1つといえます（クライエントの**自己成就的予言**の利用）。なお、自己成就的予言とは、このようになるのではないかといった期待が、無意識のうちにその期待に適合した行動に人を向かわせ、結果として予言された状況を現実につくってしまうことをいいます。

また、カウンセリングでは、クライエントに話してもらうこと、

つまりクライエントに自己開示してもらうことが必要となります。そのため、**自己開示**に関する研究もカウンセリング過程と関係するわけです（カウンセリング場面における自己開示に関しては、山口ほか、2000 を参照）。さらにカウンセリングは、自己や問題となっている対象に対する態度を変える過程と見ることもできます。このような見方をすれば、カウンセラーは**態度変容**を促す情報の送り手であり、態度変容に関する社会心理学の知見を利用して、より効果的な態度変容（＝カウンセリング）をすることもできるでしょう。

(2) **相性の問題**　カウンセラーもクライエントも人ですから、当然「相性」といった問題が発生します。この「相性」については、社会心理学での研究対象になりえます。またカウンセラーは、精神分析理論、分析心理学的理論、認知行動理論などの何らかのカウンセリングの理論をもとにカウンセリングを行っていますので、その理論をもとにしたカウンセリングとそれを受けるクライエントとの相性も考えられます。この点については、カウンセラーからの指摘もありますが（鍋田・福島、1999）、残念ながらこのことに関する実証的なデータはほとんどありません。こういった相性問題も、臨床社会心理学で調べるべき対象となります。

2　ま と め

本章では、臨床社会心理学の今後の課題について、序章における臨床社会心理学の枠組みに沿って、具体的な研究例に基づいて展望しました。それらは、大きく、臨床心理学における予防領域と臨床場面での効果的介入の問題とに大別されました。すなわち、一次予防との関連で脆弱性、二次予防との関連で援助要請行動、臨床場面での効果的介入との関連で相性などに関する研究課題でした。

本章で取り上げた以外にも，まだまだ課題はあるでしょう。序章における枠組みのなかでも，社会心理学における集合行動や文化といった領域における知見が臨床心理学（心理療法など）にどのような影響を及ぼすことができるのか検討する必要があります。また，根本的な問題として，社会心理学と臨床心理学の指向性の違いがあります。社会心理学は人間の社会行動一般を解明すべく，一般的と思われる個人を対象に研究し，人間とは何かを論じていきます。一方，臨床心理学は，人間一般ではなく，何らかの障害をもった個人（たとえば，不安障害のクライエント）を研究し，その障害のメカニズムと治療を論じます。一般性を重視した知見をどのように臨床的問題に応用するのか，といった根本的問題も今後の検討課題でしょう。

▷さらに勉学を深めたい人のための文献案内

田中共子・上野徳美（編），2003『臨床社会心理学――その実践的展開をめぐって』ナカニシヤ出版。

わが国における臨床社会心理学の実践的展開を記すだけではなく，その理論的枠組み，今後の課題についても考察を深めており大変に示唆に富んでいます。

コワルスキー，R. M.・リアリー，M. R.（編），安藤清志・丹野義彦（監訳），2001『臨床社会心理学の進歩――実りあるインターフェイスをめざして』北大路書房。

欧米における臨床社会心理学の最新の研究動向が紹介されており，有用です。

引用文献

▓序章　新しい領域：臨床社会心理学とは

Abraham, C., & Shanley, E., 1992, *Social psychology for nurses: Understanding interaction in health care*. Arnold. (細江達郎監訳, 2001『ナースのための臨床社会心理学』北大路書房)

安藤清志, 1995「社会心理学の視点」安藤清志・大坊郁夫・池田謙一『社会心理学 (現代心理学入門4)』岩波書店, 2-14。

廣田君美, 1994「社会心理学」梅本堯夫・大山正 (編)『心理学史への招待――現代心理学の背景 (新心理学ライブラリー15)』サイエンス社, 270-294。

國分康孝, 1990「カウンセリング」國分康孝 (編)『カウンセリング辞典』誠信書房, 77-78。

Kowalski, R. M., & Leary, M. R.(Eds.), 1999, *The social psychology of emotional and behavioral problems: Interfaces of social and clinical psychology*. American Psychological Association. (安藤清志・丹野義彦監訳, 2001『臨床社会心理学の進歩――実りあるインターフェイスをめざして』北大路書房)

坂本真士, 1997『自己注目と抑うつの社会心理学』東京大学出版会。

坂本真士, 2002「臨床社会心理学」古畑和孝・岡隆 (編)『社会心理学小辞典 (増補版)』有斐閣, 339-340。

下山晴彦, 2000a『心理臨床の発想と実践 (心理臨床の基礎1)』岩波書店。

下山晴彦 (編), 2000b『臨床心理学研究の技法』福村出版。

下山晴彦・丹野義彦 (編), 2002『異常心理学Ⅰ (講座臨床心理学3)』東京大学出版会。

末永俊郎, 1998「社会心理学の歴史」末永俊郎・安藤清志 (編)『現代社会心理学』東京大学出版会, 238-268。

多田治夫, 1996「心理療法とは」田中富士夫 (編)『新版 臨床心理学概説』北樹出版, 92-95。

高山巖, 1999「臨床心理学」中島義明 (編集代表)『心理学辞典』有斐閣, 892。

田中共子・上野徳美 (編), 2003『臨床社会心理学――その実践的展開をめぐって』ナカニシヤ出版。

丹野義彦 (編), 2004『臨床心理学研究法 (臨床心理学全書1)』誠信書房。

丹野義彦・坂本真士, 2001『自分のこころからよむ臨床心理学入門』東京大学出版会。

山口創・佐藤健二・岸太一, 2000「臨床社会心理学への展望」『カウンセリング研究』33, 69-81。

▓第1章　「なぜ？」を読み解く　[原因帰属理論と帰属のバイアス]

Dutton, D. G., & Aron, A. P., 1974, "Some evidence for heightened sexual attraction under conditions of high anxiety." *Journal of Personality and Social Psychology*, 30, 510-517.

Jones, E. E., & Davis, K. E., 1965, "From acts to dispisitions: The attribution process in person perception." In L. Berkowitz (Ed.), *Advances in experimental social psychology*, vol.2. Academic Press, 219-266.

Jones, E. E., & Nisbett, R. E., 1972, "The actor and the observer: Divergent perceptions of the causes of behavior." In E. E. Jones, D. E. Kanouse, H. H. Kelley, R. E. Nisbett, S. Valins, & B. Weiner (Eds.), *Attribution : Perceiving the causes of behavior*. General Learning Press, 79-94.

Kelley, H. H., 1967, "Attribution theory in social psychology." In D. Levine (Ed.), *Nebraska sysmposium on motivation*, vol.15. University of Nebraska Press, 192-238.

Kelley, H. H., 1972a, "Causal schemata and the attribution process." In E. E. Jones, D. E. Kanouse, H. H. Kelley, R. E. Nisbett, S. Valins, & B. Weiner (Eds.), *Attribution : Perceiving the causes of behavior*. General Learning Press, 151-174.

Kelley, H. H., 1972b, "Attribution in social interaction." In E. E. Jones, D. E. Kanouse, H. H. Kelley, R. E. Nisbett, S. Valins, & B. Weiner (Eds.), *Attribution : Perceiving the causes of behavior*. General Learning Press, 1-26.

Ross, L. D., 1977, "The intuitive psychologist and his shortcomings: Distortions in the attribution process." In. L. Berkowitz (Ed.), *Advances in experimental social psychology*, vol.10. Academic Press, 173-220.

Schachter, S., & Singer, J., 1962, "Cognitive, social and physiological determinants of emotional state." *Psychological Review*, 69, 379-399.

外山みどり, 1989「帰属過程」大坊郁夫・安藤清志・池田謙一 (編)『社会心理学パースペクティブ1――個人から他者へ』誠信書房, 41-60。

浦光博, 1990「帰属理論」蘭千尋・外山みどり (編)『帰属過程の心理学』ナカニシヤ出版, 8-37。

コラム① 抑うつ

American Psychiatric Association, 2000, *Diagnostic and statistical manual of mental disorders*, 4th ed., text revision. American Psychiatric Association. (高橋三郎・大野裕・染矢俊幸訳, 2002『DSM-Ⅳ-TR 精神疾患の診断・統計マニュアル』医学書院)

Beck, A. T., Ward, C. H., Mendelson, M., Mock, J., & Erbaugh, J., 1961, "An inventory for measuring depression." *Archives of General Psychiatry*, 4, 561-571.

First, M. B., Spitzer, R. L., Gibbon, M., & Williams, J. B. W., 1995, *Structured clinical interview for DSM-IV Axis-I Disorders*. Biometrics Research Department, New York State Psychiatric Institute. (北村俊則・富田拓郎・岡野禎治・菊池安希子訳, 高橋三郎監訳, 2003『精神科診断面接マニュアル SCID ――使用の手引き・テスト用紙』日本評論社)

Hamilton, M., 1967, "Development of a rating scale for primary depressive illness." *British Journal of Social and Clinical Psychology*, 6, 278-296.

川上憲人, 2003「厚生労働省厚生労働科学研究費補助金 厚生労働科学特別研究事業

平成14年度総括・分担研究報告書 心の健康問題と対策基盤の実態に関する研究」.
北村俊則, 2000『精神・心理症状ハンドブック』日本評論社.
坂本真士, 1997『自己注目と抑うつの社会心理学』東京大学出版会.
Radloff, L. S., 1977, "The CES-D scale. A self-report depression scale for research in the general population." *Applied Psychological Measurement*, 1, 385-401.
Sheehan, D. V., Lecrubier, Y., Sheehan, H., Amorim, P., Janavs, J., Weiller, E., Hergueta, T., Baker, R., & Dunbar, G. C., 1998, "The Mini-International Neuropsychiatric Interview (M.I.N.I.): The development and validation of a Structured Diagnostic Interview for DSM-IV and ICD-10." *Journal of Clinical Psychiatry*, 59 (suppl 20), 22-33.(大坪天平・宮岡等・上島国利訳, 2003『M.I.N.I.精神疾患簡易構造化面接法』星和書店)
Spitzer, R. L., Williams, J. B. W., Kroenke, K., Linzer, M., deGruy, F. V., III., Hahn, S. R., Brody, D., & Johnson, J. G., 1994, "Utility of a new procedure for diagnosing mental disorders in primary care: The PRIME-MD 1000 Study." *JAMA*, 272, 1749-1756.
World Health Organization, 1992, *International classification of diseases and related health problems*, 10th rev. World Health Organization.
World Health Organization, 1997, *Composite international diagnostic interview (CIDI)*, core version 2.1. World Health Organization.
Zung, W. W. K., 1965, "A self-rating depression scale." *Archives of General Psychiatry*, 12, 63-70.

第2章 どうして憂うつになるのか？ [さまざまな帰属療法と抑うつ・認知療法]

American Psychiatric Association, 1994, *Diagnostic and statistical manual of mental disorders*, 4th ed. American Psychiatric Association.(高橋三郎・大野裕・染矢俊幸訳, 1996『DSM-Ⅳ 精神疾患の診断・統計マニュアル』医学書院)
Beck, A. T. et al., 1979, *Cognitive therapy of depression*. Guilford Press.(坂野雄二監訳, 1992『うつ病の認知療法』岩崎学術出版社)
Frize, I. H., 1976, "Causal attributions and information seeking to explain success and failure." *Journal of Research in Personality*, 10, 293-305.
Goebel, M., Spalthoff, G., Schulze, C., & Florin, I., 1989, "Dysfunctional cognitions, attributional style, and depression in bulimia." *Journal of Psychosomatic Research*, 33, 747-752.
速水敏彦, 1990『教室場面における達成動機づけの原因帰属理論』風間書房.
樋口一辰・鎌原雅彦・大塚雄作, 1983「児童の学業達成に関する原因帰属モデルの検討」『教育心理学研究』31, 18-27.
Hilsman, R., & Garber, J., 1995, "A test of the cognitive diathesis-stress model of depression in children: Academic stressors, attributional style, perceived competence, and control." *Journal of Personality and Social Psychology*, 69, 370-380.
Jacobson, N. S., Dobson, K. S., Truax, P. A., Addis, M. E., Koerner, K., Gollan, J. K.,

Gortner, E., & Prince, S. E., 1996, "A component analysis of cognitive-behavioral treatment for depression." *Journal of Consulting and Clinical Psychology*, **64**, 295-304.

Joiner, T. E., Jr., 2001, "Negative attributional style, hopelessness depression and endogenous depression." *Behaviour Research and Therapy*, **39**, 139-149.

Kenardy, J., Evans, L., & Oei, T. P. S., 1990, "Attributional style and panic disorder." *Journal of Behavior Therapy and Experimental Psychiatry*, **21**, 9-13.

Kun, A., 1977, "Development of the magnitude-covariation and compensation schemata in ability and effort attributions of performance." *Child Development*, **48**, 862-873.

Layden, M. A., 1982, "Attributional style therapy." In C. Antaki, & C. Brewin (Eds.), *Attributions and psychological change : Applications of attributional theories to clinical and education practice*. Academic Press.(「帰属スタイル療法」細田和雅・古市裕一監訳, 1993『原因帰属と行動変容――心理臨床と教育実践への応用』ナカニシヤ出版)

村上宣寛・村上千恵子, 1999『性格は五次元だった――性格心理学入門』培風館。

Ogden, J., & Wardle, J., 1990, "Control of eating and attributional style." *British Journal of Clinical Psychology*, **29**, 445-446.

大芦治・青柳肇・細田一秋, 1992「学習性無力感と帰属スタイルに関する研究」『教育心理学研究』**40**, 287-294。

Ralph, J. A., & Mineka, S., 1998, "Attributional style and self-esteem : The prediction of emotional distress following a midterm exam." *Journal of Abnormal Psychology*, **107**, 203-215.

坂野雄二, 1989『無気力・引っ込み思案・緘黙』黎明書房。

坂野雄二, 1995『認知行動療法』日本評論社。

佐野誠・高木麻夕子・富家直明, 2002「帰属認知は主張的スキルを増強する」『日本健康心理学会第15回大会発表論文集』324-325。

Seligman, M. E. P., 1975, *Helplessness : On depression, development, and death*. Freeman.(平井久・木村駿監訳, 1985『うつ病の行動学――学習性絶望感とは何か』誠信書房)

Seligman, M. E. P., 1995, *The optimistic child*. Houghton Mifflin.

丹野義彦(編), 2002『認知行動療法の臨床ワークショップ――サルコフスキスとバーチウッドの面接技法』金子書房。

丹野義彦・坂本真士, 2001『自分のこころからよむ臨床心理学入門』東京大学出版会。

Tiggemann, M., Winefield, A. H., Winefield, H. R., & Goldney, R. D., 1991, "The stability of attributional style and its relation to psychological distress." *British Journal of Clinical Psychology*, **30**, 247-255.

富家直明・松坂香奈枝・内海厚, 2002「摂食障害の再帰属療法と主張訓練」『宮崎大学教育文化学部紀要 教育科学』**6**, 13-25。

Weiner, B., 1980, *Human motivation*. Holt, Rinehart & Winston.(林保・宮本美沙子監

訳, 1989『ヒューマン・モチベーション——動機づけの心理学』金子書房)
山口正二, 1998『リラクセーション(講座サイコセラピー 12)』日本文化科学社。

▨コラム② 改訂学習性無力感理論

Abramson, L. Y., Seligman, M. E. P., & Teasdale, D., 1978, "Learned helplessness in humans: Critique and reformulation." *Journal of Abnormal Psychology*, 87, 49-74.

Seligman. M. E. P., 1975, *Helplessness: On depression, development, and death*. Freeman. (平井久・木村駿監訳, 1985『うつ病の行動学——学習性絶望感とは何か』誠信書房)

Seligman, M. E. P., & Maier, S. F., 1967, "Failure to escape traumatic shock." *Journal of Experimental Psychology*, 74, 1-9.

▨第3章 勉強ができなくてつらい [原因帰属と学業行動]

Atkinson, J. W., 1964, *An introduction to motivation*. Van Nostrand.

Covington, M. V., & Omelich, C. L., 1979, "Are causal attribution causal? A path analysis of the cognitive model of achievement motivation." *Journal of Personality and Social Psychology*, 37, 1487-1504.

Diener, C. I., & Dweck, C. S., 1978, "An analysis of learned helplessness: Continuous change in performance, strategy, and achievement cognitions following failure." *Journal of Personality and Social Psychology*, 36, 451-462.

Dweck, C. S., 1975, "The role of expectations and attributions in the alleviation of learned helplessness." *Journal of Personality and Social Psychology*, 31, 674-685.

Elliott, E. S., & Dweck, C. S., 1988, "Goals: An approach to motivation and achievement." *Journal of Personality and Social Psychology*, 54, 5-12.

速水敏彦・松田敦子, 1982「原因シェマの発達——学業成績の能力および努力帰属に関して」『教育心理学研究』30, 165-174。

樋口一辰・清水直治・鎌原雅彦, 1981「原因帰属様式(Attributional Styles)に関する研究(1)——原因帰属の年齢的変化に関する自由記述法による検討」『東京工業大学人文論叢』6, 41-54。

樋口一辰・鎌原雅彦・大塚雄作, 1983「児童の学業達成に関する原因帰属モデルの検討」『教育心理学研究』31, 18-27。

Jagacinski, C. M., & Nicholls, J. G., 1984, "Conceptions of ability and related affects in task involvement and ego involvement." *Journal of Educaitonal Psychology*, 76, 909-919.

Licht, B. C., & Dweck, C. S., 1984, "Determinants of academic achievement: The interaction of children's achievement orientations with skill area." *Developmental Psychology*, 20, 628-636.

奈須正裕, 1990「学業達成場面における原因帰属, 感情, 学習行動の関係」『教育心理学研究』38, 17-25。

Nicholls, J. G., 1989, *The competitive ethos and democratic education*. Harvard

University Press.
Rotter, J. B., 1966, "Generalized expectancies for internal vs. external control of reinforcement." *Psychological Monographs*, **80**, 1-28.
Weiner, B., 1972, *Theories of motivation : From mechanism to cognition*. Rand McNally.
Weiner, B., 1974, *Achievement motivation and attribution theory*. General Lerning Press.
Weiner, B., 1979, "A theory of motivation for some classroom experiences." *Journal of Educational Psychology*, **71**, 3-25.
Weiner, B., 1986, *An attributional theory of motivation and emotion*. Springer Verlag.
Weiner, B., Heckhausen, H., Meyer, W., & Cook, R. E., 1972, "Causal ascriptions and achievement behavior : A conceptual analysis of effort and reanalysis of locus of control." *Journal of Personality and Social Psychology*, **21**, 239-248.

コラム③　ピグマリオン効果

Brophy, J. E., 1985, "Teacher-student interation." In J. B. Dusek (Ed.), *Teacher expectancies*. L. Erlbaum.
Rosenthal, R., & Jacobson, L., 1968, *Pygmalion in the classroom : Teacher expectation and pupils' intellectual development*. Holt, Rinehart & Winston.
ショー, J. B. 倉橋健 (訳), 1966「ピグマリオン」『バーナード・ショー名作集』白水社。

第4章　自分を意識する心　[自己注目と行動]

Buss, A. H., 1980, *Self-consciousness and social anxiety*. Freeman.
Carver, C. S., & Scheier, M. F., 1978, "Self-focusing effects of dispositional self-consciousness, mirror presence, and audience presence." *Journal of Personality and Social Psychology*, **36**, 324-332.
Carver, C. S., & Scheier, M. F., 1981, *Attention and self-regulation : A control theory approach to human behavior*. Springer-Verlag.
Carver, C. S., & Scheier, M. F., 1987, "The blind man and the elephant : Selective examination of the public-private literature gives rise to a faulty perception." *Journal of Personality*, **55**, 525-541.
Duval, S., & Wicklund, R. A., 1972, *A theory of objective self-awareness*. Academic Press.
Duval, S., & Wicklund, R. A., 1973, "Effects of objective self-awareness on attribution of causality." *Journal of Experimental Social Psychology*, **9**, 17-31.
Duval, S., Wicklund, R. A., & Fine, R. L., 1972, "Avoidance of objective self-awareness under conditions of high and low intra-self discrepancy." In S. Duval, & R. A. Wicklund (Eds.), *A theory of objective self-awareness*. Academic Press. 16-21.
Fenigstein, A., Scheier, M. F., & Buss, A. H., 1975, "Public and private self-consciousness : Assessment and theory." *Journal of Consulting and Clinical*

Psychology, 43, 522-527.
Froming, W. J., Walker, G. R., & Lopian, K., 1982, "Public and private self-awareness: When personal attitudes conflict with social expectancy." *Journal of Experimental Social Psychology*, 18, 476-487.
Hull, J. G., 1981 "A self-awareness model of the causes and effects of alcohol consumption." *Journal of Abnormal Psychology*, 90, 586-600.
Ickes, W. J., Wicklund, R. A., & Ferris, C. B., 1973, "Objective self-awareness and self-esteem." *Journal of Experimental Social Psychology*, 9, 202-219.
押見輝男・渡辺浪二・石川直弘, 1986「自意識尺度の検討」『立教大学心理学科研究年報』28, 1-15。
Pryor, J. B., Gibbons, F. X., Wicklund, R. A., Fazio, R. H., & Hood, R., 1977, "Self-focused attention and self-report validity." *Journal of Personality*, 45, 513-527.
Scheier, M. F., 1976, "Self-awareness, self-consciousness, and angry aggression." *Journal of Personality*, 44, 627-644.
Scheier, M. F., & Carver, C. S., 1977, "Self-focused attention and the experience of emotion: Attraction, repulsion, elation, and depression." *Journal of Personality and Social Psychology*, 35, 625-636.
Schlenker, B. R., & Leary, M. R., 1982, "Social anxiety and self-presentation: A conceptualization and model." *Psychological Bulletin*, 92, 641-669.
Striegel-Moore, R. H., Silberstein, L. R., & Rodin, J., 1993, "The social self in bulimia nervosa: Public self-consciousness, social anxiety, and perceived fraudulence." *Journal of Abnormal Psychology*, 102, 297-303.
丹野義彦・坂本真士, 2001『自分のこころからよむ臨床心理学入門』東京大学出版会。
辻平治郎, 1993『自己意識と他者意識』北大路書房。
Turner, R. G., Scheier, M. F., Carver, C. S., & Ickes, W., 1978, "Correlates of self-consciousness." *Journal of Personality Assessment*, 42, 285-289.
渡辺浪二, 1989「自己意識」大坊郁夫・安藤清志・池田謙一(編)『社会心理学パースペクティブ1──個人から他者へ』誠信書房, 109-128。
Wicklund, R. A., 1975, "Discrepancy reduction or attempted distraction? A reply to Liebling, Seiler and Shaver." *Journal of Experimental Social Psychology*, 11, 78-81.
Wicklund, R. A., & Gollwitzer, P. M., 1987, "The fallacy of the private-public self-focus discussion." *Journal of Personality*, 55, 491-523.
山本和郎, 1962「対人認知の諸問題」片口安史・大山正(編)『医学のための心理学』誠信書房, 243-282。

第5章　自己注目から見る落ち込み　[抑うつの自己注目理論]

Abramson, L. Y., Seligman, M. E. P., & Teasdale, D., 1978, "Learned helplessness in humans: Critique and reformulation." *Journal of Abnormal Psychology*, 87, 49-74.
Burns, D. D., 1980, *Feeling good: The new mood therapy*. Morrow.(野村総一郎・夏刈郁子・山岡功一・成瀬梨花訳, 1990『いやな気分よ、さようなら──自分で学ぶ

「抑うつ」克服法』星和書店)

Coyne, J. C., 1976, "Toward an interactional description of depression." *Psychiatry*, 39, 28-40.

Leary, M. R., 1983, *Understanding social anxiety: Social, personality, and clinical perspectives*. Sage.(生和秀敏監訳, 1990『対人不安』北大路書房)

Lewinsohn, P. M., Muñoz, R. F., Youngren, M. A., & Zeiss, A. M., 1978, *Control your depression*. Prentice-Hall.(大原健士郎監修, 1993『うつのセルフ・コントロール』創元社)

Nolen-Hoeksema, S., Morrow, J., & Fredrickson, B. L., 1993, "Response style and the duration of episodes of depressed mood." *Journal of Abnormal Psychology*, 102, 20-28.

Peterson, C., & Seligman, M. E. P., 1984, "Causal explanation as a risk factor for depression: Theory and evidence." *Psychological Review*, 91, 347-374.

Pyszczynski, T., & Greenberg, J., 1987, "Self-regulatory perseveration and the depressive self-focusing style: A self-awareness theory of reactive depression." *Psychological Bulletin*, 102, 122-138.

Pyszczynski, T., Hamilton, J. C., Herring, F. H., & Greenberg, J., 1989, "Depression, self-focused attention, and the negative memory bias." *Journal of Personality and Social Psychology*, 57, 351-357.

坂本真士, 1997『自己注目と抑うつの社会心理学』東京大学出版会。

Sakamoto, S., 2000, "Self-focusing situation and depression." *Journal of Social Psychology*, 140, 107-118.

桜井茂男・大谷佳子, 1997「"自己に求める完全主義"と抑うつ傾向および絶望感との関係」『心理学研究』68, 179-186。

Sedikides, C., 1992, "Mood as a determinant of attentional focus." *Cognition and Emotion*, 6, 129-148.

Shephard, R. J., 1991, "Benefits of sport and physical activity for the disabled: Implications for the individual and for society." *Scandicavian Journal of Rehabilitation Medicine*, 23, 51-59.

Smith, T. W., & Greenberg, J., 1981, "Depression and self-focused attention." *Motivation and Emotion*, 5, 323-331.

Swann, W. B., 1983, "Self-verification: Bringing social reality into harmony with the self." In J. Suls, & A. G. Greenwald (Eds.), *Social psychological perspectives on the self*, vol.2. Erlbaum, 33-66.

丹野義彦・坂本真士, 2001『自分のこころからよむ臨床心理学入門』東京大学出版会。

Wood, J. V., Saltzberg, J. A., & Goldsamt, L. A., 1990 "Does affect induce self-focused attention?" *Journal of Personality and Social Psychology*, 58, 899-908.

第6章 「自分」が脅かされる [自己意識理論と妄想・自我障害]

Chadwick, P., Birchwood, M., & Trower, P., 1996, *Cognitive therapy for delusions,*

voices and paranoia. John Wiley & Sons.
Fenigstein, A., 1984, "Self-consciousness and the overperception of self as target." *Journal of Personality and Social Psychology*, 47, 860-870.
Fenigstein, A., & Vanable, P., 1992, "Paranoia and self-consciousness." *Journal of Personality and Social Psychology*, 62, 129-138.
Jaspers, K., 1948, *Allgemeine Psychopathologie*, 5. Aufl. Springer-Verlag.（内村裕之・西丸四方・島崎敏樹・岡田敬蔵訳, 1953-56『精神病理学總論（上・中・下）』岩波書店）
神田橋條治・荒木富士夫, 1976「『自閉』の利用——分裂病者への助力の試み」『精神神経学雑誌』78, 43-57。
Kaney, S., & Bentall, R., 1989, "Persecutory delusions and attributional style." *British Journal of Medical Psychology*, 62, 191-198.
中安信夫, 1988「分裂病最初期にみられる『まなざし』意識性について」吉松和哉（編）『分裂病の精神病理と治療1』星和書店, 1-27。
Schwartz, D., 1963, "A review of the "paranoid" concept." *Archives of General Psychiatry*, 8, 349-361.
丹野義彦（編）, 2002『認知行動療法の臨床ワークショップ——サルコフスキスとバーチウッドの面接技法』金子書房。
丹野義彦・町山幸輝, 1990「精神分裂病における認知障害の構造」『感覚統合研究』7, 117-138。
丹野義彦・坂本真士, 2001『自分のこころからよむ臨床心理学入門』東京大学出版会。
Watts, F., Powell, G., & Austin, S., 1973, "The modification of abnormal beliefs." *British Journal of Medical Psychology*, 46, 359-363.

コラム④ 統合失調症

American Psychiatric Association, 1997, *Practice guideline for the treatment of patients with schizophrenia*. American Psychiatric Association.（日本精神神経学会監訳, 1999『米国精神医学会治療ガイドライン 統合失調症』医学書院）
Crow, T. J., 1980, "Molecular pathology of schizophrenia: More than one disease process." *British Medical Journal*, 12, 66-68.

第7章 本当の自分・仮面の自分 ［自己開示と自己呈示］

Altman, I., 1973, "Reciprocity of interpersonal exchange." *Journal for the Theory of Social Behavior*, 3, 249-261.
Altman, I., & Haythorn, W. W., 1965, "Interpersonal exchange in isolation." *Sociometry*, 28, 411-426.
Altman, I., & Taylor, D. A., 1973, *Social penetration: The development of interpersonal relationships*. Holt, Reinhart & Winston.
安藤清志, 1990「自己開示」中村陽吉（編）『「自己過程」の社会心理学』東京大学出版会, 161-198。

安藤清志，1994『見せる自分/見せない自分——自己呈示の社会心理学（セレクション社会心理学1)』サイエンス社。

Cozby, P. C., 1973, "Self-disclosure : A literature review." *Psychological Bulletin*, 79, 73-91.

Derlega, V. J., & Chaikin, A. L., 1975, *Sharing intimacy : What we reveal to others and why*. Prentice-Hall.（福屋武人監訳，1983『ふれあいの心理学——孤独からの脱出』有斐閣)

Derlega, V. J., Wilson, M., & Chaikin, A. L., 1976, "Friendship and disclosure reciprocity." *Journal of Personality and Social Psychology*, 34, 578-582.

榎本博明，1997『自己開示の心理学的研究』北大路書房。

Jones, E. E., & Pittman, T. S., 1982, "Toward a general theory of strategic self-presentation." In J. Suls (Ed.), *Psychological perspectives on the self*, vol.1. Erlbaum, 231-262.

Jourard, S. M., 1971, *The transparent self*, rev. ed. Van Nostrand Reinhold.（岡堂哲雄訳，1974『透明なる自己』誠信書房)

Leary, M. R., 1983, *Understanding social anxiety : Social, personality, and clinical perspectives*. Sage.（生和秀敏監訳，1990『対人不安』北大路書房)

Leary, M. R., & Miller, R. S., 1986, *Social psychology and dysfunctional behavior : Origins, diagnosis, and treatment*. Springer-Verlag.（安藤清志・渡辺浪二訳，1989『不適応と臨床の社会心理学』誠信書房)

中村雅彦，1999「関係深化とコミュニケーション」諸井克英・中村雅彦・和田実『親しさが伝わるコミュニケーション——出会い・深まり・別れ』金子書房, 37-73。

小口孝司・安藤清志，1989「自己開示」大坊郁夫・安藤清志・池田謙一（編)『社会心理学パースペクティブ1——個人から他者へ』誠信書房, 163-172。

Pliner, P., & Chaiken, S., 1990, "Eating, social motives, and self-presentation in women and men." *Journal of Experimental Social Psychology*, 26, 240-254.

Rosenfeld, L. B., & Bowen, G. L., 1991, "Marital disclosure and marital satisfaction : Direct-effect versus interaction-effect models." *Western Journal of Speech Communication*, 55, 69-84.

Snyder, M., 1974, "The self-monitoring of expressive behavior." *Journal of Personality and Social Psychology*, 30, 526-537.

Snyder, M., 1987, *Public appearances, private realities : The psychology of self-monitoring*. Freeman.（齊藤勇監訳，1998『カメレオン人間の性格——セルフ・モニタリングの心理学』川島書店)

Taylor, D. A., 1968, "The development of interpersonal relationships : Social penetration processes." *Journal of Social Psychology*, 75, 79-90.

Tedeschi, J. T., & Norman, N., 1985, "Social power, self-presentation, and the self." In B. R. Schlenker (Ed.), *The self and social life*. McGraw-Hill, 293-322.

▨コラム⑤　臨床場面における非言語的行動①　［対人空間・視線行動・身体接触］

Argyle, M., & Dean, J., 1965, "Eye contact, distance and affiliation." *Sociometry*, 28, 289-304.

Haase, R. F., & Dimattia, D. J., 1970, "Proxemic behavior : Counselor, administrator, and client preference for seating arrangement in dyadic interaction." *Journal of Counseling Psychology*, 17, 319-325.

原口芳明, 1990「心理臨床における〈ふれる〉体験について」『愛知教育大学研究報告 教育科学編』39, 179-191。

Hayduk, L. A., 1978, "Personal space : An evaluative and orienting overview." *Psychological Bulletin*, 85, 117-134.

笠原嘉（編）, 1972『正視恐怖・体臭恐怖――主として精神分裂病との境界例について』医学書院。

今野義孝, 1995「身体の緊張−弛緩の体験と対人知覚――質問紙法とパーソナル・スペースの測定を通して」『行動療法研究』21, 6-14。

松尾香弥子, 1994「親愛感の知覚における視覚・聴覚・触覚の間の優先関係」『社会心理学研究』10, 64-74。

Rutter, D. R., & Stephenson, G. M., 1972, "Visual interaction in a group of schizophrenic and depressive patients." *British Journal of Social and Clinical Psychology*, 11, 57-65.

Sommer, R., 1959, "Studies in personal space." *Sociometry*, 22, 247-260.

Sullivan, H. S., 1954, *The psychiatric interview*. Norton.（中井久夫ほか訳, 1986『精神医学的面接』みすず書房）

山口創・石川利江, 1997「対人不安者の着席行動と印象形成――臨床における座席配置を想定して」『性格心理学研究』5, 15-26。

横山博司・坂田桐子・黒川正流・生和秀敏, 1992「他者共在が不安反応に及ぼす効果―― SOCIAL ANXIETY についての実験的研究（1）」『実験社会心理学研究』32, 34-44。

▨第8章　自己開示をすると健康になるか？　［自己開示と心身の健康］

Chaikin, A. L., Derlega, V. J., Bayma, B., & Shaw, J., 1975, "Neuroticism and disclosure reciprocity." *Journal of Consulting and Clinical Psychology*, 43, 13-19.

Cozby, P. C., 1973, "Self-disclosure : A literature review." *Psychological Bulletin*, 79, 73-91.

Derlega, V. J., & Chaikin, A. L., 1975, *Sharing intimacy : What we reveal to others and why*. Prentice-Hall.（福屋武人監訳, 1983『ふれあいの心理学――孤独からの脱出』有斐閣）

遠藤公久, 1989「開示状況における開示意向と開示規範からのズレについて――性格特徴との関連」『教育心理学研究』37, 20-28。

榎本博明, 1997『自己開示の心理学的研究』北大路書房。

Gidron, Y., Peri, T., Connolly, J. F., & Shalev, A. Y., 1996, "Written disclosure in posttraumatic stress disorder : Is it beneficial for the patient?" *Journal of Nervous and Mental Disease*, 184, 505-507.

Jourard, S. M., 1971, *The transparent self*, rev. ed. Van Nostrand Reinhold.（岡堂哲雄訳，1974『透明なる自己』誠信書房）

Jourard, S. M., & Lasakow, P., 1958, "Some factors in self-disclosure." *Journal of Abnormal and Social Psychology*, 56, 91-98.

Mayo, P. R., 1968, "Self-disclosure and neurosis." *Brotish Journal of Social and Clinical Psychology*, 7, 140-148.

小口孝司，2002「自己開示」船津衛・安藤清志（編）『自我・自己の社会心理学（ニューセンチュリー社会心理学 1)』北樹出版，127-145。

小口孝司・安藤清志，1989「自己開示」大坊郁夫・安藤清志・池田謙一（編）『社会心理学パースペクティブ 1 ——個人から他者へ』誠信書房，163-172。

Pennebaker, J. W., 1989, "Confession, inhibition, and disease." In L. Berkowitz (Ed.), *Advances in experimental social psychology*, vol. 22. Academic Press, 211-244.

Pennebaker, J. W., 1997, "Writing about emotional experiences as a therapeutic process." *Psychological Science*, 8, 162-166.

Pennebaker, J. W. & Beall, S. K., 1986, "Confronting a traumatic event : Toward an understanding of inhibition and disease." *Journal of Abnormal Psychology*, 95, 274-281.

Pennebaker, J. W., & O' Heeron, R. C., 1984, "Confiding in others and illness rate among spouses of suicide and accidental-death victims." *Journal of Abnormal Psychology*, 93, 473-476.

Pennebaker, J. W., Kiecolt-Glaser, J. K., & Glaser, R., 1988, "Disclosure of traumas and immune function : Health implications for psychotherapy." *Journal of Consulting and Clinical Psychology*, 56, 239-245.

Richards, J. M., Beal, W. E., Seagal, J. D., & Pennebaker, J. W., 2000, "Effects of disclosure of traumatic events on illness behavior among psychiatric prison inmates." *Journal of Abnormal Psychology*, 109, 156-160.

佐藤健二・坂野雄二，2001「外傷体験の開示と外傷体験による苦痛の変化および身体徴候の関連」『カウンセリング研究』34, 1-8。

Smyth, J. M., 1998, "Written emotional expression : Effect sizes, outcome types, and moderating variables." *Journal of consulting and Clinical Psychology*, 66, 174-184.

Smyth, J. M., Stone, A. A., Hurewitz, A., & Kaell, A., 1999, "Effects of writing about stressful experiences on symptom reduction in patients with asthma or rheumatoid arthritis : A randomized trial." *Journal of the American Medical Association*, 281, 1304-1309.

吉田諭江・大平英樹，2001「抑うつ感情開示による認知の歪みの変化」『日本心理学会第 65 回大会発表論文集』504。

第9章 対人場面での不安 ［自己呈示と社会不安・対人恐怖］

American Psychiatric Association, 1980, *Diagnostic and statistical manual of mental disorders*, 3rd ed. American Psychiatric Association.

American Psychiatric Association, 1994, *Diagnostic and statistical manual of mental disorders*, 4th ed. American Psychiatric Association.（高橋三郎・大野裕・染矢俊幸訳, 1996『DSM-Ⅳ 精神疾患の診断・統計マニュアル』医学書院）

Clark, D. M., 1997, "Panic disorder and social phobia." In D. M. Clark, & C. G. Fairburn (Eds.), *Science and practice of cognitive behaviour therapy*. Oxford University Press, 121-153.（「パニック障害と社会恐怖」伊豫雅臣監訳, 2003『認知行動療法の科学と実践』星和書店, 69-102）

Clark, D. M., & Wells, A., 1995, "A cognitive model of social phobia." In R. G. Heimberg, M. R. Liebowits, D. A. Hope, & F. R. Schneier (Eds.), *Social phobia : Diagnosis, assessment, and treatment*. Guilford, 69-93.

Leary, M. R., 1983, *Understanding social anxiety : Social, personality, and clinical perspectives*. Sage.（生和秀敏監訳, 1990『対人不安』北大路書房）

大野裕, 2000「社会恐怖の概念の成立」坂野雄二・不安・抑うつ臨床研究会（編）『人はなぜ人を恐れるか――対人恐怖と社会恐怖』日本評論社, 7-16。

大野裕, 2002「対人恐怖症と社会不安障害の類似点と相違点」樋口輝彦・久保木富房・不安・抑うつ臨床研究会（編）『社会不安障害』日本評論社, 113-125。

Schlenker, B. R., & Leary, M. R., 1982, "Social anxiety and self-presentation : A conceptualization and model." *Psychological Bulletin*, 92, 641-669.

Stopa, L., &, Clark, D. M., 1993, "Cognitive processes in social phobia." *Behaviour Research and Therapy*, 31, 255-267.

丹野義彦, 2001『エビデンス臨床心理学――認知行動理論の最前線』日本評論社。

丹野義彦・坂本真士, 2001『自分のこころからよむ臨床心理学入門』東京大学出版会。

山下格, 2000「社会恐怖は日本人に特有か」坂野雄二・不安・抑うつ臨床研究会（編）『人はなぜ人を恐れるか――対人恐怖と社会恐怖』日本評論社, 17-26。

第10章 人を助け，支えること ［援助行動とソーシャル・サポート］

相川充, 1988「心理的負債に対する被援助利益の重みと援助コストの重みの比較」『心理学研究』58, 366-372。

相川充, 1989「援助行動」大坊郁夫・安藤清志・池田謙一（編）『社会心理学パースペクティブ1 ――個人から他者へ』誠信書房, 291-311。

Barrera, M., Jr., 1986, "Distinction between social support concepts, measures, and models." *American Journal of Community Psychology*, 14, 413-445.

Berkman L. F., & Syme, S. L., 1979, "Social networks, host resistance, and mortality." *American Journal of Epidemiology*, 109, 186-204.

Caplan, G., 1974, *Support systems and community mental health : Lectures on concept development*. Behavioral Publications.（近藤喬一・増子肇・宮田洋三訳, 1979『地域ぐるみの精神衛生』星和書店）

Cobb, S., 1976, "Social support as a moderator of life stress." *Psychosomatic Medicine*, **38**, 300-314.

Darley, J. M., & Latané, B., 1968, "Bystander intervention in emergencies: Diffusion of responsibility." *Journal of Personality and Social Psychology*, **8**, 377-383.

Dunkel-Schetter, C., & Bennett, T. L., 1990, "Differentiating the cognitive and behavioral aspects of social support." In B. R. Sarason, I. G. Sarason, & G. R. Pierce (Eds.), *Social support : An interactional view*. Wiley, 267-296.

福岡欣治, 2002a「日常ストレス状況での友人との支持的相互作用と気分状態 (2)」『日本心理学会第66回大会発表論文集』871。

福岡欣治, 2002b「近親者との死別による心理的反応――死別体験後のソーシャル・サポートと心理的適応:予備的検討」『日本健康心理学会第15回大会発表論文集』386-387。

福岡欣治, 2003「他者依存性と心理的苦痛の関係に及ぼすソーシャル・サポートの影響」『対人社会心理学研究』3, 9-14。

福岡欣治・矢冨直美・竹内志保美・西堀好恵・大山直美・鈴木みずえ, 2001「早期痴呆高齢者の家族におけるソーシャル・サポート――患者への援助的行動, 患者の心理的適応との関係」『日本健康心理学会第14回大会発表論文集』352-353。

Greenberg, M. S., & Westcott, D. R., 1983, "Indebtedness as a mediator of reaction to aid." In J. D. Fisher, A. Nadler, & B. M. DePaulo (Eds.), *New directions in helping*, vol.1 : *Recipient reactions to aid*. Academic Press, 85-112.

久田満, 1987「ソーシャル・サポート研究の動向と今後の課題」『看護研究』**20**, 170-179。

Holmes, T. H., & Rahe, R. H., 1967, "The social readjustment rating scale." *Journal of Psychosomatic Research*, **11**, 213-218.

House, J. S., 1981, *Work stress and social support*. Addison-Wesley.

金沢吉展, 1995『医療心理学入門――医療の場における心理臨床家の役割』誠信書房。

Kaniasty, K. Z., & Norris, F. H., 1993, "A test of the social support deterioration model in the context of natural disaster." *Journal of Personality and Social Psychology*, **64**, 395-408.

Latané, B., & Darley, J. M., 1970, *The unresponsive bystander : Why doesn't he help?* Prentice-Hall. (竹村研一・杉崎和子訳, 1977『冷淡な傍観者――思いやりの社会心理学』ブレーン出版)

Latané, B., & Rodin, J., 1969, "A lady in distress : Inhibiting effects of friends and strangers on bystander intervention." *Journal of Experimental Social Psychology*, **5**, 189-202.

松井豊, 1991「思いやりの構造」菊池章夫 (編)『思いやりの心理 (現代のエスプリ 291)』至文堂, 27-37。

松井豊, 1998「援助行動の意思決定過程モデル」松井豊・浦光博 (編)『人を支える心の科学 (対人行動学研究シリーズ7)』誠信書房, 79-113。

松井豊・浦光博, 1998「援助とソーシャル・サポートの研究概略」松井豊・浦光博

（編）『人を支える心の科学（対人行動学研究シリーズ7）』誠信書房，1-17。
Matsuzaki, M., Kojo, K., & Tanaka, K., 1993, "The effects of social support from friends on anxiety and task performance." *Journal of Applied Biobehavioral Research*, 1, 101-119.
Midlarsky, E., 1991, "Helping as coping." In M. S. Clark (Ed.), *Prosocial behavior*. Sage, 238-264.
Mitchel J. C. (Ed.), 1969, *Social networks and urban situations*. Manchester University Press.
三浦正江・嶋田洋徳・坂野雄二，1995「中学生におけるソーシャルサポートがコーピングの実行に及ぼす影響」『ストレス科学研究』10, 13-24。
Nadler, A., & Fisher, J. D., 1986, "The role of threat to self-esteem and perceived control in recipient reaction to help: Theory development and empirical validation." *Advances in Experimental Social Psychology*, 19, 81-122.
中村陽吉，1987「援助行動とは」中村陽吉・高木修（編）『「他者を助ける行動」の心理学』光生館，2-4。
西川正之，2000「援助とサポートの社会心理学」西川正之（編）『援助とサポートの社会心理学——助けあう人間のこころと行動（シリーズ21世紀の社会心理学4)』北大路書房，1-7。
Rabkin, J. G., & Struening, E. L., 1976, "Life events, stress, and illness." *Science*, 194, 1013-1020.
妹尾香織・高木修，2002「援助行動経験が援助者自身に与える効果——地域で活動するボランティアに見られる援助成果」『社会心理学研究』18, 106-118。
Sprafkin, J. N., Liebert, R. M., & Poulos, R. W., 1975, "Effects of a prosocial televised example on children's helping." *Journal of Experimental Child Psychology*, 20, 119-126.
菅沼崇・浦光博，1997「道具的行動と社会情緒的行動がストレス反応と課題遂行に及ぼす効果——リーダーシップとソーシャル・サポートの統合的アプローチ」『実験社会心理学研究』37, 138-149。
鈴木庄亮・柳井晴夫・青木繁伸，1976「新質問紙健康調査票THIの紹介」『医学のあゆみ』99, 217-225。
高木修，1998『人を助ける心——援助行動の社会心理学（セレクション社会心理学7）』サイエンス社。
高木修・福岡欣治，1996「阪神・淡路大震災における被災者をとりまく援助ネットワーク——親戚・知人の役割を中心にして」『関西大学社会学部紀要』57, 57-106。
竹村和久，1994「攻撃と援助」藤原武弘・高橋超（編）『チャートで知る社会心理学』北大路書房，135-148。
Thoits, P. A., 1985, "Social support and psychological well-being: Theoretical possibilities." In I. G. Sarason, & B. R. Sarason (Eds.), *Social support: Theory, research, and applications*. Martinus Nijhoff, 51-72.
浦光博，1992『支えあう人と人——ソーシャル・サポートの社会心理学（セレクショ

ン社会心理学8)』サイエンス社。

浦光博, 1999「ソーシャル・サポート」中島義明（編集代表）『心理学辞典』有斐閣, 541。

Vaux, A., 1988, *Social support : Theory, research, and intervention*. Praeger.

Wellman, B., 1981, "Applying network analysis to the study of support." In B. H. Gottlieb (Ed.), *Social networks and social support*. Sage, 43-68.

第11章　人はなぜ攻撃するのか？　[攻撃行動と怒り・自己]

Averill, J. R., 1983, "Studies on anger and aggression : Implications for theories of emotion." *American Psychologist*, 38, 1145-1160.

Baron, R. A., & Richardson, D. R., 1994, *Human Aggression*, 2nd ed. Plenum Press.

Baumeister, R. F., & Boden, J. M., 1998, "Aggression and the self : High self-esteem, low self-control, and ego threat." In R. G. Geen, & E. Donnerstein (Eds.), *Human aggression : Theories, research, and implications for social policy*. Academic Press, 111-137.

Bushman, B. J., & Baumeister, R. F., 1998, "Threatened egotism, narcissism, self-esteem, and direct and displaced aggression : Does self-love or self-hate lead to violence?" *Journal of Personality and Social Psychology*, 75, 219-229.

Cornelius, R. R., 1996, *The science of emotion : Research and tradition in the psychology of emotions*. Prentice-Hall.（齊藤勇監訳, 1999『感情の科学――心理学は感情をどこまで理解できたか』誠信書房）

大渕憲一, 1993『人を傷つける心――攻撃性の社会心理学（セレクション社会心理学9)』サイエンス社。

湯川進太郎, 2001「仮説的構成概念としての行動の意図性――社会心理学における攻撃研究から」『行動科学』40, 63-69。

Yukawa, S., 2002, "Diminished sense of self-existence and self-reported aggression among Japanese students." *Psychological Reports*, 90, 634-638.

湯川進太郎, 2002「自己存在感と攻撃性――自己存在感の希薄さ尺度の信頼性と妥当性の検討」『カウンセリング研究』35, 219-228。

湯川進太郎・日比野桂, 2003「怒り経験とその鎮静化過程」『心理学研究』74, 428-436。

コラム⑥　臨床場面における非言語的行動②　[無意図的模倣と共感]

Bandler, R., & Grinder, J., 1979, *Frogs into princes : Neurolinguistics programming*. Real People Press.（酒井一夫訳, 1993『王子さまになったカエル――心のコントロール』東京図書）

Bavelas, J. B., Black, A., Lemery, C. R., Maclinnis, S., & Mullett, J., 1986, "Experimental methods for studying "elementary motor mimicry"." *Journal of Nonverbal Behavior*, 10, 102-119.

Hoffman, M., 1987, "The contribution of empathy to justice and moral judgment."

In N. Eisenberg. & J. Strayer (Eds.), *Empathy and its development*. Cambridge University Press, 47-80.

角田豊, 1994「共感経験尺度改訂版 (EESR) の作成と共感性の類型化の試み」『教育心理学研究』**42**, 193-202。

加藤隆勝・高木秀明, 1980「青年期における情動的共感性の特質」『筑波大学心理学研究』**2**, 33-42。

岸太一, 2002「同化行動と共感性との関連について」『人間性心理学研究』**20**, 112-121。

Lipps, T., 1926, *Psychological studies*. (translated by H. C. Sanborn), Williams & Wilkens.

Morris, D., 1977, *Manwatching : A field guide to human behavior*. Abrams.

Titchener, E., 1909, *Lectures on the experimental psychology of the thought processes*. Macmilan.

桜井茂男, 1988「大学生における共感と援助行動の関係――多次元共感測定尺度を用いて」『奈良教育大学紀要 人文・社会科学編』**37**, 149-154。

澤田瑞也, 1998『カウンセリングと共感』世界思想社.

終章　これからの臨床社会心理学

藤原茂樹, 1995「一般人口におけるうつ病の頻度および発症要因に関する疫学的研究」『慶應医学』**72**, 511-528。

相川充, 1989「援助行動」大坊郁夫・安藤清志・池田謙一 (編)『社会心理学パースペクティブ 1 ――個人から他者へ』誠信書房, 291-311。

本明寛, 2002「健康心理学とは」日本健康心理学会 (編)『健康心理学概論』実務教育出版, 3-13。

鍋田恭孝・福島哲夫 (編), 1999『心理療法のできること できないこと』日本評論社.

坂本真士, 1999「精神疾患患者と身体疾患患者のステレオタイプ」岡隆・佐藤達哉・池上知子 (編)『偏見とステレオタイプの心理学 (現代のエスプリ 384)』至文堂, 162-171。

坂本真士・杉浦朋子・蓮井千恵子・北村總子・友田貴子・田中江里子・木島伸彦・丹野義彦・北村俊則, 1998「精神疾患への偏見の形成に与る要因――社会心理学的手法によるアプローチ」『精神保健研究』**44**, 5-13。

Sakamoto, S., Tanaka, E., Neichi, K., & Ono, Y. (2004), "Where is help sought for depression or suicidal ideation in an elderly population living in a rural area of Japan?" *Psychiatry & Clinical Neurosciences*, **58**, 522-530.

田中共子・上野徳美, 2003「臨床社会心理学の枠組みと展望」田中共子・上野徳美 (編)『臨床社会心理学――その実践的展開をめぐって』ナカニシヤ出版, 115-135。

丹野義彦, 2001『エビデンス臨床心理学――認知行動理論の最前線』日本評論社.

山口創・佐藤健二・岸太一, 2000「臨床社会心理学への展望」『カウンセリング研究』**33**, 69-81。

山内隆久, 1996『偏見解消の心理――対人接触による障害者の理解』ナカニシヤ出版.

●事項索引●

▶アルファベット
ABCDE 理論　50
ASQ（帰属スタイル質問紙）　143
BDI（ベック抑うつ質問紙）　37
CES-D　37
CIDI（総合国際診断面接）　39
DSM（精神疾患の診断・統計マニュアル）　37, 189
HRS　39
ICD（国際疾病分類）　37
JSDQ（自己開示質問紙）　173
M.I.N.I.　39
MPI（モーズレイ性格検査）　175
PRIME-MD　39
SCID　39
SDS（ツァン自己記入式抑うつ性尺度）　37
VAS　37

▶ア　行
アイコンタクト　168
相　性　250
愛他的行動　202
安定性の次元　63, 70
怒　り　228
異常心理学　8
位置の次元　70
因果スキーマ　29
因果スキーマモデル　28
印象操作　228
うつ病　37, 46
援助行動　202
　　――の意思決定過程　206
援助モデル　207
援助要請（希求）行動　245
援助要請の意思決定過程　210

▶カ　行
改訂学習性無力感理論　16, 48, 63, 72, 144
カウンセラー　244
カウンセリング　10
　　――の座席配置　168
学習性無力感　62, 78
家族療法　8
患　者　50
感情障害　148
感情の帰属モデル　76
帰属因　68
帰属過程　23
帰属スタイル質問紙　→ ASQ
帰属スタイル療法　51
帰属のバイアス　31
帰属療法　49
帰属理論　23
期待-価値モデル　72
キティ・ジェノビーズ嬢事件　204
気晴らし　131
気分一致効果　123
客体的自覚状態　101
共　感　237
強　制　228
共変原理　27
共変モデル　27, 50
クライエント　50
クライエント中心療法　8
原因帰属　23, 68, 209
幻　覚　148
健康心理学　242
健康社会心理学　242

269

行為者 – 観察者間の差異　32
攻　撃　224
攻撃行動　224
　——の意図性　225
　——の機能　227
　——の目標　227
向社会的行動　202
公的自覚　170
公的自覚状態　98
公的自己　98
公的自己意識尺度　97
行動療法　8
誤帰属　33,43
国際疾病分類　→ICD
個人内過程　2
誇大妄想　135
誇張と矮小化　47
コミュニティ　248
コミュニティ心理学　8
根本的な帰属の錯誤　32

▶サ　行
再帰属法　50
作為体験　136,141
錯誤帰属　→誤帰属
サポート・ネットワーク　216
自覚状態　98
自我障害　136,148
自我障害理論　138
自我漏洩体験　136,141
自己愛　233,235
自己意識尺度　96
自己意識特性　99
自己意識理論　138
自己開示　131,154,155,172,250
　——の逆U字モデル　174
　——の個人間機能　156
　——の個人内機能　165

　——の直線的モデル　173
　——の返報性　157
自己開示質問紙　→JSDQ
自己確証　123
自己成就的予言　249
自己存在感の希薄さ　234
自己注目　96,100,114
自己呈示　160,191
　——の効力感　192
自己呈示欲求　192
自己標的バイアス　138
自己標的バイアス質問紙　138
自己没入　124
自己本位性脅威モデル　233
自己モニタリング　162
視線恐怖　169
自尊心　235
　——への脅威　211
実　験　6
実験者効果　88
実行されたサポート　214
実証に基づいた臨床心理学　247
私的自覚状態　98
私的自己　98
私的自己意識尺度　97
自動思考　47
自　閉　148
自閉療法　146
社会恐怖　188
社会心理学　2
社会的浸透理論　156
社会的スキル訓練　10
社会不安　188
　——の自己呈示理論　191
社会不安障害　188
　——の認知行動モデル　194
集合現象　5
集団帰属療法　58

集団行動　5
集団認知行動療法　54
主張的戦術的自己呈示　161
症状認知　246
情動二要因説　33, 34
情報の一貫性　27
情報の合意性　27
情報の弁別性　27
情報不足　246
自律神経　42
事例研究　11
しろうとの科学者　31
心因性妄想　135
神経症傾向　175
身体接触　170
身体的健康　172, 182
親密葛藤理論　169
心理的負債感　211
心理療法　8
推論障害　47
スキーマ　47, 194
ストレス緩衝効果　219
ストレス・マネジメント　10
性　格　42
制御理論　103
制　裁　228
制止 - 直面理論　178
脆弱性　249
精神疾患の診断基準　36
精神疾患の診断・統計マニュアル　→ DSM
精神的健康　172
精神分析療法　8
責任の分散　207
摂食障害　54
セルフ・サービング・バイアス　33
セルフ・ハンディキャッピング　83
全般性の次元　64

総合国際診断面接　→ CIDI
ソーシャル・サポート　212
　――の直接効果説　218

▶タ 行
大うつ病エピソード　37
対　応　25
対応推論理論　25
対処行動　219
対人恐怖症　189
対人行動　4
態度変容　250
知覚されたサポート　216
注意の散逸　207
調　査　6
聴衆抑制　207
ツァン自己記入式抑うつ性尺度　→ SDS
敵意的攻撃　227
適切さの基準　101
投　影　142
投影的帰属バイアス　143
道具的攻撃　227
統合失調症　135, 138, 148, 190
　――の自我障害　141
　――の妄想　135, 139
統制可能性の次元　71
統制の位置　→ローカス・オブ・コントロール
ドーパミン仮説　149
トラウマ　178
　――の開示　178, 180, 182

▶ナ 行
内在性の次元　63
内在他者　99, 139
内面性　155
認知行動療法　8, 10, 49

事項索引　271

不安障害への―― 44
　認知的再評価 183
　認知モデル 194
　認知療法 46, 145
　ネガティブな状況 119

▶ハ　行
　パーソナル・スペース 167
　パニック障害 44
　パフォーマンス目標 86
　パラノイア傾向 137
　パラノイア理論 137
　被援助者 210
　被害妄想 135
　非共通効果 25
　ピグマリオン効果 35, 89
　非言語的行動 237
　微小妄想 135
　複数十分原因 29
　複数必要原因 29
　不適応状態 14
　文　化 5
　分析心理学 8
　ベック抑うつ質問紙 → BDI
　偏　見 246
　返報性の規範 174
　防　衛 227
　傍観者効果 207

▶マ　行
　ミラーリング 170
　見られる自己 98
　見る自己 98
　無意図的模倣 237
　メタアナリシス 181

　妄　想 134, 148
　妄想的帰属のパラドクス 145
　妄想様観念 134
　モーズレイ性格検査 → MPI
　森田療法 189

▶ヤ　行
　抑うつ 36, 46, 114
　　――の学習性無力感理論 16, 63
　　――の原因帰属理論 33
　　――の自己注目理論 114
　　――の素因ストレス理論 48
　抑うつ気分 36
　抑うつ症候群 36
　抑うつ的自己注目スタイル 121
　予　防 242

▶ラ　行
　ラーニング目標 86
　ラベリング（レッテル貼り） 47
　ラポール 238
　リラクセーション 43
　臨床社会心理学 13, 242
　臨床心理学 7
　臨床心理学的研究 7
　臨床心理査定 8
　臨床心理的地域援助 7
　臨床心理面接 8
　レッテル貼り →ラベリング
　連合弛緩 148
　ローカス・オブ・コントロール（統制の位置） 73
　論理の飛躍 47
　割引原理 30, 82, 85
　割増原理 30

●人名索引●

▶ア 行
相川充　210
アイクス（Ickes, W. J.）　108
アージャイル（Argyle, M.）　168
アトキンソン（Atkinson, J. W.）　75
荒木富士夫　146
アルトマン（Altman, I.）　156, 157
アロン（Aron, A. P.）　34
安藤清志　2
石川利江　167
ウィックランド（Wicklund, R. A.）　101-105, 114
ウェルズ（Wells, A.）　194, 197, 198
ヴォー（Vaux, A.）　214
浦光博　220, 221
エイブラムソン（Abramson, L. Y.）　33, 48, 63-65, 115
榎本博明　155
エリオット（Elliott, E. S.）　86
エリス（Ellis, A.）　50
遠藤公久　176
大野裕　189
大渕憲一　227
オムリック（Omelich, C. L.）　76, 82

▶カ 行
カーヴァー（Carver, C. S.）　103-106, 109, 110
カニー（Kaney, S.）　143
神田橋條治　146
岸太一　239
キャプラン（Caplan, G.）　213
クラーク（Clark, D. M.）　194, 197, 198

グリーンバーグ（Greenberg, J.）　115-117, 121
クロウ（Crow, T. J.）　149
ケリー（Kelley, H. H.）　27, 28, 30, 50
コヴィントン（Covington, M. V.）　76, 82
國分康孝　10
コズビィ（Cozby, P. C.）　174
コッブ（Cobb, S.）　214

▶サ 行
坂野雄二　50, 53
坂本真士　121
サリヴァン（Sullivan, H. S.）　168
サルコフスキス（Salkovskis, P. M.）　44, 45
澤田瑞也　238
ジェイコブソン（Jacobson, L.）　88
ジェームズ（James, W.）　98
シャイアー（Scheier, M. F.）　103-105, 109, 110
ジャガシンスキ（Jagacinski, C. M.）　85
ジュラード（Jourard, S. M.）　154, 172, 177
シュワーツ（Schwartz, D.）　142
ジョーンズ（Jones, E. E.）　161
菅沼崇　220
スティブンソン（Stephenson, G. M.）　169
ストーパ（Stopa, L.）　198
スナイダー（Snyder, M.）　162
スプラフキン（Sprafkin, J. N.）　208

スミス, T. W.（Smith, T. W.）115-117
スミス, J. M.（Smyth, J. M.） 181
セリグマン（Seligman, M. E. P.）50, 62, 63, 78
ソマー（Sommer, R.） 167

▶タ 行
高木修 206, 212
ダットン（Dutton, D. G.） 34
ダーリー（Darley, J. M.） 207
丹野義彦 121, 137-139, 191
チェイキン, A. L.（Chaikin, A. L.）175, 176
チェイキン, S.（Chaiken, S.） 163
ティチナー（Titchener, E.） 238
ディーナー（Diener, C. I.） 79, 86
テイラー（Taylor, D. A.） 156
ディーン（Dean, J.） 168
テデスキー（Tedeschi, J. T.） 165
デューヴァル（Duval, S.） 101-105, 108, 114
デルレガ（Derlega, V. J.） 159
ドゥエック（Dweck, C. S.） 79, 81, 82, 85-87
富家直明 54, 57

▶ナ 行
奈須正裕 78
ニコルズ（Nicholls, J. G.） 84, 85, 87
西川正之 221
ノーマン（Norman, N.） 165

▶ハ 行
バヴェラス（Bavelas, J. B.） 238
ハウス（House, J. S.） 214
バウマイスター（Baumeister, R. F.） 233
バス（Buss, A. H.） 106
速水敏彦 52, 84
原口芳明 170
バレラ（Barrera, M., Jr.） 214
バロン（Baron, R. A.） 225
ビオール（Beall, S. K.） 182
樋口一辰 69, 70, 74
ピズンスキー（Pyszczynski, T.） 121, 122
ピットマン（Pittman, T. S.） 161
フェニグスタイン（Fenigstein, A.）115, 137, 138
福岡欣治 212, 219
ブッシュマン（Bushman, B. J.） 233
プライアー（Pryor, J. B.） 110
フライズ（Frize, I. H.） 56
プライナー（Pliner, P.） 163
フロイト（Freid, S.） 142
ブロイラー（Bleuler, E.） 148
ブロフィ（Brophy, J. E.） 89
フロミング（Froming, W. J.） 107
ベック（Beck, A. T.） 46, 49, 194
ペネベーカー（Pennebaker, J. W.）178, 180-182
ベンタル（Bentall, R.） 143
ボーウェン（Bowen, G. L.） 158
ホフマン（Hoffman, M.） 238

▶マ 行
松井豊 221, 206
松尾香弥子 170
松崎学 220
松田敦子 84
三浦正江 219
ミラー（Miller, R. S.） 165
メイヨー（Mayo, P. R.） 176

森田正馬　189

▶ヤ 行
山口創　167
山下格　189
湯川進太郎　234
横山博司　169

▶ラ 行
ラター（Rutter, D. R.）　169
ラタネ（Latané, B.）　207
リアリー（Leary, M. R.）　165, 191, 192, 194
リチャードソン（Richardson, D. R.）　225
リップス（Lipps, T.）　238
レイデン（Layden, M. A.）　51
ローゼンソール（Rosenthal, R.）　88, 89
ローゼンフェルド（Rosenfeld, L. B.）　158
ロッター（Rotter, J. B.）　73

▶ワ 行
ワイナー（Weiner, B.）　70-73, 76, 83, 86
ワッツ（Watts, F.）　145, 146

■ 編者紹介

坂本真士
日本大学文理学部教授

佐藤健二
徳島大学大学院社会産業理工学研究部教授

はじめての臨床社会心理学
——自己と対人関係から読み解く臨床心理学
Introduction to clinical social psychology

2004年10月15日　初版第1刷発行
2019年5月30日　初版第6刷発行

編　者	坂　本　真　士
	佐　藤　健　二
発行者	江　草　貞　治
発行所	株式会社　有　斐　閣

東京都千代田区神田神保町2-17
電話　(03) 3264-1315〔編集〕
　　　(03) 3265-6811〔営業〕
郵便番号 101-0051
http://www.yuhikaku.co.jp/

印刷・大日本法令印刷株式会社／製本・大口製本印刷株式会社
©2004, Shinji Sakamoto, Kenji Sato. Printed in Japan
落丁・乱丁本はお取替えいたします。
★定価はカバーに表示してあります。

ISBN4-641-07681-2

Ⓡ 本書の全部または一部を無断で複写複製(コピー)することは，著作権法上での例外を除き，禁じられています。本書からの複写を希望される場合は，日本複製権センター(03-3401-2382)にご連絡ください。